指文®**战争艺术**/017

U0742463

军团与方阵

希腊罗马步兵对战实录

[英] 麦克·科尔（Myke Cole） 著 滑朝阳 译

江苏凤凰文艺出版社
JIANGSU PHOENIX LITERATURE AND
ART PUBLISHING, LTD

图书在版编目（CIP）数据

军团与方阵 : 希腊罗马步兵对战实录 / (英) 麦克
·科尔 (Myke Cole) 著 ; 滑朝阳译 . —— 南京 : 江苏凤
凰文艺出版社，2020.1
书名原文 : LEGION VERSUS PHALANX: THE EPIC
STRUGGLE FOR INFANTRY SUPREMACY IN THE ANCIENT
WORLD
ISBN 978-7-5594-4530-8

Ⅰ . ①军… Ⅱ . ①麦… ②滑… Ⅲ . ①军事史 – 古希
腊②军事史 – 古罗马 Ⅳ . ① E192

中国版本图书馆 CIP 数据核字 (2020) 第 011275 号

军团与方阵：希腊罗马步兵对战实录

[英] 麦克·科尔（Myke Cole）著　　　　滑朝阳 译

责任编辑　王　青

特约编辑　刘博予　黄晓诗

装帧设计　王　星

出版发行　江苏凤凰文艺出版社

　　　　　南京市中央路 165 号，邮编：210009

网　　址　http://www.jswenyi.com

印　　刷　重庆长虹印务有限公司

开　　本　787mm×1092 mm 1/16

印　　张　16.5

字　　数　280 千字

版　　次　2020 年 1 月第 1 版　2020 年 1 月第 1 次印刷

书　　号　ISBN 978-7-5594-4530-8

定　　价　99.80 元

目 录
CONTENTS

前言

我不是通过传统的学术训练走上历史研究之路，而是一个彻头彻尾的幻想迷。在我的成长过程中，游戏《龙与地下城》（*Dungeons & Dragons*）和《战锤》（*Warhammer*）第一次向我展示了披甲的战士，这最终导致我的父母（因为那时他们认为《龙与地下城》会把你变成一个撒旦信徒）引导我走向军事史。

军事史痴迷者有一些特点，那就是我们是"部落性"的。我是一个"大包容政策"的信奉者，我想要身处尽可能大的部落中。每当我说："伙计！这真是太棒了！"总会有人在旁边点头说："我就知道！"

这就是为什么在历史写作中，我最看重的一点是平易近人。许多伟大作品都充满了细致的研究与严密的推理，以至于除了最专业的学者外，其他任何人都全然无法理解。历史，尤其是军事史，是令人兴奋的东西。军事史的戏剧性和叙事张力，经常能够让《星球大战》这样的好电影都相形见绌。然而，流行文化仍然在公众的想象力方面胜出，因为历史学家过于看重学术的严谨，而不是讲述一个好故事。事实上，我不认为这些目标相互排斥。我们通过扎实的学术工作，坚定地立足于已知资料，完全有可能达到这一点。这富有戏剧性且扣人心弦，往往会让读者兴奋，因为真实事件就是如此。

我将这种非学术性的理解与战士的视角结合起来。我的整个职业生涯几乎都是在一种或另一种武装部队中度过，并且以军事或执法人员的身份见证了多次大规模冲突。作战人员的经历使我拥有独特的感性视角，我可以试着用言语来表达它。使用"体会"一词，并不足以描绘那些激动、恐惧、绝望与骄傲，但它表明我对战斗人员所经历的事情有深刻理解。我们可以从各种各样的文学和实物资料中认识这种经历的普遍性。团队精神、领袖气质与决断能力都是共通的，古今别无二致。当我带你们重温这些战斗时，我希望我至少能把其中一些体验传达给你们。无论你们是否有服役经历，我都想让你们点头表示认可。

尽管我认为服役经历让我对军事史有不同的理解，但我想澄清的是，这不是一个必需条件。至于服过兵役的历史学家和没有服过兵役的历史学家之间的对抗，我是非常厌恶的。双方在这方面都有可以分享的可贵见解，并且都不存在优越性。虽然我想表达自己对这个话题的看法，但我也想要尽可能地包容，为每个希望立足于此的人提供空间。

我的主要目标是扩大自己的"痴迷者部落"，次要目标是吸引学者和专业人士。爱上历史的公众会更乐意资助人文学科，为私人收藏和研究提供场所，并且鼓励最优秀的年轻人进入该领域。

因此，本书的目标读者是外行人。如果我的工作做对了，一个对古代史一无所知的人应该能够拿起这本书。对于读者而言，首先是享受这本书，其次是学到一些东西。我希望读者中的各位专业人士能对此保持宽容。

在本书中，我会在使用一些术语时，标注它们的拉丁语或希腊语单词，有时会根据上下文使用英语等义词。在很多情况下，军衔和兵种并没有一一对应的翻译。我希望那些不懂古典语言的读者既对此有一个大体准确的理解，也不因纠结于拉丁语或希腊语而彻底放弃。

我试着准确定义书中的非英语单词，但在某些情况下，通过上下文就能很容易地理解它的意思。这些术语很快就有完整描述，我会在讲到这一点时再说。至于既不懂拉丁语也不懂希腊语的人，请保持耐心。本书最后附有一个术语表，读者可以使用它。

当我引用出自古代文献的对话时，我会尽最大努力把它翻译或解释为英语。同样，我的目标是普通读者可以理解其中要旨，而不是完全准确。

这本书的叙述时段从公元前3世纪早期到公元前2世纪中期。我没有使用术语BCE（Before Common Era的缩写，公历纪元之前）和CE（Common Era的缩写，公历纪元）。我知道人们想要摆脱宗教的意义，但事实是，如今BC（Before Christ的缩写，基督之前的年代）和AD（拉丁文Anno Domini的缩写，基督降临之后）正被广泛使用。对我来说，它们并不存在宗教内涵。事实上，仅仅改变字母而不改变整个系统，似乎非常可笑。我无意冒犯，只是想让我的写作生活更轻松。如果你对此感到不快，我希望你能接受我的歉意。

你可能会注意到，这本书写了很多无关军团和方阵的内容，比如政治变革、社会背景、将领性格、地形、天气和其他因素。对此，我有两个理由。首先，叙事的关键是戏剧性，我毫不掩饰地想要强调这一点；其次，与其他军事组织一样，军团和方阵的运作都不会脱离实际。军事战术是社会的重要组成部分。而这个社会的各个方面，从将领性格到宗教信仰，再到饮食、文学和歌曲，都与军事战术的使用和运作息息相关。在许多情况下，对于军团和方阵而言，其将领的个性至关重要。拿破仑评论亚历山大大帝的名言值得在此重复："将军的个性不可或缺。他是统帅，是一支军队的全部……深入印度的不是马其顿方阵，而是亚历山大。"

我以前说过，一部小说的成功是群体的努力，历史书籍也是如此。这与我在军队学到的非常相似：没有人能独自完成任何事，即使是像写一本书这样自力更生的事情。一个孤胆英雄可能会光芒四射，他的光芒让观众目眩神迷，以至于看不到他周围的大群战友。这些荣耀的时刻，铺垫了所有掩护火力的人。按照这种方式来说，写一本书明显是一种军事经历。我的名字出现在封面上，而你看不到推动这部机器运转的代理商、编辑、艺术指导、设计师、制作人员、销售人员、朋友和同事。我想在这里纠正一下，这本书虽由我执笔，但它是由一支小部队创造出来的。

我想在此特别感谢一些人。其中最重要的是南卡罗来纳军事要塞学院（the Citadel, the military college of South Carolina）的迈克尔·利文斯顿（Michael Livingston）教授，尽管他有极为繁重的日常工作，但还是耐心地指导我。我同时也要感谢鱼鹰出版社（Osprey）的作者、洛约拉大学（Loyola University）的教授凯利·德弗里斯（Kelly DeVries），他为我提供了许多建议，包括拉丁文翻译和全书整体结构。这两位先生花费了时间和金钱陪我在希腊进行战场调查。如果没有他们的帮助，这本书以及我的历史研究方法，都将是极为可怜的。同样感谢丹·迪芬代尔（Dan Diffendale）博士，他是一位出类拔萃的古典学家，没有将一个突然冒出来的业余人士拒之门外。我还要感谢威斯康星大学绿湾分校（the University of Wisconsin at Green Bay）的格雷戈里·阿尔德雷特（Greg Aldrete）教授，他不介意我痴迷他的实验考古学，并且一直支持我，让我有信心坚持下去。法尔萨拉市（Farsala）市长阿里斯·凯瑞查理欧斯（Aris Karachalios）以及他的首席考古学家瓦索·努拉（Vasso Noula），热情地带领迈克、凯利和我前往库诺斯克法莱（Cynoscephalae）战役遗址，并为我的研究奉献了时间和资源。专业学者有时以冷漠和褊狭而闻名，但我不认为这是事实，上述所有人对我这个陌生人的欢迎证明了这一点。奇幻作家、火箭科学家和历史学家艾伦·斯梅尔（Alan Smale），奇幻作家丹尼尔·波兰斯基（Daniel Polansky）以及技术首席执行官梅拉尼·弗拉纳根（Melani Flanagan）都读过这本书的早期版本，并给出宝贵意见。

军事史的批评家经常会说，对武装冲突和职业暴力的研究，美化了战争行为。这是一个被许多作家全然扭曲的论断，但我还是想在这里说明一下。

我在伊拉克打过三次仗，我绝对憎恶战争。渴望真正了解昔日战士的经历，更多的是出于对人性，而不是对战争本身的热爱。我渴望与自己的前辈建立某种联系。每个职业都有根源，战士也不例外。无论是好是坏，这就是我的故事，我会尽我所能去讲述。

我不得不在战争的恶心泥潭中成为一名战士。我最大的希望是其他人都能在和平的环境中讨论战争。我梦想有一天，战争只是一个供学术研究的课题，而不是为了实际应用。如果本书能在某种程度上朝这个方向迈出一步，我将会感到十分欣慰。

麦克·科尔（Myke Cole）

2017 年于纽约布鲁克林区

年表

公元前 575 年	塞尔维乌斯·图利乌斯（Servius Tullius）成为罗马国王，他是塞尔维乌斯改革的发起者。
公元前 480 年	第一次温泉关战役。
公元前 431 年—前 404 年	伯罗奔尼撒战争。
公元前 418 年	伊菲克拉提斯（Iphicrates）出生。第一次曼提尼亚（Mantinea）战役。
公元前 340 年—前 338 年	拉丁战争。
公元前 396 年	罗马人征服伊特鲁里亚人的维爱（Veii）城。
公元前 390 年	布伦努斯（Brennus）率领塞诺内斯人（Senones）在阿里亚（Allia）河战役击败罗马军队，并洗劫了罗马城。伊菲克拉提斯利用步兵装备和战术的革新，在科林斯附近击败斯巴达人。

公元前 371 年 7 月	留克特拉（Leuctra）战役。
公元前 362 年	伊巴密浓达（Epaminondas）在第二次曼提尼亚战役中被杀。
公元前 353 年	伊菲克拉提斯去世。
公元前 343 年—前 341 年	第一次萨莫奈（Samnite）战争。
公元前 343 年	罗马人在高鲁斯山（Mount Gaurus）战役击败萨莫奈人。
公元前 338 年	喀罗尼亚（Chaeronea）战役确立马其顿对希腊的霸权。
公元前 326 年—前 304 年	第二次萨莫奈战争。
公元前 331 年	高加米拉（Gaugamela）战役巩固了马其顿在亚洲的霸权。
公元前 328 年	最后一支波斯武装力量被镇压。
公元前 326 年	亚历山大大帝从印度返回。
公元前 323 年 6 月	亚历山大大帝去世，希腊化时代开启。
公元前 322 年—前 321 年	第一次继业者战争。
公元前 319 年—前 315 年	第二次继业者战争。
公元前 319 年	伊庇鲁斯的皮洛士（Pyrrhus of Epirus）出生。
公元前 317 年	皮洛士之父、伊庇鲁斯国王埃阿喀得斯（Aeacides）被废黜。
公元前 314 年—前 311 年	第三次继业者战争。
公元前 308 年—前 301 年	第四次继业者战争。
公元前 306 年	在伊利里亚的道兰提亚（Taulantian）部落国王格劳西亚斯（Glaukias）的帮助下，皮洛士夺回他父亲的王位。
公元前 302 年	皮洛士被继业者之一的卡山德（Cassander）驱逐出伊庇鲁斯王国。
公元前 298 年	皮洛士作为人质被扣押在亚历山大里亚（Alexandria），他在那里迎娶埃及国王托勒密一世的继女安提戈涅（Antigone）。
公元前 298 年—前 291 年	马尼乌斯·库里乌斯·登塔图斯（Manius Curius Dentatus）成为保民官。

公元前 298 年—前 290 年	第三次萨莫奈战争。
公元前 297 年	在托勒密的支持下，皮洛士夺回伊庇鲁斯的王位，与奈奥普托勒姆斯二世（Neoptolemus Ⅱ）共同执政。不久之后，皮洛士下令刺杀了他。
公元前 292 年	皮洛士与自己的盟友、安提柯王朝的"围城者"德米特里乌斯开战。
公元前 290 年	马尼乌斯·库里乌斯·登塔图斯被选举为执政官。
公元前 288 年	皮洛士与继业者国王利西马科斯（Lysimachus）共同执掌马其顿。
公元前 284 年	利西马科斯将皮洛士赶出马其顿。
公元前 282 年	罗马人在意大利的希腊殖民城市图里伊（Thurii）、洛克里（Locri）和雷吉姆（Rhegium）驻军。他林敦（Tarentum）军队袭击图里伊的罗马人。由于害怕罗马人的报复，他们请求皮洛士前来援助。
公元前 280 年	普布利乌斯·瓦列里乌斯·拉维努斯（Publius Valerius Laevinus）被选为执政官。皮洛士登陆意大利。赫拉克里亚战役爆发。
公元前 279 年	普布利乌斯·德西乌斯·穆斯（Publius Decius Mus）被选为执政官。皮洛士入侵阿普利亚（Apulia）。阿斯库路姆（Asculum）战役。
公元前 278 年	皮洛士收到两份邀请：第一份来自西西里的希腊城市，请求他帮助驱逐迦太基人（Carthage）；第二份来自马其顿人，他们的国王托勒密·克劳诺斯（Ptolemy Keraunos）在与高卢人的战斗中被杀。皮洛士认为，西西里是更好的机会。皮洛士在西西里登陆，解除了迦太基对叙拉古（Syracuse）的围攻，并在此称王。
公元前 277 年	皮洛士占领俄依克斯（Eryx）。

公元前 276 年	皮洛士对利利巴厄姆（Lilybaeum）发起围攻。皮洛士意识到，如果没有海军，他就无法拿下该地。于是，他向叙拉古人征税，继续招募士兵，以创建所需的武装力量。这使皮洛士在自己的盟友和臣民中非常不受欢迎。最终，皮洛士离开西西里，返回意大利。
公元前 275 年	皮洛士在贝尼温敦（Beneventum）战役中被击败，决定离开意大利。
公元前 274 年	皮洛士在阿欧斯河（Aous river）战役中击败安提柯二世，再次夺取马其顿王位。
公元前 272 年	皮洛士受克里奥尼穆斯（Cleonymus）之邀围攻斯巴达，最终失败。此后，皮洛士入侵阿尔戈斯（Argos），在那里被杀。
公元前 270 年	马尼乌斯·库里乌斯·登塔图斯去世。
公元前 264 年—前 241 年	第一次布匿战争。
公元前 241 年	安条克三世（大帝，Antiochus III the Great）出生。
公元前 238 年	马其顿的腓力五世出生。
公元前 229 年	提图斯·昆克提乌斯·弗拉米尼努斯（Titus Quinctius Flamininus）和"马其顿征服者"卢修斯·埃米利乌斯·保卢斯（Lucius Aemilius Paullus Macedonicus）出生。
公元前 223 年	塞琉古国王塞琉古三世（Seleucus III）在战争期间被刺杀。
公元前 222 年	安条克三世继任塞琉古国王。
公元前 221 年	腓力五世成为马其顿国王。
公元前 220 年—前 217 年	同盟者战争。
公元前 217 年	安条克三世在拉菲亚（Raphia）战役中被托勒密四世击败。
公元前 218 年—前 201 年	第二次布匿战争。
公元前 216 年 8 月	罗马人在坎尼会战中遭遇灾难性惨败。"马其顿征服者"卢修斯·埃米利乌斯·保卢斯的父亲卢修斯·埃米利乌斯·保卢斯被杀。

公元前 215 年	马其顿的腓力五世与汉尼拔·巴卡（Hannibal Barca）缔结盟约。
公元前 214 年—前 205 年	第一次马其顿战争。
公元前 212 年	马其顿的珀尔修斯（Perseus）出生。
公元前 211 年	作为一种散兵，轻步兵被引入罗马军团。
公元前 205 年	《腓尼基条约》（*Treaty of Phoenice*）结束第一次马其顿战争。弗拉米尼努斯成为他林敦的地方长官。
公元前 202 年	"非洲征服者"普布利乌斯·科尔内利乌斯·西庇阿（Publius Cornelius Scipio Africanus）在扎马（Zama）战役中获胜，迦太基被彻底击败。不过，确切来说，第二次布匿战争要到下一年才会结束。
公元前 203 年	安条克三世和腓力五世签署了一份旨在征服托勒密五世领土的盟约。
公元前 200 年—前 197 年	第二次马其顿战争。
公元前 199 年	弗拉米尼努斯被任命为财务官（quaestor）。
公元前 198 年	弗拉米尼努斯被选为执政官。在阿欧斯河战役击败腓力五世。
公元前 197 年	罗马在库诺斯克法莱战役击败腓力五世。
公元前 193 年	"马其顿征服者"卢修斯·埃米利乌斯·保卢斯被选为市政官。
公元前 192 年—前 188 年	叙利亚战争。
公元前 191 年	罗马人在第五次温泉关战役击败安条克三世。"马其顿征服者"卢修斯·埃米利乌斯·保卢斯被选为裁判官（praetor）。
公元前 190 年	在欧里梅敦（Eurymedon）海战中，汉尼拔·巴卡率领的塞琉古舰队被罗马的盟友罗德岛舰队击败。一支罗马–罗德岛联合舰队在迈昂尼苏斯（Myonessus）海战中再次击败塞琉古舰队。最后，安条克三世的陆军在马格尼西亚战役中惨败。

公元前 187 年	安条克三世在洗劫一座波斯神庙时去世。
公元前 182 年	"马其顿征服者"卢修斯·埃米利乌斯·保卢斯被选为执政官。
公元前 188 年	《阿帕梅亚条约》(*Treaty of Apamea*)结束叙利亚战争。
公元前 179 年	马其顿的腓力五世去世。珀尔修斯继承王位。
公元前 178 年	珀尔修斯迎娶塞琉古四世的女儿劳狄丝五世(Laodice V)。
公元前 171 年	第三次马其顿战争。安提柯王朝在卡利尼库斯(Callinicus)战役中击败罗马。
公元前 174 年	弗拉米尼努斯去世。
公元前 168 年	"马其顿征服者"卢修斯·埃米利乌斯·保卢斯再次当选执政官。安提柯王朝在皮德纳战役中被罗马击败。
公元前 160 年	"马其顿征服者"卢修斯·埃米利乌斯·保卢斯逝世。
公元前 107 年	盖乌斯·马略(Gaius Marius)的改革消除了罗马军团的阶层划分。这不单纯是一次军事变革,同时还是社会革新。马略改革终结了旧有的步兵中队体系,取而代之的是以重装军团步兵为核心的步兵大队体系。

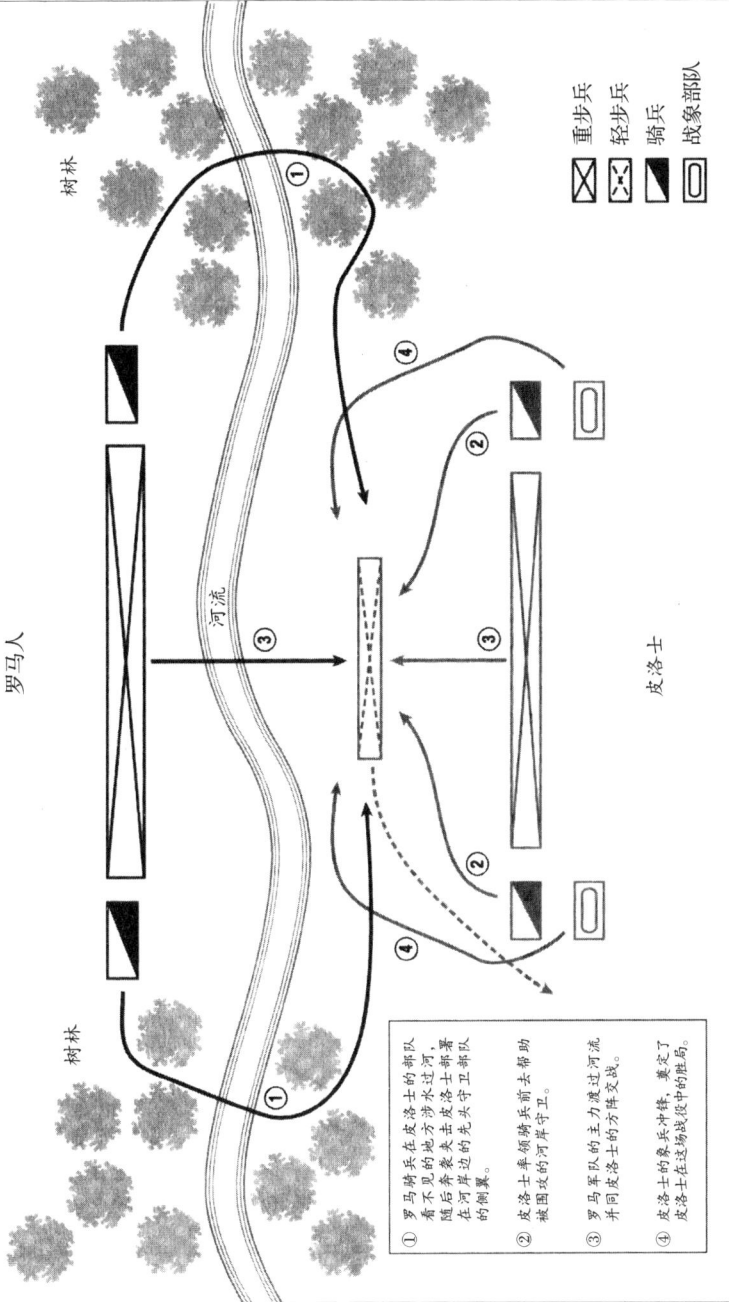

公元前 280 年，赫拉克里亚战役

罗马人

重步兵
轻步兵
骑兵
战象部队

树林

树林

河流

皮洛士

① 罗马骑兵在皮洛士的右翼，看不见的地方涉水过河，随后袭击去皮洛士布置在河岸边的先头守卫部队的侧翼。

② 皮洛士率领骑兵前去帮助被围攻的河岸守卫。

③ 罗马军队的主力渡过河流，并同皮洛士的方阵交战。

④ 皮洛士的象兵冲锋，奠定了皮洛士在这场战役中的胜局。

公元前 279 年，阿斯库路姆战役

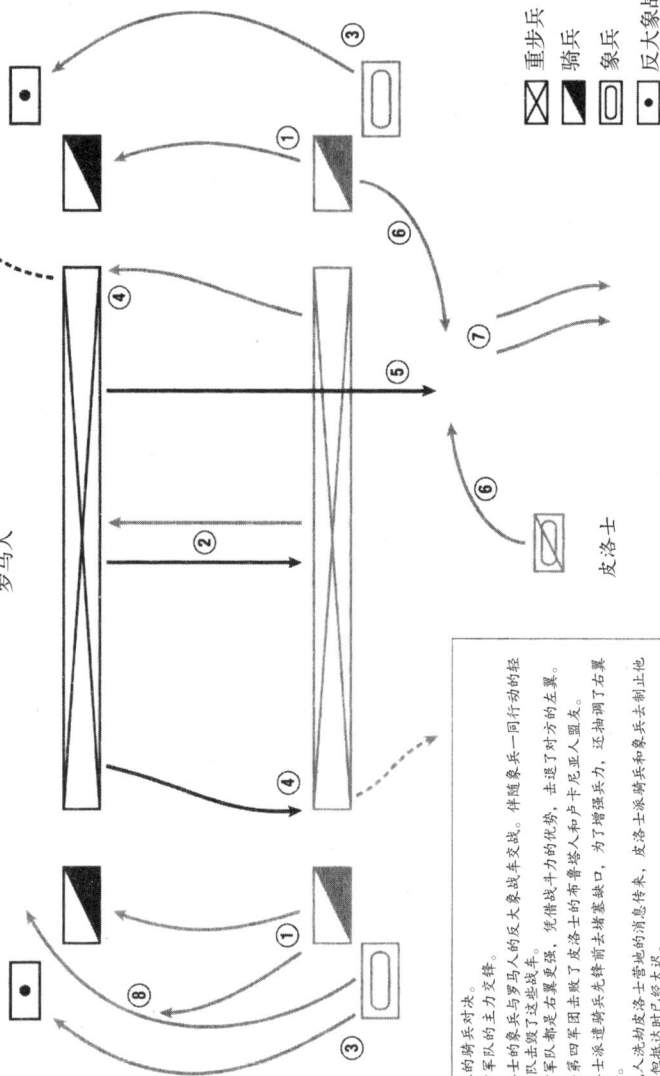

罗马人

皮洛士

图例：
- 重步兵
- 骑兵
- 象兵
- 反大象战车

① 侧翼的骑兵对决。

② 双方军队的主力支棒。

③ 皮洛士的象兵与罗马人的反大象战车交战。伴随象兵一同行动的轻装部队击败了这些战车。

④ 双方军队都足是左翼更强，凭惜战斗力的优势，击退了对方的左翼。

⑤ 罗马第四军团击败了皮洛士的布鲁塔人和鲁塔尼卢尼正左翼。

⑥ 皮洛士派遣骑兵先锋前去堵塞缺口，为了增强兵力，还抽调了右翼骑兵。

⑦ 迦尼人流动皮洛士营地的消息传来，皮洛士派骑兵和象兵去制止他们，但抵达时已经太迟。

⑧ 皮洛士的骑兵和象兵终究把罗马人的侧翼，最终赢得胜利。

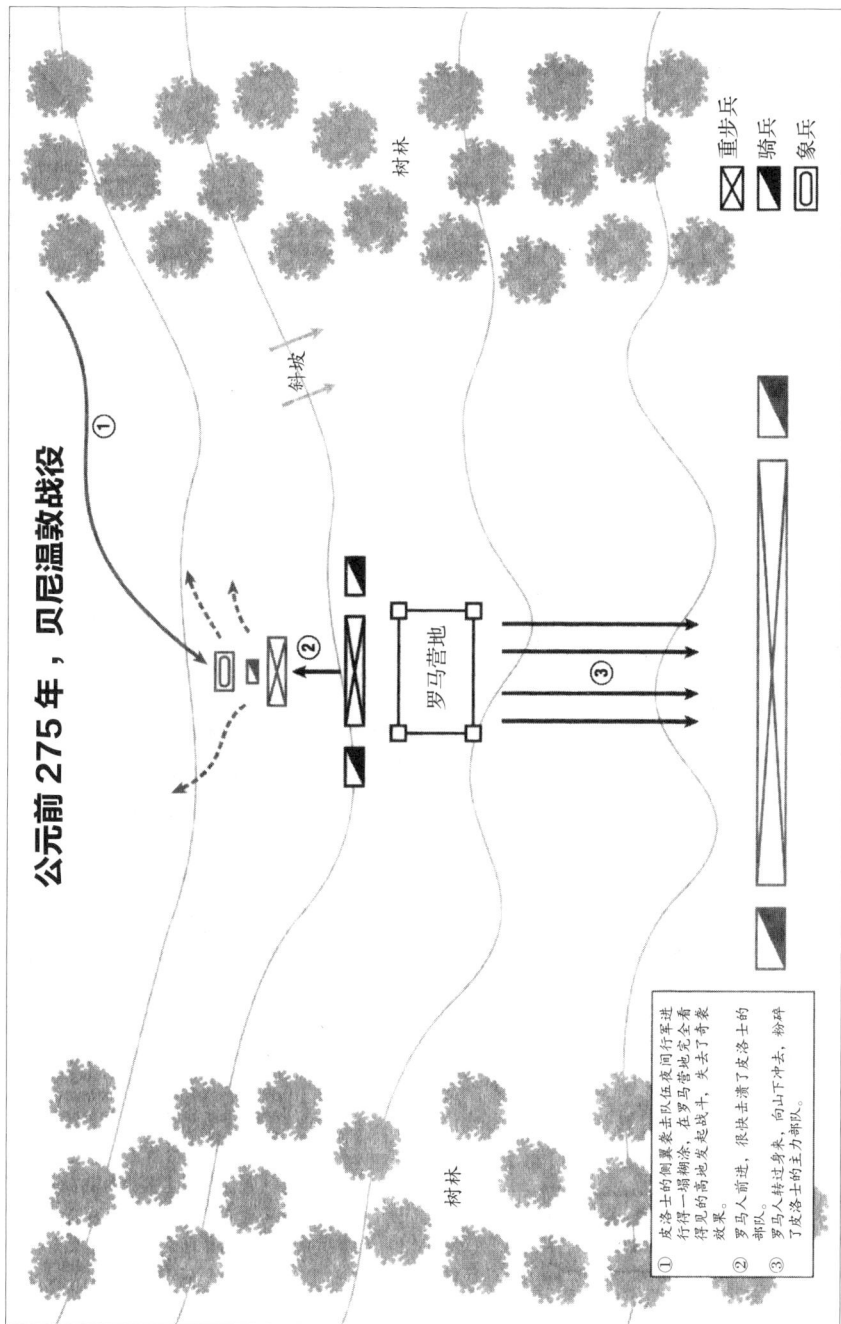

公元前 275 年，贝尼温敦战役

图例：
重步兵 ⊠
骑兵 ◪
象兵 ▣

① 皮洛士的侧翼要去夜间行军进行伴一场糊涂，在罗马营地完全没有得见的高地起去战斗，失去了皮洛士的高地的效果。

② 罗马人前进，很快击溃了皮洛士的部队。

③ 罗马人转过身去，向山下冲去，粉碎了皮洛士的主力部队。

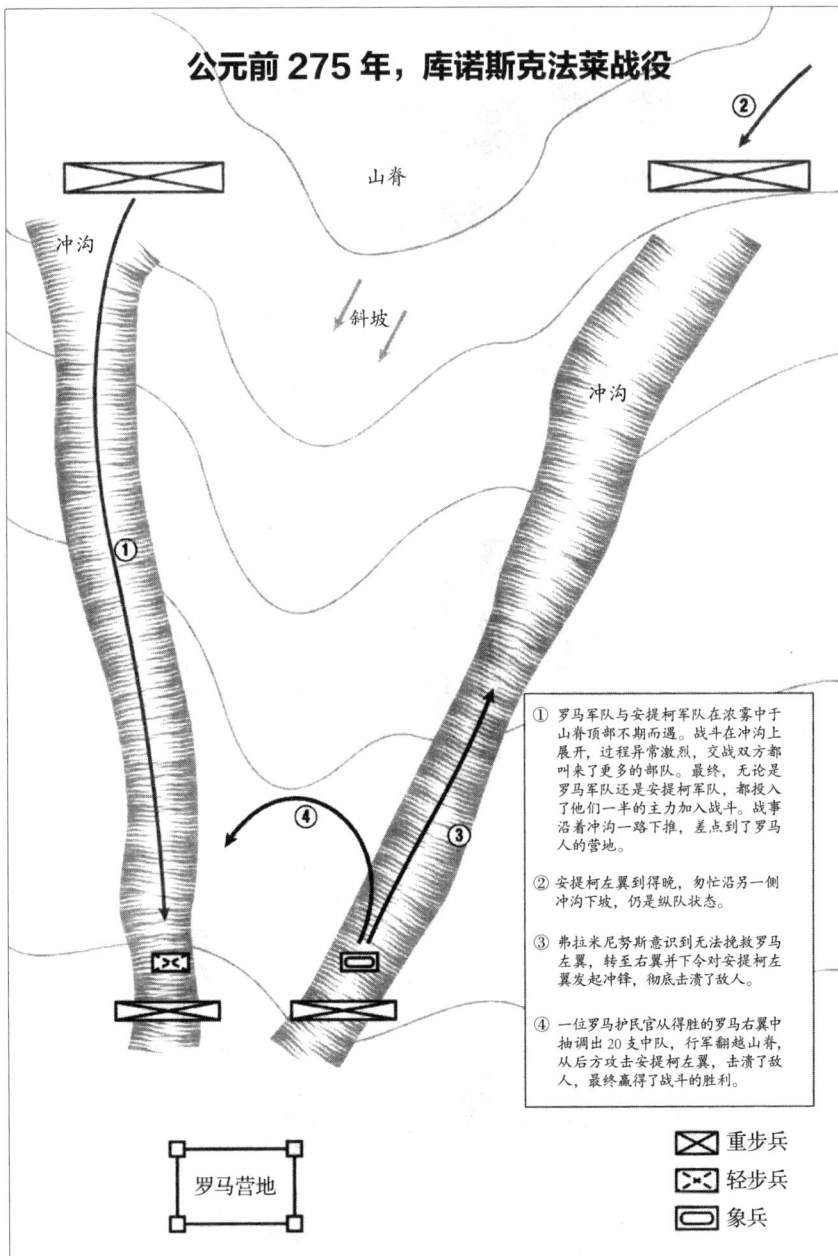

公元前 275 年，库诺斯克法莱战役

山脊

冲沟

②

斜坡

冲沟

①

④

③

① 罗马军队与安提柯军队在浓雾中于山脊顶部不期而遇。战斗在冲沟上展开，过程异常激烈，交战双方都叫来了更多的部队。最终，无论是罗马军队还是安提柯军队，都投入了他们一半的主力加入战斗。战事沿着冲沟一路下推，差点到了罗马人的营地。

② 安提柯左翼到得晚，匆忙沿另一侧冲沟下坡，仍是纵队状态。

③ 弗拉米尼努斯意识到无法挽救罗马左翼，转至右翼并下令对安提柯左翼发起冲锋，彻底击溃了敌人。

④ 一位罗马护民官从得胜的罗马右翼中抽调出 20 支中队，行军翻越山脊，从后方攻击安提柯左翼，击溃了敌人，最终赢得了战斗的胜利。

罗马营地

重步兵

轻步兵

象兵

公元前 190 年，马格尼西亚战役

罗马营地

罗马军队

塞琉古军队

河流

① 塞琉古的镰刀战车发起冲锋，被罗马轻步兵击溃，掉头冲入已方左翼，引发了混乱。

② 欧迈尼斯同罗马和盟军骑兵发起了冲锋，将敌人击溃。

③ 安条克三世率领伙伴骑兵和全甲骑兵攻击罗马左翼，把安条克击败了。

④ 逃跑的罗马人在营地重新集结，再次回到战斗中，把安条克击退了。

⑤ 罗马骑兵和盟军骑兵成功地从左翼击溃了塞琉古骑兵。

⑥ 随着两翼的骑兵都被击溃，塞琉古步兵组成了方形阵，拼命地试图撤退到方营地。罗马人向他们倾泻投掷物，使位于方形阵中央的大象受惊，击溃了塞琉古最后的抵抗。

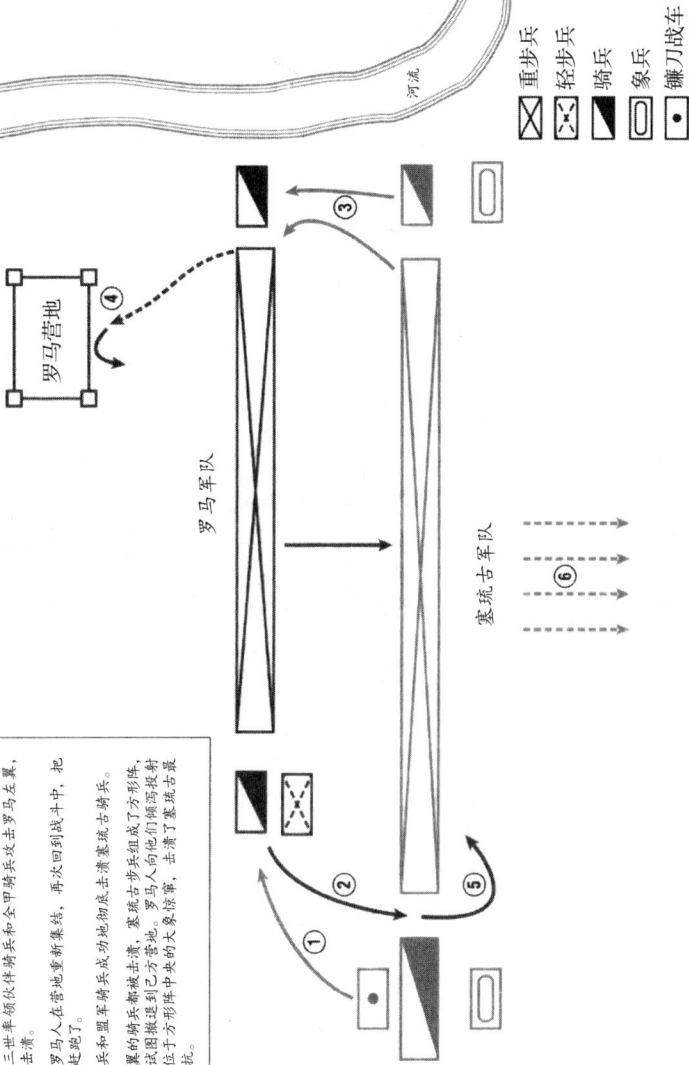

重步兵
轻步兵
骑兵
象兵
镰刀战车

015

公元前 168 年, 皮德纳战役

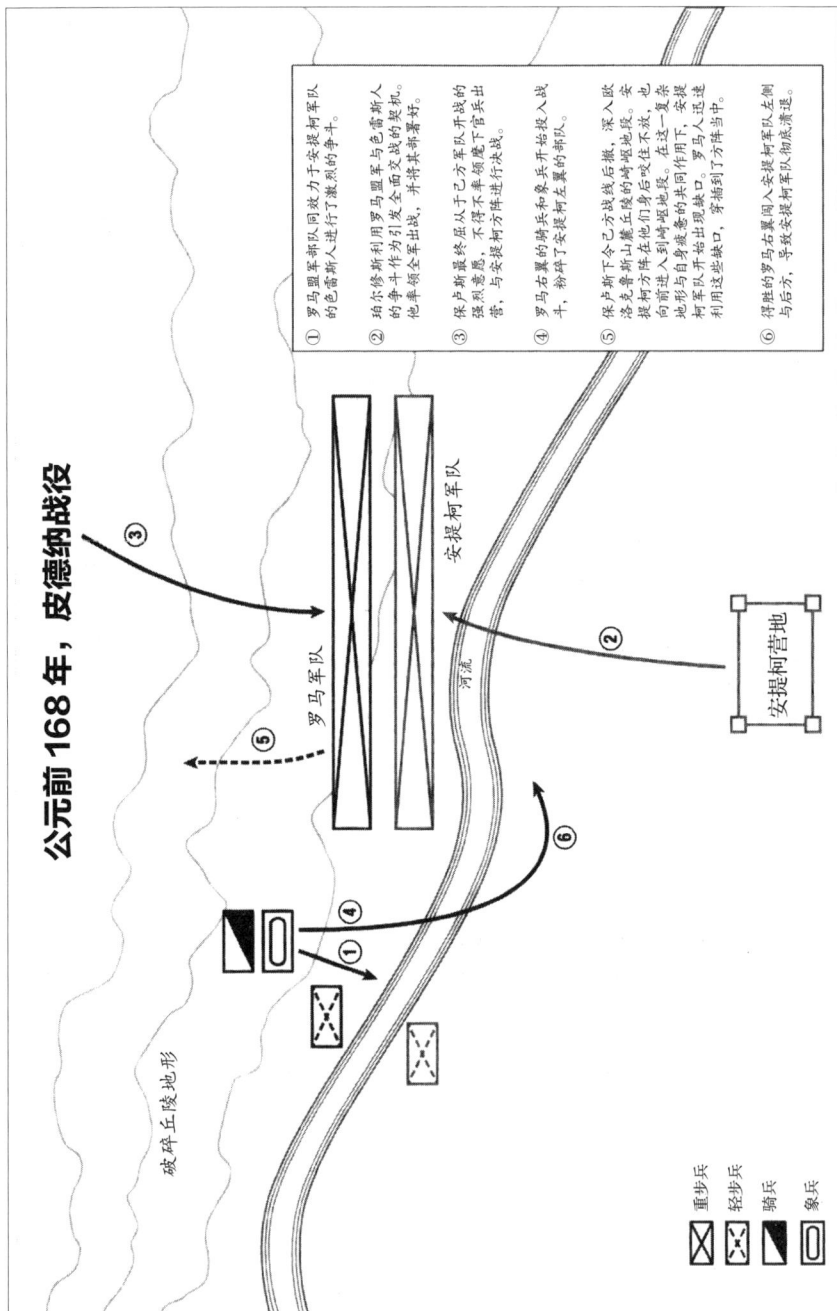

破碎丘陵地形

罗马军队

安提柯军队

河流

安提柯营地

① 罗马盟军部队同效力于安提柯军队的色雷斯人进行了激烈的争斗。

② 珀尔修斯利用罗马盟军与色雷斯人的争斗作为引发全面交战的契机,他率领全军出战,并将寻求决战。

③ 保卢斯最终是从千万方军队开战的强烈意愿,不得不率领麾下部队出营,与安提柯方布阵进行决战。

④ 罗马右翼的骑兵和象兵开始投入战斗,粉碎了安提柯左翼的部队。

⑤ 保卢斯的令军下令方针后撤,深入欧洛克暮斯山麓的峡谷地段。安提柯方阵在他们的身后峡谷地段吸生不效,也向前进入到峡谷地段的共同作用下,罗马人迅速提柯军队开始出现裂口,罗马人迅速利用这些缺口,穿插到了方阵当中。

⑥ 得胜的罗马右翼闯入安提柯军队左侧与后方,导致安提柯军队彻底溃逃。

重步兵

轻步兵

骑兵

象兵

016

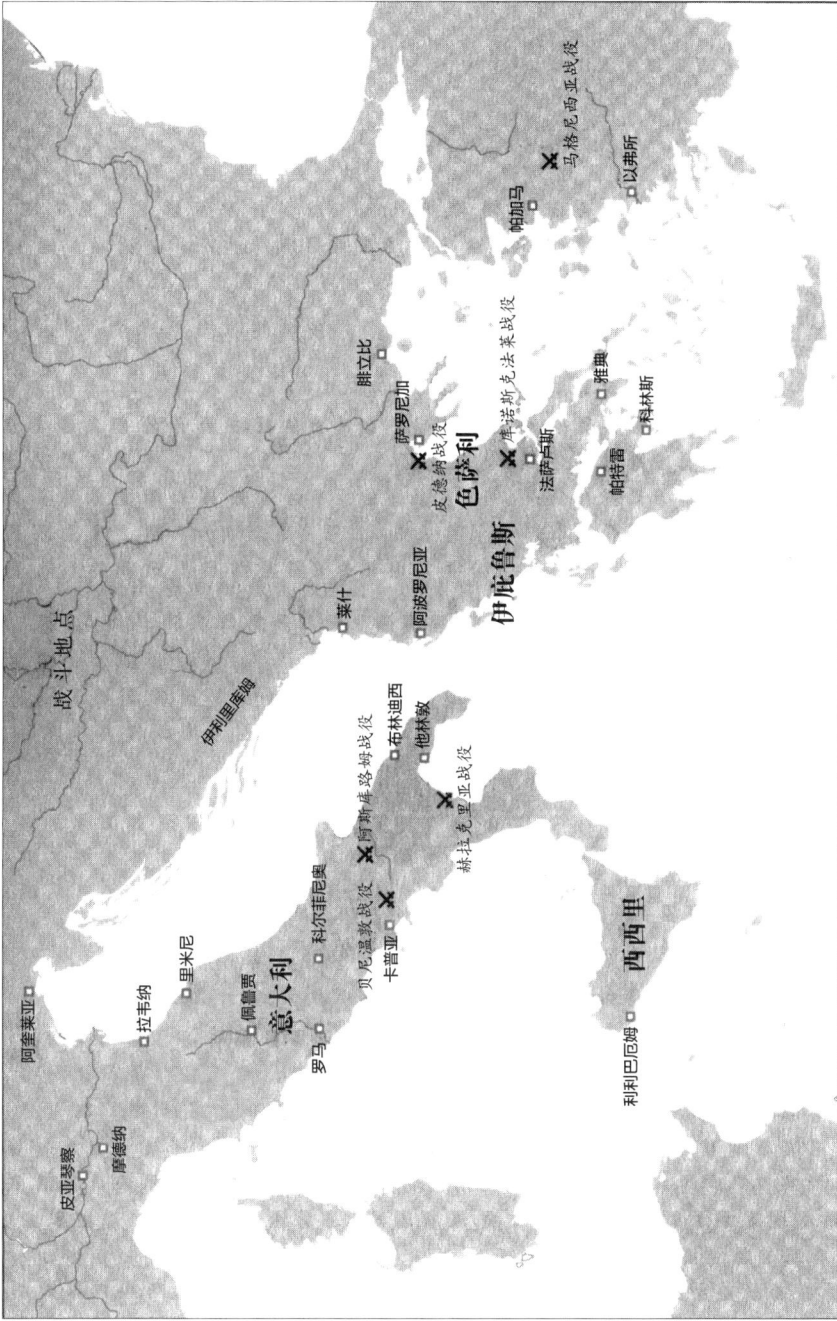

战斗地点

马格尼西亚战役
以弗所
帕加马

库诺斯克法莱战役

腓立比
萨罗尼加
彩诺比斯
色萨利
雅典
科林斯
法萨罗斯
帕特雷

莱什
阿波罗尼亚
伊庇鲁斯

伊利里库姆

布林迪西
他林敦
阿斯库路姆战役
赫拉克里亚战役
科尔菲尼奥
贝尼温敦战役
意大利
卡普亚

阿奎莱亚
拉韦纳
里米尼
佩鲁贾
罗马

皮亚琴察
摩德纳

西西里
利利巴厄姆

017

第一部分

以新的视角解读军团与方阵

研究它们（军团与方阵）之间的差异，

找出罗马人在战场上总是夺得桂冠的原因，

是一件有益且值得付出辛劳的事情。

——波里比阿，《历史》

第一章

谁会在战斗中得胜？
鹰还是狮子

当（马其顿人）阵列混乱，并且由于同伴在他们之间左冲右突，而无法使用"萨里沙"（sarissae）长矛时，罗马军队立即前进，向混乱的敌人用力掷出他们的矛。

——李维，《罗马史》（*History of Rome*）

当我们询问最业余的历史专业学生有关希腊方阵（Hellenistic phalanx）的问题，更准确地说，是突然谈及这个话题时，大多数人并不知道希腊文化的概念。"希腊风格"在古代历史的大部分时期，都支配着西方世界使用武器的传统。当转而询问他们关于希腊方阵（"Greek" phalanx）的问题时，你或许会看到他们一脸茫然。那么，我们改换策略，问他们："你知道斯巴达人吗？"这时候，对方会恍然大悟："哦，斯巴达人！电影《斯巴达300勇士》里的那些家伙。"

事实上，我把这视为一件好事。弗兰克·米勒（Frank Miller）那具有开创性的连环漫画在制作成电影后，更是大受欢迎。这部作品很大程度上忠实于公元前5世纪希腊历史学家希罗多德（Herodotus）的记载，叙述了公元前480年300名斯巴达重装步兵（源自希腊语 hoplitēs，意思是"使用重型装备的徒步士兵"）在温泉关（Thermopylae）顽强抵抗波斯军队的故事。它在人们脑海中描绘出方阵作战的画面：一大群男人肩并肩地站立，手里持握的铜制盾牌互相交叠。他们头戴铜制头盔，穿着胸甲和胫甲，将长矛放平，铁制矛尖指向敌人。

现在，问相同的人有关罗马军团的问题。无数的电影、小说和连环漫画为大众描绘了这样的想象画面：一位罗马百夫长身穿环片甲（lorica segmentata，一种覆盖胸口、后背和肩膀、由铁制环片构成的铠甲），手持葡萄藤权杖，头戴装饰着鲜红横断盔缨的高卢式I型头盔。士兵们手持巨大的红色长盾，号手的头盔上披着狼皮。在雷德利·斯科特（Ridley Scott）的电影《角斗士》以及梅尔·吉布森（Mel Gibson）的电影《耶稣受难记》里，观众见到的就是类似这样的士兵。

大多数人都知道，铜制时代早于铁器时代。他们在方阵中看到很多铜制器，而军团中的铁器更多。因此，大家认为方阵是"较古老的"战斗方式，而军团是"较新的"。这同样是一件好事，因为它显示出，这些在大众印象中的东西是如何根深蒂固地确立下来的。

公元前275年的贝尼温敦战役之前，方阵主导着战场。此后，军团慢慢地削弱其统治地位，最终成为战场的主宰。军团的辉煌延续了将近600年，直到公元378年的阿德里安堡（Adrianople）战役为止。这是一个存在争议的说法。大部分学者不会同意中世纪战争始于阿德里安堡战役，但这场战役显示出骑兵的优势地位。哥特式枪骑兵冲入军团阵列，并彻底击溃他们，至少在军事意义上宣告了中世纪的来临。

尽管如此，方阵流传下来的东西仍然清晰可见。"方阵"一词时至今日仍在普遍使用，它是坚不可摧的力量的同义词，甚至成为美国海军的一种反导防御系统的名字。我仍然记得 2009 年冬天，当我掩蔽在巴格达泥坑中时，方阵突然开火，击落来袭的 107 毫米火箭弹。这种防御性的反导系统被命名为"方阵"并不让人感到意外。有限的机动性、密不透风的盾墙与丛林般的矛尖，使方阵成为历史上最伟大的防御阵形之一。

与方阵相比，军团在任何方面都同样伟大。法国仍然有一支"军团"，也就是著名的外籍军团（Légion Étrangère），这是一支由外籍公民组成的部队。美军的一些退伍士兵会加入美国军团（American Legion），这是一个受联邦政府特许建立的组织，维护参加过远征的退伍军人的利益。

这些延续下来的名字，证明它们在古代战场曾扮演的角色何等重要。正是依靠方阵，亚历山大才征服了波斯帝国。这个当时世界上最庞大的国家正值盛世，疆域从巴尔干半岛横跨至印度河流域。假如没有方阵一次又一次在逆境中取得奇迹般的胜利，我们很可能只会干巴巴地把亚历山大大帝（Alexander the Great）称呼为老亚历山大。

军团为军事组织设立了标准，这是职业化军队的基础。正是军队的职业化，使罗马帝国能够登上连波斯人都从未梦想的高峰。美国继承了许多罗马的政治遗产，从参议院组织形式到首都建筑物风格都是如此。美国军队退役体系的概念与政府机关的运作，皆深受罗马的影响。

方阵和军团分别代表它们各自时代的军事高峰，这当然会引发一个老生常谈的问题。长久以来，人们在世界各地的酒吧和宿舍房间相互问道："军团与方阵打起来的话，谁会获胜？"

历史已经告诉我们答案：胜利的将会是军团。一个更有趣的问题是：为什么会这样？

战争游戏玩家和历史爱好者经常对比这些从未碰面的军事组织。古罗马人遭遇美洲土著会如何？亨利五世（Henry V）军队中的英格兰长弓手，是否能够匹敌美国内战白热化时第十一纽约兵团的义勇兵？大获成功的斯派克电视台（Spike TV）的节目《致命勇士》（Deadliest Warrior）表明，思考这些幻想非常有趣，并且肯定会俘获大众的想象力。但事实也让人沮丧，因为无论我们多么精确地去模拟战斗，真正的作战条件已经永远消失。这些勇士永远不会真的相遇，我们永远无法知晓真正的结果。

军团与方阵的情况并非如此。它们的确真的遭遇过，也真的进行过战斗，我们知晓发生了什么。两种阵形面对面互相对抗的实例有很多，包括六次大的冲突。通过第一手史料，我们清楚地知晓战斗的结局如何。古代史的研究总是艰难，因为没有充足的第一手史料，即所要研究历史时期的工艺品或文献。岁月磨平了羊皮纸文稿、石块甚至记忆。但有关军团与方阵，我们有最稀有且最令人惊叹的东西：一个我们可以投入事实、点缀猜想、扩充假设并见证结果的实验室。我们可以注视着历史迷雾被逐渐揭开。

古典文献告诉我们，从古老的苏美尔（Sumeria）时代起，重装步兵方阵就支配着战场。那时还不是精锐的古希腊重装步兵方阵，而是一大群装备矛或枪的人，肩并肩地站在一起，交叠着持握的盾牌，面向敌人亮出密不透风的金属盾墙。我们还知道，早在盖乌斯·马略于公元前107年开始著名的改革之前，罗马军团已经作为步兵战斗的主宰者，使方阵黯然失色。

但方阵真的过时了吗？在罗马帝国陨落很长时间后，维京盾墙使人想起古代方阵；瑞士长矛兵方阵贯穿整个文艺复兴时期，在战场上占据一席之地；"长矛与射击"阵形是17世纪军队的脊梁；最晚到第二次世界大战时期，一些国家仍在制造长矛并发放给部队。显然，这种战斗方式经久不衰。

如果方阵这么有效，为何会败给军团？这两种阵形碰撞时发生了什么？在我玩桌面战争游戏，看着用硬纸板筹码或是6毫米微缩兵模表示的编队被来回吃掉时，疑惑开始萦绕在我的脑海里。这两种作战方式截然不同，从武器、护甲到士兵的组织都是如此。它们显然是各自背后极度迥异的文化与政府体系的产物，以至于引发了那个对于痴迷者来说本能般的好奇问题——"双方打一仗谁会获胜？"我认为自己不可能是第一个想要知道答案的好奇者，因为这个问题已经被提出并得到了解答。

当我深入发掘它时，我发现这只是部分正确。"为什么军团会胜过方阵？"肯定不是个新问题。2世纪的希腊历史学家波里比阿（Polybius）在其著作《历史》（Histories）第18卷中提出了这个问题。与所有雄心勃勃的历史学家一样，波里比阿不仅问出了问题，还自己作了回答：

在所有这些情况（复杂地形、围城战、奇袭战等）中，马其顿阵形有时用处不大，有时完全没什么用，因为方阵士兵无法以规模更小的单位作战，或是单独进行行动。相反的是，罗马阵形有高度灵活性。每一位装备了武器并投入战斗的罗马士兵，都可以良好地适应任何位置，面对来自任何方位的进攻。无论他要与大部队还是分遣队一同作战，都准备得很充分，无需做任何改变。由于罗马军队在各部分的有效利用上拥有这么多优势，他们获得成功的可能性要比其他军队高得多。

波里比阿论证的要旨是：更为机敏且灵活的罗马军团，在适应性方面胜过了方阵，后者在战斗中无法应对变化。波里比阿还补充说，方阵需要完全没有障碍的水平地面，才能有效运作，并且不使用预备队。

为什么波里比阿的观点这么重要？毕竟他不是古代唯一讲述军团与方阵之间战斗的作者。事实上，我们将要仔细考察的战役之中的三场，都发生在波里比阿生活的时代。波里比阿在库诺斯克法莱战役爆发时大概 3 岁，马格尼西亚（Magnesia）战役时 10 岁，皮德纳（Pydna）战役时 32 岁。这并不意味着他亲身见证了这些战役，但他的确生活在因这些战役而改变的世界，受到那些战场故事的熏陶，熟知当时社会的面貌。事实上，波里比阿居住在罗马。作为一名质子，他父亲是亚该亚同盟（Achaean League）最重要的将领之一。亚该亚同盟是涵盖伯罗奔尼撒（Peloponnese，希腊西南地区）诸希腊城邦的联盟。波里比阿在那里接受了皮德纳战役中的罗马将军卢修斯·埃米利乌斯·保卢斯的孩子们的教导，这位将军我们将在第四章详细论述。波里比阿熟悉本书所研究时代的文化、社会乃至一些主要人物，是当之无愧的权威。

但波里比阿的观点就是正确的吗？军团的灵活与机敏就是其最终获胜的原因吗？对比方阵，它真的有这么多优势吗？

令人惊讶的是，这个问题未曾得到过现代学者任何真正富有深度的直面解答。我见过大量讨论军团与方阵如何作战的只言片语，但没有哪本著作给予这个问题应得的重视。现代学者并未充分地研究波里比阿，检视他的著作，质疑他的推断，以此搞清楚"为什么军团能够胜过方阵？"

我将在本书中完成所有这些事项，更重要的是，我将会搔到对此痴迷之人的痒处。我想从探索这个问题的过程中获得乐趣，满腔热忱地探究那些对别人来说或许感到无聊的细节：使每支部队成为各自文化代表的武器、装备、组织、战场部署与身份标识。古代资料告知了我们六次重要战斗，而我们将会对此进行深入钻研，审视战场上发生的事件，考究部队战斗的细节。我们将会透过武装冲突这一镜片，观察人类在战争中的演变。

我想要设置这样的场景——你是一位希腊化时代的伟大国王。你是亚历山大大帝的直系后裔，他不仅是世界上已知最伟大的军队领袖，本身也是最伟大的勇士。他的血脉流淌在你身上，这是可以直接追溯至诸神的血统。你站在一支由来自马其顿（Macedon）、叙利亚（Syria）或是埃及（Egypt）的英勇子弟组成的大军前。他们都是希腊勇士的后代，地球上最伟大帝国的主宰波斯人正是败在这些人的手上。

你的军队受过最好的训练，装备精良无比，并且极受众神喜爱，像大地一样坚不可摧。他们的矛尖多如繁星，包裹他们皮肤的铜甲使他们看上去仿佛是用铜铸成的一般。他们宛如毒蛇，如蛇一般披甲，如蛇一般捕食，如蛇一般迅捷。这是自你祖父之前的时代起就未曾断绝的传统。方阵未尝一败。

你面对的是一支罗马军队。他们是连希腊语都不会说的蛮夷。他们的武器装备是对希腊光荣传统的拙劣模仿。罗马士兵的铜制头盔十分粗糙，手里提着怪异的笨重盾牌。他们像散兵一样携带标枪，而装备的长刀通常更多出现在屠夫与制革工而非战士的手中。带着这些小玩意，他们连能够接近你的士兵都可以算得上万幸，更别说制造伤害。你麾下士兵的铁制长矛，在罗马人能够靠近前，就会刺穿他们。

第一次战斗的情况确实如此，第二次战斗或许也差不多。但如同你所见到的那样，罗马人汲取了教训。他们适应了。在一场又一场战斗中，他们吸收了己方战败的经验，并将其运用到实践中。

虽然罗马人仍会失败，但击败他们已经不那么容易。

不久之后，你再也无法打败他们。

历史编纂学（Historiography）

历史编纂学是对历史研究的研究。这门学科关注我们如何探究、分析与著述历史。这是本关于古代战争的书，而不是讲述历史编纂学的，所以我不会在这个话题上太过深究。但如果读者想要知道如何使用史料，并理解它们是如何影响本书所要讲述的故事，我需要在此指出一些相关要点。

如果我们想要学习如何驾驶汽车，至少需要知道一些关于引擎如何运转的基础知识。这很重要，因为这些知识会在我们开车出现问题时，帮助我们判断因果关系。车子为什么在一声巨响后不由自主地往左偏？或许是有个轮胎爆了。作出这样判断的我们，不仅仅信任我们自身的感知（听到爆鸣声以及感觉到拖拽），还依赖于我们掌握的关于机制如何运作的知识。

同样的道理也适用于历史。花费时间学习历史本身的准则，了解信息来源是谁，以及他们的隐秘意图是什么，这几点可谓至关重要。他们从哪里获取各自的信息？文化传统与个人目标怎样影响着他们讲述的故事？

在当今政治变幻无常的大背景下，有关"虚假新闻"的指责经常被高调丢出。即使面对最负盛名的新闻媒体，我们也开始学会用谨慎的目光来阅览。电视主持人的秘密意图是什么？为什么他们要像这样讲述故事？这令人感到不安，因为它让新闻变得难以置信，但这对历史学家来说是不错的训练。我们检视史料时，必须同样持之以恒地警惕"虚假新闻"。对那些古代作家与艺术家所描绘的东西，我们必须抱着怀疑的态度。

客观性（Objectivity）

事实上，古代作家与艺术家的确有隐晦目的。当时，历史既是为了教育，也是为了娱乐，许多作者非常乐意篡改乃至捏造事实，以便创作出更富戏剧性的故事。公元 1 世纪，罗马历史学家提图斯·利维乌斯［Titus Livius，也就是常被人提起的"李维"（Livy）］的作品便是这一戏剧化倾向的典型。

古代世界的许多艺术与文学作品，在某种程度上都会受人赞助，也就是说它们本身就是为了取悦某个特定的委托人而创作的。在很多情况下，作者会有一个他们想要推广或者为了保住项上人头而不得不推广的观点。

李维的著作写于奥古斯都（Augustus）统治时期，这位恺撒的继承人在残酷的内战后登上权力的宝座，并在权力博弈的过程中确立了自己实际的皇帝身份。在此时出版一本赞美旧共和制度的罗马史，会冒犯罗马的新主宰吗？李维会因为持有这种观点而遭到刑罚吗？这对他的写作可能产生什么影响？

波里比阿是一位客居罗马的希腊人质，他或许对希腊传统怀着强烈的骄傲之情，但又必须取悦自己在罗马的监管者。与李维不一样，波里比阿是一名亲身经历过战斗的士兵，这同样也使他在描绘军事传统方面具有情感倾向。他是埃米利（Aemilii）氏族的食客，这个家族在他著述的历史事件中扮演了重要角色。这些复杂难懂且形形色色的元素，又是如何影响波里比阿对同一事件的看法呢？

历史学家写作时，事实应该是摆在第一位的。历史学家应当不偏不倚的理念，在古时的确存在（这一时代的文献曾对此进行讨论）。但直到现今，这一观点才得到改进与普遍接受。当我们研究历史时，我们必须牢记，许多古代史料并不客观。而客观与否将完全取决于我们是否能仔细地诠释他们的故事，检视互相矛盾的史料。在对比文字资料与实物资料的同时，还要结合我们自身的生活经验。在阅读史料时，历史学家必须如同多疑的侦探一般。

"不知为不知"的重要性

古代史领域的难易，取决于你如何看待它。你在时间上回溯得越早，留存下来的东西越少，文字著作方面尤其如此。截至本书出版时，我们将会追溯近 2200 年的历史。如果你是求全主义者，这就是件好事。古代史有时会吸引收藏家类型的人（我坦率地承认自己就是其中之一），因为逐字逐句地阅读关于某一特定主题的史料是可以实现的。你可以用考古学的实物记录补充这一主题，诸如陶器、石艺、画作、武器与护甲。你还可以考虑其他科学证据，像是地理、气候、物理和心理。但不得不再次提起的是，两千多年的时光对材料施加了太多打磨，甚至连最为坚韧的大地本身也是如此。你就这样啃完了史料，比自己预想的要快很多。每个研究古代史的人都曾体会，学术研究好似雾都孤儿乞求更多食物。即使你未曾阅读狄更斯的这部作品（《雾都孤儿》），你或许也体会过那种感受。

而在这之后，就全都是分析，这就是历史学家的工作。摄入这些贫乏的记录，我们在脑子里来回搅拌它们，直到意义从里面掉落出来。但事实是，有许多问题我们将永远无法得出决定性答案。诚然，我们可以接近，但达不到我们想要的确定水平。我们无法采访在墓穴里待了两千年的战士。当所引用史料的出处已经遗失时，我们无法再三检索其最初的来源。我们准备好为将来发现的新史料雀跃欢呼，但我们不会一直屏息等待它们的到来。

这就是为何我们会猜测。我们在类似这本书的书籍中信誓旦旦宣称的许多细节，事实上都是我们的猜测。古代战争的方方面面，都有着从未中断的激烈争论。重装步兵是突然出现还是逐步演变？明显起源于方阵的"西方"战争方式是否存在？罗马战斗阵列具体如何部署？五点阵形（quincunx）真的能如同不止一份同时代文献证实的那样奏效吗？

唯一正确的回答是："我不知道。"我们经常参与到根本没有多少确定性的激烈学术讨论之中。再怎么受过良好训练的猜想，仍然不过是猜想而已。我在书中陈述自己的观点时，会尽自己所能充分利用"很可能"与"有可能"这样的词。我很享受让自己的想象力随意驰骋的自由，同时也喜欢历史的侦探作业。这是一种驯服想象力的活动，它将其尽可能紧密地约束在我们所拥有的少量事实上。

但一直以来都至关重要的是，我们在展示自己已知事实的同时，也要谨慎地承认自己所不知道的。它为未来的故事设置了一个可靠的背景，因为实际上我们对古代战争所知甚少。

历史背景

本书所要研究的那些战役，几乎全都发生于"希腊化时代"。这是希腊文化影响力爆发的时期，时间是公元前 323 年至公元前 31 年，我会提及这一时期的许多重要事件和著名人物。为避免你阅读时感到困惑，以下是对主要政治与军事发展情况十分简短的背景介绍。

公元前 338 年，马其顿王国在喀罗尼亚战役中击败希腊联军，为持续了将近一个世纪的希腊内战划上休止符，并且有效地将希腊（除斯巴达外）置于马其顿的统治之下。腓力的儿子亚历山大三世（Alexander Ⅲ），也就是常说的亚历山大大帝，随后实现了他父亲武力对抗波斯帝国阿契美尼德（Achaemenid）王朝的憧憬。当时，这个帝国从西方的巴尔干半岛一直往东延伸至印度河流域。亚历山大在公元前328年成功制伏阿契美尼德王朝的最后一支部队。他更进一步将战争推进至印度次大陆，直至军中的一次叛乱最终迫使他返回。

亚历山大在公元前323年过早地去世，导致帝国被他麾下争吵不休的将军们分裂成互相敌对的王国。这些将军们，被称为"继业者"（diadochi）。他们进行了一系列几乎跨越下半个世纪的战争，而秩序最终在公元前275年得以恢复。许多新生王国从这一时期无休止的战争中脱颖而出。对本书来说，最重要的三个国家分别是安提柯王朝（Antigonids），塞琉古王朝（Seleucids）和托勒密王朝（Ptolemaics）。这些王国分别得名于其创建者，先前亚历山大大帝麾下的将军们——"独眼"安提柯一世（Antigonus Ⅰ Monopthalmus）、"征服者"塞琉古一世（Seleucus Ⅰ Nicator）以及"救星"托勒密一世（Ptolemy Ⅰ Soter）。其中两个王国——安提柯王朝与塞琉古王朝，将会在接下来数十年里与罗马发生激烈冲突。

罗马在公元前509年抛弃了自己的国王，以共和国的形象重新出现。随后，罗马开始缓慢地征服邻邦。罗马进行了一系列战争，其中最著名的包括萨莫奈与拉丁（Latin）战争，最终在公元前264年扩张至整个意大利半岛。这使罗马陷入与地中海强权迦太基之间的争端，迦太基的首都位于如今的突尼斯（Tunisia）。对地中海控制权的争夺，导致了从公元前264年到公元前241年的第一次布匿战争（First Punic War）。最终，迦太基战败，罗马不仅控制了西西里（Sicily）岛，还吞并了科西嘉（Corsica）岛与撒丁（Sardinia）岛。迦太基人对侮辱性和约咬牙切齿，杰出的迦太基将领汉尼拔·巴卡率领军队同罗马进行了从公元前218年至公元前201年的第二次布匿战争。汉尼拔是一位前无古人的军事奇才，多次令人吃惊地从逆境中战胜数量占优的罗马敌人。他穿越阿尔卑斯（Alps）山进入意大利，其声威在公元前216年的坎尼（Cannae）会战中达到巅峰。在这场战役中，汉尼拔赢得了举世瞩目的胜利，仅仅在一天内就消灭了整支罗马大军。但汉尼拔未能变现这次胜利获得的优势，而且罗马人最终也诞生出一位他们自己的杰出将领，即著名的"非洲征服者"普布利乌斯·科尔内利乌斯·西庇阿。他在公元前202年的扎马战役中立下汗马功劳，最终使迦太基人屈膝臣服。

由军事主导的长期斗争，使两种相互竞争的步兵阵形崛起。它们诞生于富有军事经验的两种不同文化——西地中海的罗马人与东方的继业者。前者创造了军团，后者则将方阵发扬光大。罗马人与继业者都统治了广阔的领域，征服了诸多不同的民族。结果就是，他们的国家拥有说不同语言的人民，囊括了多种多样的文化。罗马执政官翻越阿尔卑斯山在意大利之外作战时，他的军团里可能会有凯尔特盟友，这些蛮族士兵组成了战团样式的步兵分遣队。在塞琉古王朝的军队中，除了方阵之外，或许还有"仿效军团兵"（imitation legionaries）。但总体来讲，罗马军团与希腊方阵在武器、装备、部署方式等方面形成鲜明对比。考察二者之间的对决，非常令人着迷。

古代战争的基本规律

有一些基本概念几乎普遍适用于所有古代战争，当然肯定适用于本书关注的公元前3世纪到公元前2世纪的战争。为了正确地理解对这些战争的剖析，了解这些基本规律是相当重要的。无论是军官还是士官，都会在学院里学到这些基本知识。大多数战争游戏玩家则在模拟战斗时，就自然而然地学会了它们。但对于那些既非战争游戏玩家，也非预备参军人员的读者，我们会在此回顾这些基础知识。这些叙述都被高度概括，因为我想要尽可能高效且直白地将基本理念传递给读者。

在我们正式开始前，我希望确保读者理解术语"行"（rank）与"列"（file），因为这些词会在本书中频繁出现。大多数读者或许已然熟知这些术语，但以防万一，我还是要解释一下。"列"指的是士兵从前到后呈线形排布，"行"指的是左右排布。因此，16个人前后排布站成一条线，将会是有着16行的一列。而同样人数肩并肩地站成一条线，则会是仅有一行的16列。

战线，正面宽度与侧翼机动

古代战斗通常围绕战线展开。战线就像它听起来那样——大量士兵全都列成线阵，或多或少并肩协力，通常会尽可能横向扩展，以增加"正面宽度"。

更宽的正面无疑是优势，因为这会提高"包抄"，尤其是"两面包抄"的可能性。包抄一般发生在敌方与己方战线部分重叠时，这使你的战线可以绕过敌人并从正向与侧方（也就是现代军方与军事史学家通常说的"侧翼"）同时进攻。这种包围以及从侧翼进攻敌人的方法，通常被称为"侧翼包围"或"侧翼迂回"。两面包抄发生在敌人与己方左右侧翼战线都只有部分重叠时，这使你可以两侧同时包抄敌人战线，如同迦太基将领汉尼拔·巴卡在坎尼会战中所做的那样。

部队类型——重装步兵、轻步兵和骑兵

战线几乎总是由"重装步兵"组成。这个术语所指的事物变化很大，有时指的是士兵武器与盔甲的重量，有时指的是他们阵形的紧密性。希腊或希腊化（希腊化指的是希腊人文化上的后裔，例如亚历山大大帝的继业者们）方阵、罗马军团、凯尔特战团以及波斯征召矛兵，全都是阵列中重装步兵的典范。重装步兵的主要任务是近身或者"冲锋"作战，用手中的剑或长矛同敌人针锋相对地搏斗。

双方军队会面对面地列阵，随后靠近碰撞在一起。他们通常怀有以下三种目标之一：

一、突破敌人阵列，导致其崩溃；

二、侧翼包围敌人阵列，同时从两个方向进攻敌人；

三、让部队到达敌人阵列后方，并从后方进攻。

从侧翼和后方发起进攻的益处是显而易见的。如果你只需要担心正面敌人，你可以将自身注意力全部集中在敌人身上。这就是为什么步兵阵列其他地方都很牢固，但两翼却是软肋。如果你两旁都有友军士兵，你的侧翼就有掩护，而你唯一需要做的就是对付正面敌人。如果你装备了盾牌，你仅需掩护自己的正面，并且你所有的进攻都会朝一个方向。但如果你正面和侧面都有敌人，就麻烦了。现在，你不得不同时在两个方向作战。你移动自己的盾牌，防护来自正面敌人的长矛穿刺，侧面敌人就会趁机猛攻你的软肋。你挪动自己的盾牌想要防住软肋，正面敌人又会用他的剑捅穿你的脸。从后方受到袭击，更是名副其实的死亡判决，因为你完全无法防御。转身面对后方的敌人，又会不可避免

地将后背暴露给先前在你正面的敌人。这种情况下，你还能仰仗的就只剩下自身的护甲。

因此，掩护好侧翼，进而保住后方，对于军队阵列来说是至关重要的。许多将领利用地形，将军队侧翼紧靠沼泽、山脉或是深水河流，意图使敌军无法侧翼包抄，因为敌人无法穿越那些地形。假如没有可用地形，古代将军通常会向侧翼加派具有双重作用的部队，旨在保护整个阵列免遭包抄。同时，如果情况允许的话，他们也会迂回包抄敌人的侧翼。

这一任务通常由骑兵执行，骑兵的机动速度使他们极为适合该任务。比方说你击败了敌军的侧翼护卫，现在获得从后方进攻他们的机会，你肯定想要尽可能快地抵达那里，让敌军受到前后夹击的痛苦。骑兵部队简直是为这项任务量身打造的，因为他们是战场上最迅速的部队，并且还可以带头追剿"溃败"部队。溃败部队就是那些不愿再继续战斗而四下逃跑的人，区别于意思与之截然相反的"撤退"，指的是以良好的秩序边打边退，离开战斗。

轻步兵在古代战争中很常见，他们有时也被叫做"散兵"。这些部队通常以松散阵形进行战斗，你可以想象一团蚊蚋或是一群鲦鱼的样子。这种阵形与上文描述的重装步兵肩并肩秩序井然的行伍截然不同。散兵一般着甲轻便，很多情况下甚至完全不披甲。他们经常装备投射型武器，比如标枪、投石索或是弓箭。重装步兵移动更缓慢，既由于身上的装备沉重，也因为他们需要保持阵形，否则就有我刚提到的侧翼与后方遭受攻击的风险。重装步兵自身多半没有投射武器，容易遭受散兵伤害。散兵可以加速跑过来，向他们倾泻投射火力，随后在重装步兵向他们冲锋前逃之夭夭。并非所有轻步兵都是散兵，而且并非所有重装步兵都缺乏投射武器（最突出的就是罗马军团步兵），但轻重装步兵间的显著差异，以及他们分别担任冲击与施加投射火力的角色，是古代战场的普遍现象。

当然，散兵易受骑兵伤害。骑兵可以轻松地逮住他们，并且骑兵自身也经常装备投射武器（通常是标枪）。不过，骑兵如果停下来与散兵肉搏，又容易遭受重装步兵冲锋的伤害。

散兵通常部署在阵列前方，他们的主要任务是利用投射火力扰乱敌军，造成人员伤亡以及装备损坏，从而削弱敌人的近战能力。当双方迫近时，散兵会"撤退"，要么返身冲过重装步兵的行列（重装步兵会打开缺口，容许散兵通过），要么快速绕过己方阵列的侧翼。

作战单位的凝聚力与士气

还有另外两点需要说明下：首先是"凝聚力"，即军队在移动与战斗时仍能保持阵形的能力，这是至关重要的。由于阵形中的每个士兵都保护着相邻战友的侧翼，如果军队的凝聚力垮掉，单个士兵将会遭受来自侧翼与后方的攻击。大多数古代军队都由成千上万人组成，保持凝聚力是一项艰巨任务。对于军队而言，无论是前进、后退还是"转向"，抑或是打开缺口让散兵撤退，都有陷入混乱的风险。一些士兵在行进中比其他人慢一些，或是被绊倒，或是撞向他周边的人，都会使阵列产生缺口。这种混乱可能导致部队侧翼与后方遭到袭击，并在行伍间散播慌乱。由于缺乏无线电或扩音器这样先进的通讯技术，许多戴着头盔的士兵很难听清声音，这使情况越发复杂。层层传递的指令很难对控制混乱起到助力。古代战争的核心就是努力控制住无序状态。军团与方阵，像所有军事阵形一样，都是为了施加这种控制。

无论对于军队还是方阵，持久的训练都是保证凝聚力的最好方式。在现代军事中，这一点仍然是真理。我在海岸警备队（Coast Guard）时，即使没有外出执行任务，也会坚持训练。我们练习射击、保养武器、修理船只并演练急救这样的简单任务，甚至是填写文书这样的管理任务也需要一遍遍不断重复，直到我们几乎变成机器人那样，可以不假思索地完成作业。在混乱的战斗中，每分每秒都变得至关重要，这种当即执行的能力可以决定生死。对于任何曾在军队服役的读者而言，我确信这种经历会引起共鸣。

行伍的慌乱会降低士气，这在古代战争中可是关键要素。任何古代战争中，绝大多数伤亡并非发生在战斗期间，而是在溃败之时。当一方的斗志崩溃，他们会因为全面溃逃而抛弃任何形式的凝聚性。每个人都只顾自己，争相逃命。

让敌军产生惊慌，是大多数古代将领的主要目标。许多因素都会影响士气：训练、装备、食物、身体状况、领袖的鼓舞以及对正义动机的信念。士兵们以紧密阵形部署在交流困难且地形复杂的战场上，又大多受迷信思想支配，恐慌将会是挥之不去的威胁。一支部队逃走，或许预示部分战场有些轻微挫败，或者意味着全军战败，而这完全依赖于单个士兵自己的判断。此时此刻，面对这种情况，士兵必须思考，是继续坚持战斗下去还是为自己另寻活路。本书考察的每一场战役，最终都以一方的溃败告终，然后大屠杀般的追击就这样开始。

即使到了今天，面对敌人坚定不移也是至关重要的。这一点在军事审判统一法典（Uniform Code of Military Justice）第 85 条中被强调，该法典是美国管理军事人员的法律体系。任何"……离开他的部队、组织或是职责地点，打算逃避有危险的职责或是推卸重要工作"的人，都会依照该条款受到惩处。

在战时，这种处罚会是死刑。

第二章

虎父无犬子的方阵：
伊菲克拉提斯的遗产

汝犹能霹雳之舞兮，

霹雳之阵今何许兮？

舞之靡靡犹不可忘兮，

奈何独忘阵之堂堂兮？ ①

——拜伦勋爵（Lord Byron），《哀希腊》（*Isles of Greece*）

2006 年，扎克·施奈德（Zack Snyder）的电影《斯巴达 300 勇士》将希腊方阵注入流行文化中。对于我们中的大多数人来说，非写实且故事化的列奥尼达斯（Leonidas）和他的斯巴达勇士们紧密地交叠盾牌、亮出长矛，是这种重要阵形给人的第一印象。这部电影基于享有盛名的弗兰克·米勒在 1998

---

① 译注：此处采纳胡适先生的翻译版本。

年创作的连环漫画拍摄，这位漫画家还曾对作为黑暗骑士的蝙蝠侠（Batman）进行过重新演绎。米勒的创作最值得称道之处，是其漫画脱胎于公元前480年温泉关战役最好的史料——希罗多德的《历史》。电影中许多有趣的俏皮话，比如"我们将在荫凉处战斗"，就是源自希罗多德。

然而，这绝非最初的方阵。事实上，无论是希罗多德所记载的，还是弗兰克·米勒与扎克·施奈德后来描绘的，都已经进行了多次改进。这是一种经受数个世纪考验的战争方式，已经达到自己的顶峰，并进入停滞不前的稳定期。

直到温泉关战役又过了一个世纪之后，方阵才引入重大革新。最初的革新者是著名的底比斯将军伊巴密浓达和雅典将军伊菲克拉提斯，后来则是包括腓力二世与亚历山大大帝在内的马其顿诸王。他们将会对方阵进行最终变革，使其成为与罗马军团抗衡的战争工具。

斯巴达的古典重装步兵方阵，并不是与罗马军团作战的希腊化方阵，因而在本书研究范围之外。不过，为了让读者正确地理解本书所探讨的希腊化方阵，我们需要对古典方阵有点了解。

古典方阵

方阵的起源是历史学家争论的主题。有证据表明，方阵要比很多人所认为的古老得多。巴黎卢浮宫有一块距今或许已经超过4600年的纪念碑，名为秃鹰碑（Stele of Vultures）。碑文描绘了一支绝对可以称为方阵的苏美尔矛兵编队。这些士兵来自拉格什（Lagash）邦国，将去迎战邻邦乌玛（Umma）。他们以整齐的行伍示人，盾牌交错成行，朝敌人亮出城墙般的矛尖。

许多人都会争论有关"荷马式"战争形式的转变，包括对个人决斗与战车的重视。不过，差不多所有人都会同意，希腊方阵是在公元前8世纪开始出现的。彼时，这种古典方阵十分简单。它由重装步兵（hoplítēs）组成，这个词源自希腊语"hopla"，指"全套装备"。有些人宣称，"hopla"一词指重装步兵使用的盾牌。但这种观点很容易被推翻，大多数学者同意，广义的重装步兵就是"有装备的人"。

一般来说，重装步兵都是富人。因为在希腊大多数城邦中，想要在政府中有话语权，就必须成为方阵中的重装步兵。加入方阵的必备条件，是能够付得起自己装备的费用。

重装步兵的盾牌可不便宜。事实上，这种装备堪称那个时代的"星球大战"级工艺。它是一面约 3 英尺宽的铜制蒙皮圆盾，被称作大圆盾（aspis）。这种盾牌与后来方阵所使用盾牌的一个重要不同点，是它有一圈突出的边缘。

重装步兵携带一柄被称为"多鲁"（doru）或"多里"（dory）的铁尖矛，该矛为单手武器，长 6 ~ 8 英尺，末端有名为"蜥蜴杀手"（sauroter）的铜制尖刺。这一末端尖刺或许更多用来杀死负伤倒地的敌人而非蜥蜴，还可以在矛尖断掉时充当后备。此外，当长矛末端插入地面时，它还可以提供屏障作用，以免木头因潮湿而腐烂。

重装步兵也佩剑，通常是希腊直短剑（xiphos），这是一种笔直的双刃。部分士兵也装备叶形剑，其长度为 1 ~ 2 英尺。这种剑是备用武器，在矛损坏或丢失时使用。其他类型的刀剑也有使用，比如反曲砍刀（kopis）。这种刀具类似切肉刀，单边开刃，有些许弧度。

足够富裕的士兵可能会装备一件铜制胸甲，这种护甲本质上就是护住前胸与后背的金属板。他们还会装备胫甲与头盔。最常与重装步兵联系在一起的是科林斯（Corinth）头盔，其名字源自希腊城邦科林斯。你在电影《斯巴达300 勇士》里见到的就是科林斯头盔，它有 T 形或 Y 形开口，以此方便士兵呼吸与视物。头盔通常有高耸的盔缨，这使士兵看上去更加高大可怕。它会完全遮盖住面部、头部与部分颈部。重装步兵的头盔不止这一种，还有许多其他样式存在，大多也得名自城邦或地区。

据现代人估计，所有这些装备加在一起的重量会超过 40 磅。这看上去似乎不是很多，但考虑到气候与地形因素时，负担之重就变得难以想象。事实上，现代步兵平均携带的 60 磅装备，比之还要重一些，但这 60 磅分量无论在舒适性还是在平衡性方面，都比古代好太多。古希腊勇士没有铝合金框架背包、垫料带子、塑料夹子、拉链以及橡皮筋。他们的 40 磅装备，全都是不断摩擦皮肤的金属、木头与皮革。此外，古代装备的重量相当分散：沉重的铜盔在头顶，巨大的盾牌完全搭在左臂，还有架在脚踝上的铜制胫甲。

士兵携带盾牌的新方式使得负重压力更大。古代大多数盾牌的中心会有一个"凸起"，即一块碗状金属。提盾牌的时候，士兵的手要伸到这个碗状物内，抓住里面一根横置的把手。当他的手臂感到疲劳时，只需要伸直胳膊，让盾牌落在腿上。盾凸不仅能保护手掌，还会将盾牌转变成金属拳击手套。重装步兵的盾牌配有盾套环（porpax），也就是一个金属环。持盾者用它卡住自己的手臂，以及位于盾牌边缘的金属环或把手。这就将重量全都压在持盾者的前臂上，其肩膀则协力支撑。大圆盾是碗形的，这使持盾者可以放松手臂并利用碗状金属的边缘支撑盾牌，其重量放在肩膀、髋部或腿部。尽管这样放置盾牌是可行的，但大多数希腊彩陶描绘的重装步兵明显是远离身体持握盾牌，而非将超过 15 磅重的大圆盾横置在身前。如果你很难想象这有多困难，就去健身房尝试将自己的手臂伸直，并在上面水平放一个 15 磅重的哑铃，看看能坚持多久。即使重装步兵能够将盾牌的一些重量转移到肩膀或髋部，长时间使用盾牌仍需要极强的耐力。古希腊勇士一定有精英运动员般结实强健的体格。

这一点极为关键，因为保持盾牌举起非常重要。古典重装步兵方阵需要全体协调一致。公元前 5 世纪的历史学家与将军修昔底德（Thucydides）是我们的最佳资料来源，他告诉我们，在《斯巴达 300 勇士》讲述的事件发生约 62 年后，也就是公元前 418 年的第一次曼提尼亚战役中，每个重装步兵都试图利用身边战友的盾牌掩护自己。这告诉我们两件事——首先，装在左臂的重装步兵盾牌会提供更好的防护；其次，古典方阵的本质是紧密协同。

这是有道理的。如果迎面向你走来的是一支古典方阵，你会看到全体重装步兵从脸部下方到膝盖上方都被一堵盾墙掩护着。盾墙上方是露出的铜制头盔，下面则是铜制胫甲。如果方阵维持住正常阵形，就几乎不会有毫无防护的皮肤露出来。如果运作得体，方阵是无懈可击的。

不过，当方阵的士气崩溃时，阵列就会出现缺口，从而使破绽暴露出来。敌人可以向重装步兵的肋骨、脖颈或大腿射箭，投掷标枪或刺出长矛。在古典方阵中，一切行动都依赖于保持盾牌环环相扣，移动时步调一致，不向敌人显露一丝缝隙。

这正是传统重装步兵所要做的。他们将战斗视为“竞争”（agōn），该词也被用于描述运动上的挑战。这场竞争通过“推挤”（othismos）分出胜负，战场上的方阵猛烈地互相撞击在一起，士兵不断从盾牌的上方和下方捅刺。“推挤”这一概念存在争议，有些学者坚持认为，这并非重装步兵实际上的战斗方式。我在此承认该理论是正确的，因为我不想落入理论争辩的无底洞。本书关注的是希腊化方阵，而不是古典方阵。

古典方阵是一种朝向正面的阵形，它只能在一个方向上战斗。当侧翼或后方受到攻击，它就无能为力了。为预防这一点，骑兵和被称为"散兵"（psiloi）的轻装部队会配合方阵作战。他们有时也利用标枪、投石与弓箭等投射武器扰乱敌军阵形。轻装部队与骑兵是其他许多专著的主题，本书只涉及重装步兵。

关于这种古典形式的战争何时开始与结束，是一个颇具争议的问题。不过，从公元前500年到公元前338年，这种作战方式肯定支配着希腊战场。

第二代方阵

革新通常不是一蹴而就的事情，它是逐步发生的，伴随着人们认识的缓慢进步。方阵在一夜之间大变样显然很可疑，但原始史料的匮乏使其看上去似乎的确如此。史料给人的印象是，古希腊人一直用自己的传统方式战斗，随后马其顿人取而代之，改用一种新式改良方阵作战。如同罗马军团那样，有证据表明方阵的变革也是逐步发展的。当然，其中掺杂的人生经验也是如此。军方体系素来保守，接受变革也相当缓慢。此外，历史上还有众多军事案例表明，从一种作战方式转化为另外一种时，会有不少过渡混合型战术。

伊巴密浓达

伯罗奔尼撒战争是雅典主导的提洛同盟与斯巴达主导的伯罗奔尼撒同盟为争夺希腊统治权发生的斗争。公元前404年，斯巴达取得胜利，统治希腊大约30年。

当底比斯（Thebes）试图在希腊北部的维奥蒂亚（Boeotia）地区扩大影响力时，斯巴达对它发起了挑战，导致了公元前371年的留克特拉战役。底比斯赢得了这场战役，作为主导城邦接管整个希腊，直至公元前362年的第二次曼提尼亚战役。这场战役使斯巴达与底比斯都衰弱不堪，成为枝头待摘的果实。马其顿国王腓力二世最终在公元前338年的喀罗尼亚战役中完成这一伟业，使马其顿人成了希腊的主导力量。

关于斯巴达社会，《斯巴达300勇士》中或许夸大太多，但其对斯巴达军事体系的描绘多基于事实。斯巴达男人从 7 岁开始就接受军事训练，而且这种军事狂热灌注到斯巴达文化的方方面面。斯巴达人不仅对于如今的我们来说是传奇般的勇士，对于与他们同时代的人来说也是如此。考虑到斯巴达人的声望，底比斯重装步兵前往留克特拉时不可能信心满满。而且更糟糕的是，底比斯军队在人数上劣势明显。

伊巴密浓达是维奥蒂亚同盟的最高级别官员，底比斯是该同盟中最重要的成员。伊巴密浓达首先说服了那些摇摆不定的同僚们，让他们在战场上直面斯巴达人。随后，他采用了两项军事革新，而正是这些革新成了底比斯人赢得战争的关键。

前文提到过，修昔底德描述了第一次曼提尼亚战役，尤其是重装步兵方阵在前进时如何向右移动的。以下是来自修昔底德的记载：

> 所有军队在这方面都是相同的：在投入战斗的过程中，他们会更多挤向己方右翼，双方都会同对手的左翼交叠。由于恐惧心理，每个人都会尽量用自己右侧战友的盾牌来遮蔽自己缺乏防护的一侧，想着距离盾牌越近就意味着得到更好的保护。在这方面负有主要责任的是右翼的第一个人，他总是试图将自己未受保护的侧身远离敌人。而同样的恐惧，使余下的人也是如此。

为了抑制这种向右移动的趋势，古希腊指挥官经常将他们最富经验的精英部队部署在阵列右侧。他们认为这些部队会是最勇敢且富有纪律性的，所以他们不会移动那么多。留克特拉战役就是如此，在这场战役中，斯巴达国王克利俄姆布罗塔斯一世（Cleombrotus Ⅰ）将精锐斯巴达勇士同自己的骑士（hippeis）一道布置在己方右翼。"骑士"一词在这个时期指的是国王亲兵卫队，而这些人很可能都是精英重装步兵。克利俄姆布罗塔斯显然认为，底比斯人也会以同样的方式部署自己的精英部队，即由 150 对志同道合的人组成的"圣队"（Sacred Band），这样的"圣队"作战会更加英勇。

不过，伊巴密浓达并没有这么做，而是将圣队部署在己方左翼。与通常的 8 ~ 12 行阵列截然不同的是，他在方阵这一侧还部署了更多部队，使它达到 50 行深，这当然会让余下方阵更薄。伊巴密浓达为补偿这一点，用上了他的第二项军事革新——将方阵部署为斜线，把左翼推向前方。伊巴密浓达的孤注一掷十分明显，他希望在斯巴达人强大的左翼击败己方右翼之前，先击溃斯巴达人的右翼。

战场上成千上万的人会踢起大片尘土，即使在最佳条件下也会降低能见度。在我们关注的这个时代，雷达、航空与相机都未出现。这使伊巴密浓达能够在众目睽睽之下将自己额外的行动掩藏起来。斯巴达人只会看到他阵列的第一行，对后面有多少部队一无所知。后来，汉尼拔·巴卡在公元前216年的坎尼会战中就使用了这种战术。汉尼拔在这场战役中将自己麾下的非洲老兵部署在两翼，于众目睽睽之下藏于阵列之后。

伊巴密浓达的计划异常成功。底比斯左翼粉碎了斯巴达右翼，几乎完全消灭了斯巴达最优秀的部队，并杀死了克利俄姆布罗塔斯。与此同时，弱小的底比斯右翼落在了后面，以至于斯巴达左翼根本来不及同其正常交战。伴随着最精锐部队的溃败和国王战死，斯巴达人放弃了战斗，底比斯人获得了胜利。

这两项革新看上去很简单，但在那时是革命性的。底比斯在留克特拉取得的完胜，证明了它们的价值。

伊菲克拉提斯

这个时代另一位著名的改革者是雅典将军伊菲克拉提斯。尽管不像伊巴密浓达那么有名，但他对重装步兵方阵的改革一样有重大意义。

伊巴密浓达的贡献是在方阵部署方面的改革，伊菲克拉提斯的名声则源于对装备与训练的改良。对后世的希腊化方阵来说，它们同等重要。

伊菲克拉提斯认为，攻击范围至关重要。当你在与敌人重装步兵短兵相接之前就能杀死他，又何必顶着敌人长矛的伤害与其盾牌对撞？伊菲克拉提斯将8英尺的矛加倍，变成了16英尺的长矛。

长矛更重且很难保持平衡，需要两只手握持。这使重装步兵所用的巨大重型盾牌变得不切实际，尤其是当士兵用左手握住盾牌把手时。为了解决这一问题，伊菲克拉提斯引入轻盾，这是一种更小也更轻的盾牌。它的直径小了大约1英尺，因而更加轻便。轻盾可以绑在重装步兵的前臂上，他的手能从盾牌边缘伸出来，从而解放双手，持握更长的长矛。这种盾牌导致"轻盾兵"

（peltastai）这个名称的诞生，也就是装备轻盾的人。这可能会使人感到困惑，因为许多作者将使用投射武器的散兵也称为"轻盾兵"。这当中最出名的便是色雷斯标枪兵，因为他们装备了更小型的盾牌。需要着重指出的是，伊菲克拉提斯的轻盾重装步兵与他们不同。更适合用来形容散兵的词，是希腊语中的"psiloi"，源自表示"赤裸"或"裸露"的词语"psilos"。

伊菲克拉提斯还加长了重装步兵所用剑的长度，并以更轻巧的亚麻胸甲取代沉重的铜制胸甲。作为鞋匠的儿子，他还对军用鞋进行了革新，这种轻靴被命名为"伊菲克拉提鞋"。

伊菲克拉提斯意识到，装备了更长的长矛与更小的盾牌的方阵，更加需要凝聚力，因此格外强调严格训练。

那些熟悉希腊化时代新型方阵的人，可以在伊菲克拉提斯的轻盾重装步兵方阵中认出其武器与护甲。这难道意味着是伊菲克拉提斯发明了这些装备吗？唯一实在的回答是我们不知道，但他的改革几乎肯定影响了后来的马其顿国王们。

许多历史学家将马其顿方阵的革新归功于亚历山大大帝的父亲腓力二世，但同时存在很多迥异的理论，其中一些声称这些革新来自巴尔干或埃及。要不然就是说伊菲克拉提斯与伊巴密浓达的改革，是由腓力二世的父亲阿敏塔斯三世（Amyntas Ⅲ）或腓力二世的兄长亚历山大二世实施的。事实上，军事方面的变化非常缓慢。变化发生时，新旧装备与战术体系经常同时存在。伊菲克拉提斯的改革，很有可能被后来的马其顿国王们在漫长的时间中逐步引入。

伊菲克拉提斯是阿敏塔斯三世的养子，与亚历山大二世十分亲密。作为阿吉德（Argaed）王朝，也就是腓力二世与亚历山大大帝家族的坚定捍卫者，伊菲克拉提斯协助击败了篡位者保萨尼阿斯（Pausanias），使阿吉德家族保住了权势。几乎可以肯定，亚历山大二世熟知伊菲克拉提斯的改革，阿敏塔斯三世和他的儿子腓力二世很有可能也是如此。

腓力二世还曾作为人质在伊巴密浓达的宫廷中待过3年，到公元前364年为止。腓力二世是佩洛皮达斯（Pelopidas）——底比斯的将军、政客，同时还是伊巴密浓达的挚友——的"爱宠"（eromenos）。在底比斯期间，腓力同另一位著名的底比斯将领潘美尼斯（Pammenes）住在一起。古代的贵族人质并不像现代抓获的人质。他们是自己家族的代表，通常会被当作贵宾对待。在热门电视剧《权力的游戏》（*Game of Thrones*）中，席恩·葛雷乔伊（Theon Greyjoy）就是史塔克家族的贵族"人质"。

腓力二世很可能亲身见识了伊巴密浓达与伊菲克拉提斯的军事改革并受到熏陶。不过，我们不清楚腓力二世的改革是直接来源于这两位希腊人，还是传承于阿吉德家族内部。无论如何，这些影响对于我们理解本书核心的希腊化方阵至关重要。此后，腓力二世一跃成为那个时代最伟大的指挥官之一。公元前336年，当腓力二世被刺杀时，马其顿已经是整个希腊舞台的主导势力，统治着马其顿、色雷斯与希腊，并确保了斯巴达与克里特的"中立"。腓力二世的儿子亚历山大大帝（亚历山大三世）将会把帝国的版图拓展至印度河，征服整个已知世界。

新式马其顿方阵使这两项伟业成为可能，它吸收了伊巴密浓达与伊菲克拉提斯的改革，成为一种所向无敌的步兵阵形。

伙伴步兵淘汰重装步兵

从普拉蒂亚（Plataea）战役到留克特拉战役，曾在战场上奋战了数个世纪的古典重装步兵衰落了。取代其位置的是"王伴步兵"（pezhetairos），即马其顿国王们的"伙伴步兵"。如同本书中的其他内容一样，这个词也存在争议。有些学者说，该词指的是马其顿方阵的一种特殊部队，而另一些人则认为它指的是整个方阵。"伙伴步兵"这个名头更可能指方阵中的每一位士兵，力图使他们感觉到自己与国王之间的亲密依附关系。

武器

这些方阵兵使用"萨里沙"长矛，这是一种长16～21英尺的双手持握长矛。这些都是一般长度，有些资料声称，长矛能短至15英尺，长至26英尺。对现存矛尖和矛镦的考察，使我们可以估计出矛杆直径大约为1.5英寸。这么长的武器必然难以运输和存放，考古出土的金属管状套接口证明，这些长矛平时是分成两截的，在战斗时再用金属套筒连接在一块。一些学者推测，套接管会永久附接在长矛的上半段，使上半段可以单独使用，甚至是作为标枪。

长矛的三角形铁制矛尖很可能出人意料的小，以便穿透护甲与盾牌。矛尖的穿甲特性有诸多参考文献。我在第九章对皮德纳战役的描绘，大多参考公元 1 世纪的希腊传记作家普鲁塔克（Plutarch）的作品。据普鲁塔克记载，安提柯的长矛一下将敌人的盾牌与护甲都穿透了。公元前 1 世纪的希腊历史学家西西里的狄奥多罗斯（Diodorus Siculus）写道，亚历山大大帝的方阵步兵所使用的马其顿长矛，在印度战役中刺穿了敌人的盾牌，"并且插入了他们的肺部。"公元前 1 世纪的罗马诗人格拉提乌斯（Gratius）特别提及，矛尖如同"小牙齿"一般。在描述一种骑兵长矛时，格拉提乌斯还使用了"contos"一词。我们可以根据上下文判断，他肯定是在谈论马其顿长矛。

　　历史学家通常认为，矛杆由坚韧的山茱萸木（cornell wood）制成，这是一种酸樱桃树。但较新的分析驳斥了这一论调，转而支持更轻且更常见的梣木（ash），重装步兵长矛所用的也是这种木材。长矛确切的材质仍存在争议，那些支持山茱萸木的人，主要依凭公元前 4 世纪的希腊哲学家泰奥弗拉斯托斯（Theophrastus）的记载。青睐梣木的人，则根据时间更靠后的史料，例如公元 1 世纪的罗马博物学家老普林尼（Pliny the Elder）和诗人斯塔提乌斯（Status）。山茱萸木密实而沉重，梣木则更为轻便。在历史模拟重演中，我将手臂伸直，长时间水平持握长矛。我体格很好，但不超过 15 分钟我的手臂就会疲惫地颤抖，而需要捅刺目标时，这个时间会更短。因此，我肯定希望使用更轻的长矛。

　　长矛的长度使它在单打独斗中毫无用武之地。武器的致命部分距离使用武器的人大约 13 英尺远。如果敌人越过锋利的矛尖靠近，你会发现自己基本上相当于拿着沉重的巨大笤帚。波里比阿告诉我们，希腊化方阵步兵之间大约有 3 英尺空间，这使轻捷迅速的勇士有充足的余地在矛尖中灵活闪避。

　　除了我们提过的伊巴密浓达那样的极少例外，古典方阵最多只有 12 行纵深。与其不同的是，后来的方阵通常会部署为 16 行。此时，长矛的长度就会发挥优势。在使用 8 英尺长矛的古典方阵中，仅有前面两行能够在保持阵形的同时有效戳刺敌人。但当他们使用的是 16 ~ 21 英尺的长矛时，前四行甚至是第五行都可以有效利用武器。这意味着，即使你成功躲过第一排长矛的阻拦，迎面而来的还有第二排。即使奇迹发生你成功越过了它们，还是会被第三排矛头捅穿。

当成千上万的方阵士兵整齐地组合在一起，亮出锋利的长矛，就像一片钢铁密林。波里比阿告诉我们，第一行方阵士兵前方将会有五个矛尖，每个之间距离3英尺。当然，如果敌人靠得足够近，会引发恐慌。但只要看看那么多的锋利矛尖，想到自己所要行走的漫长距离，他就会意识到，这将是一个无异于自杀的任务。即使他们足够快，能够成功抵近，也必然有人在最初的冲刺中被杀死。这会是他吗？会是他生死相依同甘共苦的朋友吗？这就是古代勇士在与希腊方阵的近战中感到犹豫动摇的原因。

即使他成功穿越长矛森林，危险也只是减少了，而非完全消失。每个方阵士兵同样也会装备一把反曲砍刀，这与古典重装步兵先辈的武器相差无几。方阵士兵的主要武器是长矛，他们不喜欢用剑，也不那么擅长使用这种武器。当敌人越过矛头的攻击范围后，他们也不会束手待毙。

护甲

方阵兵的盔甲类似于重装步兵，这是那个时代最完备和沉重的盔甲之一。

我们知道，方阵兵会戴铜制头盔。公元2世纪的罗马作家尤里乌斯·阿非利加努斯（Julius Africanus）告诉我们，毡帽（pilos）样式的头盔被亚历山大大帝引入，得到广泛使用，能够给予士兵更佳的视野。这种头盔在本书研究的第一场战役中最常见，但其他样式很可能也十分流行。

毡帽式头盔的外形类似于在旅行者间流行的短圆锥形无檐帽。据历史学家推测，这种铜制头盔戴在同样形状的软帽外面，里面的软帽可以起到铺垫与吸汗的作用。当时的一些硬币图案显示，毡帽式头盔有护颊。一些文献将毡帽式头盔称为锥形盔（kōnos），而希腊化研究专家彼得罗斯·丁希斯（Petros Dintsis）著作中"锥形盔"条目下包含了带有盔檐的毡帽式头盔。这种盔檐通常是维奥蒂亚样式，将金属制成类似织物的样子。由于毡帽盔结构简单且制造简便，得到广泛使用简直是顺理成章。如果指挥官想要迅速装备众多士兵，或是尽快替换遗失与损坏的头盔，这一点将起到很大作用。

仔细考究科林斯式头盔的特点，就明白毡帽式头盔出现的原因。科林斯式头盔虽然能为脖颈与面部提供更好的防护，但代价是减少了透气性与视野。在地中海地区普遍闷热的气候下，希腊化士兵愿意牺牲一些防护，以便更快速地降温和更顺畅地呼吸。

我们应当想到，金属头盔非常昂贵，并且可以使用很长时间。无论是士兵还是国家军械库，都不太可能在旧头盔还能使用的时候就扔掉它们。因此，方阵士兵也可能会使用其他类型头盔。虽然普通士兵的装备由王国发放，但军官可能会购买自己的装备，并且可能更华丽。这样可以在视觉上与普通士兵区分，让人一眼判断出他们的身份。此外，贵族军官会戴比普通毡帽盔更精美的头盔。在这一时期的壁画上，亚历山大大帝和伊庇鲁斯的皮洛士这样伟大的希腊将军都没有戴普通毡帽盔。

我们知晓，希腊化头盔有羽饰与盔缨，在艺术方面的表现形式相当多。许多复原头盔有羽毛或类似附件。公元前 4 世纪的剧作家米南德（Menander）在剧作中描绘了一位"顶上饰有羽毛的千夫长（chiliarchēs）"，进一步证明了军官的头盔上装饰着羽毛。

一些艺术作品中的希腊化头盔被涂成蓝色与黄色。到目前为止，历史学家仍在争论，到底是头盔实际上涂上了这些颜色，还是说这些颜色的本意是用来描绘铁（蓝色）与铜（黄色）。

方阵士兵多半穿亚麻胸甲而非铜制胸甲。不幸的是，亚麻很快就会朽坏，因而没有实物留存下来。我们只能靠猜测判断这种护甲的制作方式与防护性能，但许多实验考古学家（也被称为历史重演学家）已经做出众多实践性研究，所以我们在这方面的猜测是相当可靠的。在这方面堪称教父的是威斯康星（Wisconsin）大学绿湾（Green Bay）分校的格雷戈里·阿尔德雷特教授，他利用具有时代风格的方法复原了亚麻胸甲，并以当时的武器对其进行了广泛测试。

复原的亚麻胸甲用多达 15 层的亚麻制成，最终厚度略超过 1/4 英寸。反复实验表明，这种铠甲能够抵挡各种弓在不同距离射出的箭矢，并且还能防御刀剑挥砍与长矛捅刺。

这些亚麻层被加工为前胸与后背甲，通过保护肩膀的肩带连接在一起，还有一件保护腹股沟、髋部、臀部的下垂甲裙（pteryges）。

亚麻胸甲在很多方面都是对铜制胸甲的改良。由于使用更加方便获取的亚麻而非昂贵的铜，亚麻胸甲更易于制作。任何曾经尝试锻造武器的人都会告诉你，这个行当非常需要技巧，并且很容易搞砸。将亚麻粘合在一起，相较之下要容易许多。亚麻胸甲肯定更加轻便，并且考虑到它的柔韧性，穿起来也更舒适。完工后的护甲相当坚硬，但其柔性仍然比铜制胸甲高，因而更不容易磨伤皮肤。这对战斗时的士兵们来说似乎不是什么大问题，但要注意盔甲经常要穿很长时间，常常是在炎热或阴雨天气下，可能进行长途跋涉，或进行围攻。如同任何历史重演者告诉你的那样，护甲舒适度很快就会变得至关重要。所有这些细小边缘的反复摩擦累积起来，很快会使士兵产生强烈的疲乏感并降低其战斗力。亚麻在烈日下不容易像金属那样快速升温，即使胶合数层也具有一定透气性。阿尔德雷特教授还证明，亚麻胸甲可以涂抹蜂蜡来防水，而蜂蜡对于古代军队来说是很容易获得的物资。

根据一些艺术描绘，亚麻胸甲可能会附加金属鳞片。腓力二世的墓穴中出土了一件增加了皮革与金属的亚麻胸甲，但国家元首墓葬中的孤品不足以作为下层军官和普通士兵所用装备的证明。

在方阵中，到底谁会穿亚麻胸甲，本身就是一项存在争议的话题。对于公元前2世纪的方阵，我们最佳的原始文献之一是安菲波利斯（Amphipolis）的"军事法令"（下文简称"法令"），这是腓力五世麾下马其顿军队在两块大理石板上铭刻的条例。这些条例警告官兵，没有胸甲要罚款2德拉克马（drachmai），这可能是一名军官每日军饷的一半。该罚款适用于"hēgemones"，这个词从字面意义可以翻译为"首领们"。但有些学者认为，在腓力五世时代，这一头衔是给予方阵第一排每一位士兵的。如果情况确实如此，这句碑文可能意味着仅有方阵第一排士兵才会装备胸甲。不过，这不太可能。生产亚麻胸甲十分容易，而且其价格非常便宜。希腊化指挥官们明白，一旦第一排士兵伤亡，后排士兵很快会补充上来。普通的希腊化方阵士兵很可能穿亚麻胸甲，而军官们穿铜制胸甲。

在法令中，有证据支持这一观点。法令本身没有特别提及亚麻胸甲，与之相应的是，它记载了对没有胸甲（thorax）的罚款，以及对没有半胸甲（hemithorakion）的罚款。这可能暗示军官只穿铜制胸甲，而其他人装备亚麻胸甲。我需要再次声明，方阵兵不太可能赤膊上阵。几乎所有的艺术描绘都显示他们身着护甲，相关古代文献也是如此。

有很多证据表明，古代军事等级使用可视化标识，比如用装饰华丽的盔甲来指示军衔。现代部队仍然如此，我的军官制服上有比应募水兵更多的金色，尽管后者才是实际执行任务的战士。要记住，古代部队总的来说并不像现代部队那样有各自不同的着装和军服。我们很容易就能想象这样的画面：普通士兵穿朴素的亚麻胸甲，而位于阵列右侧的军官则装备着铜制肌肉胸甲。

铜制胫甲（knēmides）显然进行了列装，而且有些留存到现代。但在许多艺术描绘中，士兵并没有穿这种护甲。安菲波利斯的法令会对不戴胫甲的普通士兵罚款，因此他们显然是需要穿胫甲的。难道胫甲和亚麻胸甲的情况类似，只限于"首领们"吗？这同样是不太可能的。伤亡意味着所有方阵兵都可能直接面对敌人，因此每个人都需要有护甲。

古典重装步兵会用一种"夹子"式方法，将胫甲戴在赤裸的小腿上。在现存的胫甲文物上，还有用于附接一层毡制垫料的穿孔。我们还能见到戴在靴子或绑腿外面并用皮带固定的"捆绑"式胫甲。"夹子"胫甲通常制作更为精良，像"肌肉"铜制胸甲那样符合人体腿部曲线。这在制造时需要花费更多工夫，其价格更为昂贵。所以极有可能的是，国家分发的胫甲都是"捆绑"类的，看上去更加类似曲棍球运动员的直板运动护胫。安菲波利斯的法令显然与此相矛盾，但它本身也只是当时的一幅快照，而相应的规定在较早或较晚时期以及不同部队之间可能有所不同。

轻盾的使用情况则有坚实依据，一些文物留存了下来，并且十分符合文字记录。公元前1世纪，根据希腊战术作家阿斯克列庇欧多图斯（Asclepiodotus）的描绘，盾牌有8掌宽，并且仅有轻微凹面，与碗形的大圆盾差别明显。现存的轻盾证明了这一点，呈现在我们面前的是直径约2英尺的轻微凹陷的盾牌。它们是用木头制成的，外面很可能有一层铜。安提柯方阵中的一些士兵因此获得了"铜盾兵"（Chalkaspides）这一称呼。

这种盾牌一般绑在前臂上，无法像大圆盾那样搭在肩膀上。普鲁塔克的《克莱奥梅尼传》（*Life of Cleomenes*）描述斯巴达人作战"类似马其顿人"，使用双手长矛并用"佩带"（ochanē）固定盾牌，"佩带"是悬挂在肩膀和脖子上的皮带。军事史爱好者或许熟悉"挎带"（guige），这是有同样功能的中世纪皮带。尽管比大圆盾更轻便，但轻盾仍然相当沉重。一些历史学家认为，皮带是为了让方阵兵的肩膀支撑盾牌的重量。与此同时，臂环（类似于大圆盾的盾套环）给予方阵兵移动盾牌以及在受到击打时扛住它的能力。普鲁塔克对皮德纳战役中方阵兵的描述支持这一观点，他们将吊在肩膀上的盾牌垂落至他们正面的预备位置。有些重演者已经尝试，将佩带握在手上，要么在矛杆与掌心之间，要么打圈缠在指关节或是绕在手腕上。但事实上，单个方阵兵很可能会将佩带绕在最适宜的位置，或是为了缓解手臂疲劳，但可能会"噎住"长矛的进攻角度。

这些盾牌都经过精心装饰。现存样品有浮雕圆点，这与画作和硬币上的其他样品相符。其他的则装饰着希腊字母，通常是国王姓名的花押字或是被称为"维尔吉纳太阳"（Vergina sun）的马其顿日光照耀标志。其他还有诸神、英雄或是国王的头像。盾牌有时也可能被涂成明亮的颜色，尽管我们没有现存样品证明这一点。

许多资料告诉我们，方阵中特定单位会用他们盾牌的颜色命名。我们已经见识过铜制盾，但我们还会在安提柯军队中见到"白盾兵"（Leukaspides）。另一个继业者塞琉古的军队中有"金盾兵"（Chrysaspides）。亚历山大大帝有一支"银盾兵"（Argyraspides）部队，源自精英持盾卫队（hypaspistai）。亚历山大的银盾兵是著名军官尼卡诺尔（Nicanor）麾下的精英步兵。在公元前190年的马格尼西亚战役中，塞琉古王朝也使用了一支精锐银盾兵部队。在上述情况中，部队名字很可能都取自盾牌的颜色。

我们并不确定，这些盾牌不同的颜色意味着什么。如果这本身真的存在意义，可能是用它们来表明军衔，也可能仅仅是一种区分不同部队的方式。我们知道，安提柯方阵包含一支铜盾兵和一支白盾兵部队。据普鲁塔克记载，斯巴达国王克莱奥梅尼三世（Cleomenes Ⅲ）用自己最差的奴隶部队迎击白盾兵。这或许暗示，白盾兵比铜盾兵差劲。公元前3世纪的罗马诗人恩尼乌斯（Ennius）所著《编年史》中的一行佐证了这一点。在描述公元前197年库诺斯克法莱战役中的腓力五世方阵时，他认为这些士兵"身着徽记，经过了精挑细选，身强体壮，能征善战"。我们知道，腓力自己站在方阵右翼前排，身边都是受人尊敬的精锐士兵，很有可能就是铜盾兵。

有些学者推测，白盾兵完全不是方阵兵，而是椭盾兵（thureophoroi）。他们是中型步兵，装备了椭圆盾（thureos），使用重装步兵的长矛与标枪。

方阵士兵

征募

关于希腊化方阵士兵如何征募的问题，有许多相悖的观点。一份可靠的考古学证据是腓力五世的《图表》（diagramma），这是先后在 1950 年和 1980 年出土的写在一对石块上的文字。这些文字记录了军队如何征募兵员。然而，当我们对比李维和波里比阿的记载，结果令人沮丧。

我们知道，在希腊化王国内，尤其是在马其顿，方阵兵主要来自农民阶层。征兵年龄是从 20 岁到 45 岁，但危急时会扩大到 15 岁到 55 岁。《图表》肯定是一份危急时期的文件，因为腓力五世正在试图召集部队应对罗马入侵。然而，腓力五世明白，农民是王国的命脉。他必须确保，每个家庭至少还有一名成年男性留下来照料农场。

李维告诉我们，在马其顿灭亡后，罗马人将马其顿贵族抓做人质。这些贵族身边都伴随着其家族中年龄超过 15 岁的男性后代。这佐证了《图表》，并且表明罗马人旨在清除任何潜在的反对派。李维还告诉我们，在第三次马其顿战争中，驻守卡山德里亚（Cassandreia）抵抗罗马人的"年青公民"（iuventutem），指的可能就是这些后备兵。

组织

史料关于方阵组织结构的记载相当混乱，充满了各种争论。无论是兵种还是官职，通常都有两三个替换称谓。本书中，我会挑自己最喜欢的进行深入说明。我的阐述会十分简单，并不会深入探讨希腊化方阵的指挥、战术、战略或其他碎片化信息。这些内容单独拿出来一个，就足以成为许多书籍的主题。本书着重呈现给你的，是方阵与军团冲突中的原理性知识。

另外需要说明的是，与罗马人作战的方阵，全都晚于亚历山大时代。记住这一点很重要，作为我们最好的史料来源之一，公元 1 世纪的希腊历史学家、哲学家和战士阿里安（Arrian）向我们提供了亚历山大麾下方阵的相关细节。但从亚历山大死后到本书研究的首场战役的 40 多年里，情况发生了变化。

下文中，我将会使用许多现代军事术语。我这么做出于两个原因。首先，我想帮助退伍和现役军人找到古代军队的参照点；其次，我还想帮助学习现代军事史的学生深入了解古代世界。对于那些未曾服役或不熟悉现代军事术语的人，我恳求你们更加耐心一些。

我们的史料太过混乱，以至于我们能够断定的事情不多。阿斯克列庇欧多图斯和公元 2 世纪希腊军事作家埃里安（Aelian）都告诉我们，希腊化方阵的最小单位是列队（lochos），即 16 人组成的一列。从某种程度上来说，列队这一编制大于现代美军的班，但小于排。

列队拥有 1 名列队长（lochagos）、1 名列尾长（ouragos，在列最后的位置）和 2 名半列长（dimoiritēs，半列的领导者）。可能还会有 4 名分列队长（enomotarch，1/4 列的领导者），虽然这方面存在争议。阿斯克列庇欧多图斯接着告诉我们，列中的每个人要么是前行兵（protostatēs，队列从前往后数位于奇数位置上的人），要么就是后行兵（epistatēs，队列从前往后数位于偶数位置上的人）。

《图表》还提及了"烧火"（pyrokausis），这很可能是"营火"的俚语，指的是围坐在一起分享营火的列队，大概是为了烹饪他们的饭食。被征募的人会分配到列队的"营火"，只要他还在方阵中辛苦效力，那么其他 15 个人就一直是他的袍泽兄弟。

任何在军中服役过的人都知道，那是一个充满行话的环境，而对这可能是军事俚语的一瞥，使我们可以想象被征召的情形会是什么样。由于征募大多都是本地且区域化的，很可能同一营火的人彼此都认识，或许还知道名字。所以我想象他们可能会进行类似这样的交流："嘿，比洛斯，听说你也被征召了。""没错，看起来我会坐到西奥赛诺斯的营火去。""喔，很好！西奥赛诺斯是个好人。他会关照你的。"任何现代服役人员耳边肯定都回响过很多次类似交谈。古今从军经历在很多方面相同且不受时间影响。

安菲波利斯的军事法令提到了被称为"肆长"（tetrachai 或 tetarch，4 个人之首）的军官。这使有些历史学家认为，四支列队会组合成 64 人的肆队（tetrarchia），这大约等同于现代美军中的小型连队（或大型排）。美军连队通常由上尉这种中层军官指挥，而肆长的地位似乎很可能也是如此。

在古代军队中，右翼位置通常被认为充满了荣誉。一些历史学家相信，这是由于方阵如同我们在上文见到的那样趋于向右侧移动。考虑到这一点，肆长很可能会部署在右手边或是"第一"列队那里。

《军事法令》还提到了区队长（speirarchai），这是区队（speirai）的领导者，这一词汇也出现在波里比阿的著作中。一些历史学家认为，四支肆队组成一支区队，总计为256人。这等同于美国的小型营或大型连。美国如今的营通常由中校指挥。

我们还知晓千人队（chiliarchia）的存在，它由四支区队组成，共1024人（这大约是一个营的最大规模），由千夫长率领。

四支千人队组成共4096人的军（stratēgia），这大约近似于现代的一个旅。

我喜欢这种基于四四制的推断。史料告诉我们，这一人数对于方阵来说是理想兵力。库诺斯克法莱战役中的整支希腊化军队大约等同于一个师。从现代标准上来看，这是规模相当小的部队。当我第三次到伊拉克执行任务时，我曾隶属于巴格达多国师（Multi-National Division）。这一师级单位在首都周边地区的军事活动中充当指挥部的角色。现代军队的师由少将指挥，而希腊化方阵的16384人，加上骑兵、弩砲和轻装部队，将会由国王本人亲自指挥。

请注意，我省略了很多替换名字，例如区队还可以叫做"syntagma"，军长可能会被叫做"phalangarchēs"或"phalangarch"。此外，还有很多其他部队编制，诸如分队（taxis）、师（merarchia）和贰军（di-phalangarchia）等。但我的目的并不是用这些不必要的细节淹没读者，对于那些想要深入钻研这方面知识的人来说，可用的其他书籍有很多。更确切地说，我所准备的这些信息，都是为了让读者尽可能想象后续章节所描绘的战斗景象。

部署

关于方阵具体部署情况，史料记载有大量差异。从三位主要史料来源——波里比阿、阿斯克列庇欧多图斯和埃里安那里，我们得到了一项共识：在中等阵形中，每个人有3英尺的站立空间。被称为"中等"（meson）或"紧凑"（pyknosis）的该阵形被认为不太紧密，但也不太松散。尽管营养不良会阻碍发育，但大多数现代人惊讶地发现，古代人的体型大体上和我们现在一样。无论是阿斯克列庇欧多图斯还是埃里安，都提到了间距更近的阵形。然而，一位大个子男人穿着上文描述的所有装备会占据很大空间，再加上他用盾牌遮挡，用长矛捅刺所需的空间，任何间距低于3英尺的描述看起来都有点可疑。阿斯克列庇欧多图斯提到了"盾牌环扣"（synaspismos）阵形和"疏散"（araiotaton）阵形，但这两种阵形对战斗来说都不太实用。"疏散"阵形给方阵提供了太多空间，从而使长矛无法有效使用，因为敌人有机会躲避锋利的矛尖，从近距离发起冲锋。历史复原者已经表明，这一"疏散"阵形很可能被用于行军时。在历史复原活动中，"盾牌环扣"阵形是如此紧密，以至于该阵形中的士兵无法正常使用笔直举起的长矛。事实上，这是一种严密的防守阵形。需要着重注意的是，旧时重装步兵盾牌的直径要大1英尺，更易于互相交叠在一起。更小型的轻盾使这一点变为不可能，盾牌之间极有可能会拉开大约1英尺的距离。

库诺斯克法莱战役中的方阵大约有16000人，1024支部署成16行深的列队排布在一起。如果我们接受每人拥有3英尺空间，就意味着方阵的覆盖正面超过了半英里，这还没算散兵或骑兵。如果方阵像在马格尼西亚战役中那样依据千人队分隔部署，正面宽度还可能会更长。

这一庞大阵形的前5排会放平长矛，制造出包括5120枚锋利铁制矛尖的"杀戮区域"。你要是想要用剑或6～8英尺的长矛接近方阵兵并杀死他，就必须穿越这一区域。后面11排的士兵首先会将他们的长矛按45度角斜放，更后排的士兵会逐渐将长矛立起，直至垂直持握长矛。如此多的长矛虽不足以百分百抵挡箭矢或标枪这样的投射武器，但许多来袭的投射物都会击打在立起的矛杆上。它们的飞行轨迹会被打乱，速度也会降低，甚至无法造成伤害。

这样一支庞大方阵袭来，将会对敌军士气造成严重影响。古代战士们肯定知道大规模部队的视觉冲击力。公元前4世纪的战士与作家色诺芬（Xenophon）特别提到，波斯人将鞋子垫高，以显得更高大。波斯国王使用二轮战车的原因之一，便是让自己比其他人站得更高。波里比阿直率地谈及罗马军队：

　　……每个人都装饰着一丛羽毛，还有三支紫色或黑色的羽毛竖立着，大约有一肘长。头盔装饰物让他们看上去有实际身高的两倍，从而使敌人产生恐慌。

我们有一定证据表明，身材越高大就越吓人。许多古代军队都大量装备类似头盔，用盔缨增添高度。不过，只有希腊化方阵步入战场时，头顶着16～21英尺长的长矛密林。如果身高是削弱敌人士气的一个因素，那么面对这样一个方阵，大部分古代士兵的勇气就会如坠冰窖。据普鲁塔克记载，在皮德纳战役中，面对安提柯方阵的罗马指挥官埃米利乌斯·保卢斯说道："我从没有见过这么可怕的事物。"普鲁塔克的著作写于这场战争结束250多年后，他的目的是阐述观点，而不是准确地陈述历史，但在这个问题上我们没有理由怀疑他。

时至今日，身高仍然是令人望而生畏的因素。我的一位好友在一家技术创业公司担任首席执行官，她总是穿细高跟鞋参加董事会议。"如果你更高，"她告诉我，"他们会更有可能听你的。"奥利弗·斯通（Oliver Stone）2004年出品的一部十分糟糕的传记电影《亚历山大大帝》展现了方阵可能的样貌，让观众见识了希腊化方阵的威力。横贯战场的成形方阵，会把所有敌人吓得六神无主。

方阵会得到散兵的支持，并且两侧有骑兵掩护，可能还会有轻装部队。不管怎样，希腊化方阵与传统重装步兵方阵没有什么不同。这16000人会朝向正面。他们只能在一个方向上作战。改换朝向对普通人来说似乎很简单，但方阵的侧面或后方受到攻击时，很难进行简单的转向。请注意，我们现在所讲的情况关乎16000人，拥挤在一起并且在至少40磅装备负担下汗流浃背。他们即使试图保持安静，也依然会有许多人发出诸多声响，并且很多人的耳朵都被头盔覆盖住。16000人还会在晴天时踢起很多尘土。能见度降低会使所有人，尤其是位于前线后面的人难以看清当前状况如何。如果敌人同方阵的后方或侧翼接触，一开始只有那些接近接触点的人才会注意到。当军官在没有扩音器或无线电广播的情况下大声下达命令时，现场会一片混乱。大多数人都不知道该往何处转向。他们拿着一根16～21英尺长的长矛，容易与其他人的长矛纠缠在一起。这还不算被盾或是剑打到的风险。

请记住，方阵的生存死亡都依赖于凝聚力。它只有向敌人亮出连续完整的矛尖和盾牌时才真正有效。一旦出现缺口，这个阵形就会受到敌人的严重威胁。敌人可以近距离穿越矛尖的有效杀伤范围，并迫使方阵兵用剑作战。进一步说，轻盾在紧密的方阵中还好，但要作为单打独斗用的盾牌就太小了，很容易被绕过。当方阵兵的手从盾牌边缘伸出时，前臂会被用于控制盾牌的阻挡动作"卡住"，或者迫使方阵兵紧握住他的拳头，从而用左手控制盾牌。这似乎很简单，但当你尝试这些活动时，你还要面对一位正朝你猛攻过来的罗马军团步兵。

尽管方阵的确能够"转向"，但这是一项折磨人的缓慢作业，并且存在难以置信的风险。大多数时候，方阵一旦部署好，就始终面对同一个方向作战。

先锋

我们正在仔细审视的这一时期，希腊化部队的多样性相比亚历山大大帝麾下的军队要少得多，但有一点很重要，那就是方阵不会孤身前进。骑兵、散兵、弩砲甚至战象都会陪伴着方阵。这些兵种会参与战斗，但我不会在这里仔细研究它们，本书是专门关于军团和方阵的。

我们已经讨论过希腊化方阵中出现的各种类型"盾牌兵"，并且探讨了为何银盾兵会被称为精锐，而白盾兵可能会次一些。另一个值得研究的部队是"先锋"。

"先锋"这个名称的意思是"前卫"或"那些走在前面的人"。这是一个可以追溯至希腊早期的古语，但亚历山大大帝使其变成一个作战单位名称，即在各军中打头阵的士兵。所以，你可以有一支步兵先锋，也可以有骑兵先锋。亚历山大甚至还有一支象兵先锋。我们将会在第四章看到，安提柯军队的这些先锋在皮德纳战役中表现得十分显眼。李维和波里比阿对这些精英士兵都有所着墨，尤其是关于塞琉古国王"神显者"安条克四世（Antiochus IV Epiphanes）在达芙妮（Daphne）的阅兵仪式。李维写道："接着是2000名从轻装圆盾兵中挑选出来的战士，他们被称为'先锋'，指挥官是犹斯提阿人（Euiestians）列昂纳托（Leonnatos）和斯拉西普斯（Thrasippus）。另一支轻装圆盾兵部队约有3000人，指挥官是埃德萨的安提菲鲁斯（Antiphilus of Edessa）。"

李维用拉丁词语"caetrati"形容使用小圆盾（caetra）的人，换言之也就是轻盾。我先前提到，格拉提乌斯曾将马其顿步兵长矛与波斯骑兵长矛混淆。从这段话中，我们可以推断，或许曾有一支5000人的精英"轻盾兵"部队。

记住，方阵步兵本身严格来说也都是轻盾兵，因为他们都携带着轻盾。这支部队有 2000 名先锋士兵，由于他们年轻健壮而被特意挑选出来。我们将会在探讨具体战役时见到先锋的活跃。

第三章

杀人的骡子：罗马鹰旗之下

杀死人的从来都不是剑，它们只是握在行凶者手中的工具。

——卢修斯·安内乌斯·塞内加（Lucius Annaeus Seneca）

在关于亚历山大大帝的小说《阿富汗战役》（*The Afghan Campaign*）中，作者史蒂文·普雷斯菲尔德（Steven Pressfield）广为人知地将马其顿步兵称为"杀人的骡子"。我总是情不自禁地用这一称呼指代他们的罗马同类。在本书所研究的历史时期，罗马军团步兵在行军中一般要携带至少60磅重的装备，其中很多都是与作战无关的。作为现代职业军队的先驱，罗马军团步兵预期的职责不仅仅局限于作战。

从罗马军团诞生之初，这种职业精神就烙印在他们身上。军团的起源笼罩在神话的迷雾中，据说其前身是公元前8世纪半神话的罗马国王罗穆卢斯（Romulus）麾下的古代军队。这是罗马历史上最早的"王政"时期，这样称呼是因为他们当时拥有国王。罗马最早的政府围绕三个部落建立，每个部落分为十个社群（curiae）。该词的词根"curia"源自"武装人员集会"。每一部落由一名军事护民官（tribunus militum）指挥，每个社群出 100 人（则每一部落 1000 人）组成一支军队。这支 3000 人的军队被称为军团（legio），来自拉丁词汇 "legere"，意思是 "征召" 或 "得到召唤的人们"。

我们对这支早期军团知之甚少，但在公元前 6 世纪，情况变得清晰起来。我们有理由确定，罗马人开始成为希腊风格的重装步兵。他们很可能受到北方的伊特鲁里亚人（Etruscan）的影响。狄奥多罗斯告诉我们，罗马人最初使用矩形盾牌，然后从伊特鲁里亚邻居那里学会使用圆形盾牌。

这一变化的促成归功于罗马国王塞尔维乌斯·图利乌斯。公元前 6 世纪，著名的 "塞尔维乌斯改革" 就是他的手笔。这场改革不仅改变了罗马军队，也改变了政治体系。塞尔维乌斯改革把罗马人分成两类，一类是有产阶级（classis），他们能够负担重装步兵的装备，因而可以在方阵中服役；另一类是下层阶级（infra classem），他们买不起装备，只能效力于轻装部队。李维描述了六个截然不同的阶级，一些学者坚持李维的观点，另一些学者对此表示怀疑。

军团规模在这一时期膨胀了，发展到大约 6000 人，分为 40 支重装步兵百人队和另外 20 支轻装部队百人队。公元前 4 世纪中叶，罗马成为共和国，开始选举产生两名执政官，每一名执政官负责自己的军团。每个执政官按月轮流执掌统帅权，也就是指挥军队的权力。

到公元前 4 世纪晚期，军队发展至四支军团，每个执政官各负责两支。据波里比阿记载，每个军团由 3000 名重装步兵和 1200 名轻装步兵组成。这四支军团按照第一到第四进行编号，他们都在罗马鹰旗之下行进，但各自都有自己的军团旗帜：狼、马、野猪以及米诺陶（minotaur，当时指有人类头颅的公牛，而非长着公牛头的人）。大约在这一时期，罗马军团开始经历转变，他们抛弃了长矛和重装步兵盾牌，接受了一种完全新型的作战方式。

我们并不清楚为什么会发生这种转变。到目前为止，我听过的最佳解释是，公元前 343 年的第一次萨莫奈战争期间，罗马方阵在险峻而崎岖的高鲁斯山吃了不少苦头。其他学者认为，起因是罗马人在面对塞诺内斯部落时遭遇灾难性失败。塞诺内斯是由凶狠的部落首领布伦努斯领导的一个高卢部落，他在公元前 390 年洗劫了罗马。你听过 "战败就会遭殃"（Vae victis）这句谚语吗？这就是布伦努斯击败罗马人之后说的话。

组织

在这一新体系下，四支军团围绕步兵中队进行编制。士兵们分为三种角色，依次组成三条前后排布的线列，每条线列各有 10 支中队。

第一条线列是青年兵（hastati），他们是年轻且缺乏经验的战士；第二条线列是壮年兵（principes），他们富有经验，正处于巅峰年龄；第三条线列是后备兵（triarii），他们全都是坚定的老兵。罗马共和国的军队中还有另外两类士兵，即作为轻装散兵的轻步兵（velites）以及骑在马背上的骑士（equites）。不过，本书不会考虑他们，除了与方阵相关的时候。

直到公元前 211 年，也就是本书我们所要仔细研究的前三场战役后，罗马军队中轻步兵才成为一个正式分类。在此之前，散兵角色由类似的标枪散兵（leves）和扈从散兵（accensi）担任。

当时，军团是名副其实的季节性征召。士兵们被征召入伍，在职责完成后被遣散回农场。所有年龄在 17 岁至 46 岁之间、拥有财产价值为 11000 阿斯（as，一种铜币，大约两枚阿斯可以买到一个面包）以上的男性，都属于征兵对象。根据士兵的身高和年龄，下级护民官安排他们到各个军团效力。护民官大致相当于现代的上校，这个高级职务的级别很高，但仍然低于将军。每个军团都有 6 位护民官，其中 4 位由民众选举产生。一名军团步兵最多可被留用 16 年，而大多数士兵在连续 6 年服役后就会退伍。此后，他会被分配到预备役，有义务再次服役，直至最高 16 年的年限或是在战役中牺牲。

军团步兵的三种类别（青年兵、壮年兵和后备兵）各有其中队。他们的确切人数可能有所变化，但青年兵和壮年兵的中队通常为 120 人左右，而后备兵的中队大约是 60 人。每支中队由两支百人队组成。百人队（century）的称呼来源于数字 100（centum），但他们很少满编，士兵通常在 60 ~ 80 名之间。

每支百人队都由一名百夫长率领，这是大致相当于现代陆军上尉的军官。我想在此反驳一下普遍认为百夫长相当于现代的中士或是其他士官的看法。我对此提出质疑，是基于自己对指挥学的理解。在战场上指挥 60 ~ 100 名士兵是一个艰巨挑战。无论时代殊异，指挥他们所必需的责任和权威都不会有太大变化。一名百夫长的职责与权威，更多近似于现代军队的上尉而非中士。高级百夫长是指挥官的顾问，经常直接同执政官本人商议。李维记载了百夫长"利齿"卢修斯·西西乌斯（Lucius Siccius）的故事，他被提拔为护民官，最终死于一场贵族政治阴谋。

这是一个英雄人物的悲剧故事，但它很有启发性。事实上，卢修斯无论如何都能够成为一名护民官。在古罗马这样不平等的社会中，卢修斯的经历表明，与现代士官相比，百夫长显然扮演着更重要的角色。古代史料进一步显示，百夫长的随员，例如号手、警卫官和掌旗官，都扮演着士官的角色。

百夫长有两个最出名的醒目特征。首先是横断盔缨（crista transversa），其次是他那长 3 英尺左右的"葡萄藤权杖"。这种权杖一般都是笔直且朴实无华的，但粗糙多瘤节，并非那种较软的绿色葡萄藤，而是会让人想起坚硬结实的树枝。葡萄藤权杖是百夫长权威的象征，尤其是在他施加肉体惩戒时。倘若犯人是罗马公民，他会使用这根权杖行刑。在罗马人看来，受到权杖而非其他方式的惩罚，是一种莫大的荣誉。

百夫长会委任作为他自己副手的俾官（optio）。一支中队里的两名百夫长分别为先（prior）和后（posterior），先百夫长在两者中地位较高，指挥位于右侧的百人队。

但碎片化和混乱的资料信息又一次导致争议。即使是那些不懂拉丁语的人，也能猜到"prior"和"posterior"的意思是"先"和"后"。有些学者认为，中队里的两支百人队是前后部署，而非肩并肩并行。

每位百夫长还拥有少量随员，包括 1 名掌旗官、1 名号手以及 1 名警卫官。所有这些军官都享有额外薪酬。掌旗官负责携带部队的军旗，上面挂着勋章，有时顶端还有一只张开的手，象征士兵的誓言。他还担任部队的财务官，为军团掌管钱财，并有相应的分户账簿。号手也是百夫长的助理。

百夫长的上司是护民官，护民官之上是副将（legatus）。副将由元老院选举，通常指挥执政官麾下两支军团的其中之一。

军团步兵的阵列要比方阵兵松散很多，波里比阿解释了其中缘故：

……一名全副武装的罗马士兵同样也需要 3 平方英尺的空间，但他们的作战方式容许每个人各自活动。罗马士兵用盾牌防护身体，可以将盾牌移动到进攻来袭的任何方位。他的剑不仅可以挥砍，还能进行捅刺。显然，每个人都必须拥有开阔的空间。如果罗马士兵想要有效履行职责，在侧翼与后方都至少要有 3 英尺间隔。

　　牢记这一点十分重要，因为这意味着较少的士兵能够覆盖更大的正面宽度，从而减少阵列被包抄的可能。

　　三条阵线交错部署。每支中队之间会有间隙，宽度足以容纳另外一支中队。第二条阵线将会填补第一条之间的这些间隙。这三条阵线看起来稍微有点像西洋跳棋棋盘，现代学者给这个阵形取了个"五点形"（quincunx）的名字。

　　"五点形"是一个现代词汇，我们可以理所当然地确定，古代人从未使用该词。现代学者还会使用"三重阵线"（triplex acies）这一术语，指代这种三重交错排布的阵列。李维将其称为"方形布局"（agmen quadratrum），虽然该词或许指代一种辎重位于中央的空心阵。关于阵形与间隙具体如何运作，争论非常激烈。其中最靠谱的一套理论是：军团前进时散兵位于正前方开路，投掷标枪扰乱敌人阵列。一旦他们用尽自己的投射物，或是当双方阵列即将碰撞时，他们会通过间隙向后跑，并与后备兵中队待在一起。敌人必须击败青年兵与壮年兵，才能面对后备兵。这种情况很少出现，以至于有这样一句成语："麻烦已经触及后备兵（ad triatios redisse）。"换个通俗的表达，就是："伙计，我们现在真的要完了。"

　　这些中队之间的间隙会暴露他们的侧翼。但要注意的是，任何利用这些间隙的敌人，其侧翼将会直面下一阵线的中队。考虑到阵形的部署方式，你前进越深，遭遇到的部队就会更老练且装备更精良。你冲过间隙攻击一支青年兵中队暴露的侧翼，就必须将自身的侧翼暴露给一支壮年兵中队。他们有更丰富的经验，装备也比青年兵更好。谁会疯到甘冒这种风险？此外，军团步兵能够单独作战，我们后续会进一步讨论这个问题。与装备 21 英尺长矛的方阵兵相比，装备 2 英尺剑的军团步兵在转向时要容易得多。

　　首行阵线会投掷标枪，随后用剑同敌人交战，一直战斗到伤亡或是疲劳迫使他们不得不穿过壮年兵后撤，而壮年兵会前趋并重复这一过程。当你考虑到各个军团步兵的武器与装备时，这会显得更有意义。

　　在本书讨论中我一直描述的是"波里比阿"式军团。更早的军团或许拥有更多中队，并且很可能还包含其他部队类型。我同样故意省去了被誉为罗马"再生父母"的马库斯·弗里乌斯·卡米卢斯（Marcus Furius Camillus）。现代学者经常将军团的巨大改革归功于他，但这本身存在争议且证据不足。

伙伴

几乎所有古代军队都会使用盟军部队，但罗马用一种独特的盟友体系管理着他们"盟友"的组织与部署。我在盟友这个词上使用引号，是因为罗马的"盟友"不是你所认为的现代意义上的那种盟友。加拿大是美国的盟友，尽管他们无疑在军事上较弱，但无人会认为他们从属于美国。

但在古代的话确实是这样。成为罗马的朋友与盟友，通常是在罗马于战场上将你击败后。在这之后，你就会被吸纳进盟友体系中成为罗马的伙伴（socii）。这些盟友主要是军事上的，关系极为不平等。直到公元前1世纪初的同盟者战争（Social War）后，他们才获得罗马公民权，其领土完全并入罗马共和国。

罗马会把某个邻近部落打一顿，吞并其一些领土，并在上面定居大量罗马人，他们会主动放弃公民权并成为罗马的盟友。落败的部落接着会向罗马宣誓永久性的友谊，默认有一群罗马殖民者在那里监视着他们。这些"盟友"通常都不太情愿，而且总是存在一定的风险，至少在共和国早期是这样。他们会向罗马的敌人投降，如同我们在皮洛士战争中见到的那样。

罗马的盟友要在战时提供部队，并且通常允许分享战利品。如果他们不闹事并且能提供一定数量士兵，大多数不会再进一步纳贡，并且获准自治。这似乎相当仁慈，但肯定会让人咬牙切齿。罗马人强迫绝大多数盟友"in fidem populi Romani se dedere"——公开寻求罗马人民的庇护。这类盟友被视为降属（dediticii），源自拉丁语 deditio（投降），对于说英语的人来说类似"奉献"（dedication），但事实上更接近"投降"。所有盟友都要为罗马提供一份成年男性名单，这份名单被称为"穿袍者清单"（formula togatorum），决定他们所要承担的服役义务。

盟友主要有两种身份：拉丁盟友（socii Latini）和其他盟友。拉丁盟友大多来自拉丁部落，他们是罗马最早的邻居，此后被征服而成为降属。无论在哪个时代，拉丁盟友中的一些人都有可能是自愿变成拉丁人的罗马人，他们是为了在新土地上开创新生活。这算不上是什么损失。当然，盟友无法左右罗马的对外政策或是插手制订法律，并且他们在政治擢升上的选择会受限，如果他们想要在荣耀之路（cursus honorum）中摸爬滚打的话。但除此之外，盟友可以十分随意地行事——说他们自己的语言，铸造他们自己的货币，运作他们自己的事务。军事负担也许在现代读者看来似乎很重，但在古代世界，尤其是在罗马世界，从军是迈向社会高位最可靠的入场券，有时还能带来极大财富。罗马人口中适合从军的成年壮丁中大约 50% 来自他们的盟友，而罗马公民仍占据军队的 50%，这一事实或许表明许多人想要参军。有可能很多罗马人的盟友认为在军团身旁效力是机遇而非苦难。这或许也解释了为何即使在公元前 216 年坎尼会战这一罗马军队被连根拔起的彻底灾难后，大部分罗马盟友并没有变节投向得胜的著名迦太基将军汉尼拔·巴卡。曾经，伊庇鲁斯国王皮洛士尽管获得了众多罗马的伙伴变节投靠，但最终仍被罗马击败，坎尼会战发生在此的 60 年后，显然期间相隔的 60 年并不足以煽动他们再次尝试背叛罗马。

罗马盟友们的士兵作战时单独成军，当你考虑到他们很可能说着他们自己的方言，甚至可能是一种完全有别于罗马人的语言，更不要说文化上的差异时，这显然是有意义的。盟军受到被称作盟军长（praefecti sociorum）的罗马军官的统率。这一军衔下，盟军效力于他们自己的军官，这确保了他们在执行罗马领袖的战略远景的同时，也可直接效命于自己知晓且信任的人麾下。

公民军团步兵占据中央，盟军部队通常部署在战线的两翼，因而被称为翼（alae）。一翼通常拥有多达一整支军团的步兵，并且拥有的军团骑兵占比要高得多——盟军与罗马公民骑兵比例大约为 3 比 1。

波里比阿告诉我们，大约 1/5 的盟军步兵以及 1/3 的骑兵会被抽出用作特派部队（extraordinarii）。这些部队因他们的适性而被挑选出来，因而被视作精锐。他们宿营在执政官军帐的右侧，经常用于诸如行军中前锋、后卫或者侦察等高风险的重要任务。

我们对于罗马盟军如何战斗所知不多，但我们已然知晓，罗马决意让他们在他们自己的军官麾下效力，并且在掌控盟军生命方面手段巧妙，有些微迹象暗示，他们可能以他们本土样式进行武装。这是否意味着罗马盟军必定不会以与罗马军团步兵相同的方式战斗？想要确定这一点是不可能的。有一些证据表明，他们如同军团步兵一般武装和训练，但我们不能假定一直都是如此。如果他们的确以自己族群的方式战斗，那么考虑到遍及意大利半岛的强烈希腊影响，战斗时他们之中可能会作为重装步兵或是椭盾兵，同样考虑到凯尔特对同一地区的巨大影响，也有可能会是战团（装备挥砍兵器的战士组成的无组织集群，崇尚个人英雄主义）。

武器

谈及公元前 3 世纪罗马军团步兵的武器和护甲时，我们必须牢记"不知为不知"的原则。史料在这上面互相矛盾且含糊不清。我会在下文给出最佳的解释，但其中不免有诸多漏洞。例如，军团步兵最初且最出名的是作为剑士，但公元前 1 世纪的希腊历史学家哈利卡纳苏斯的狄奥尼修斯（Dionysius of Halicarnassus）提到，在我们将详细考察的前三场战役中，壮年兵仍在使用旧式重装步兵长矛。许多人认为，青年兵和壮年兵会使用投枪（pilum），但李维完全没有提及它们。我们甚至从未见到这种武器被提起，直至第三次萨莫奈战争。

这一切意味着什么？从古典重装步兵方阵到使用长矛的伙伴步兵方阵，武器的更新换代是逐步的。因此，这一时期会出现一种处于过渡期的混编军团——从我们见到的塞尔维乌斯改革时期的重装步兵，缓慢转变为用于对付迦太基人的三重阵线。出于本书的写作目的，我打算展现的是从公元前 509 年一直到公元前 107 年盖乌斯·马略（Gaius Marius）的改革为止的共和国时代军团形象。

标枪

所有青年兵和壮年兵都装备两柄投枪（pila），据波里比阿所说为一粗一细。两柄投枪都像是更短且更轻的长矛，大约 6 英尺长，重约 5 到 10 磅。锐利的沉重铁尖直径大约 1/4 英寸，末端是 2 英尺长的铁皮颈。这一点很重要，因为薄铁皮经常会在冲击时弯折，使得标枪无法再被投回来。更妙的是，标枪或许会弯折卡在敌人的盾牌上。这会突然给盾牌增添 5～10 磅的重量，并迫使敌人在疲惫（如果他保留盾牌）和防护（如果他丢掉盾牌）之间做出选择。

标枪的主要目的是杀死或重伤敌人，它的构造都是为此服务。它拥有非凡的穿甲能力，可以穿透头盔、盾牌以及盾牌后的手臂。标枪会在大约50步的距离投出，首先是沉的那支，接着是轻的。随后，军团步兵会拔出剑，快速逼近敌人。

军团通常在前线拥有10支中队。即使我们做保守估计，每支中队有120名军团步兵，这也意味着1200支标枪会飞向空中，划着弧线向敌人冲去，紧跟着的还有另外1200支。这些标枪会击破膝盖骨，穿透喉咙，将前臂钉在盾牌上。敌人将会尖叫、咒骂、倒下或是丢掉盾牌。

就在他们恐慌、惊惧与痛苦时，军团步兵会发起冲锋，开始近身厮杀。

剑

军团步兵所用的剑是著名的罗马短剑（gladius），这是大约2英尺长的钢制品。我们对古代冶金技术知之甚少，但罗马人在熔炉中将他们的铁熔炼生产"熟成"的"海绵铁"（sponge iron），随后会经锻造去除更多杂质。结果就是一种质量不稳定的钢，按现代标准肯定是不合格的，但我们将其单纯称之为铁也不合适。这种"泡面钢"（blister steel）质量不一，生产出的武器可能也会有品质差异。如果铁匠掺入的碳含量刚好的话，武器会坚硬，但有韧性，并且能很好地保持住刃口。如果碳含量太高，武器会变得易碎。太低又会太软且容易变钝。有着合适碳含量的剑很可能如同珍宝，会一代代传下去。然而没有办法标准化熔炼金属的步骤，并且没法调控碳含量，因而除了极端情况，你无法准确得知剑的品质，直到你实际使用它。许多古代战士，无论他们携带的是希腊直短剑还是罗马短剑，都会发现刃口会在碰撞时破开或卷曲，或者他们将不得不花费数小时打磨它们。

无论金属含量如何，这些剑都足够耐用，并且很快赢得令人生畏的名声。李维描写了腓力五世麾下官兵见识罗马短剑威力后的反应：

……这些人曾经见过标枪、箭矢和长矛造成的创伤，因为他们长期同希腊人和伊利里亚人（Illyrian）作战。然而，他们这一次见到了更可怕的场景，普遍陷入恐慌。战友被西班牙剑斩成碎块，整个肩膀连同手臂被砍下，或是脖颈被砍断，或是重要脏器被破开。

李维将其称为"西班牙剑",这并非谬误。它作为西班牙短剑(gladius Hispaniensis)广为人知,但我们不能确定其渊源。学者们认为,它改良自伊比利亚人(Iberian)的武器,不过对其得到普遍列装究竟是在罗马与迦太基之间的第一次还是第二次布匿战争,仍存在争议。这一争议相当重要,因为两场冲突之间发生的时间相差近1/4世纪,而太多罗马军事信条围绕这种武器展开。

罗马军团步兵所用的剑是直的,有锋利刃口和尖端,因而既可以挥砍又能捅刺。但波里比阿在确认两种使用武器的方式都存在的同时,又表示赞同公元4世纪晚期罗马作家维盖提乌斯(Vegetius)关于罗马士兵更偏爱捅刺而非挥砍的观点。这很可能也是由于军团步兵所用的长形盾(scutum)的影响。

长矛

我们对长矛(hasta)几乎一无所知。这种武器仅限于后备兵使用,他们以旧式古典方阵的样式部署,在前两条阵线被击破这种不太可能发生的情况出现时进行冲击作战。这些长矛同样也可以应对冲锋。这种后备兵长矛没有任何已知的细节。我们必须遵从奥卡姆剃刀原理:在缺乏额外资料时,最简单的答案就是正确的答案,而这就是最简单的答案。由于他们最初如同重装步兵一样战斗,后备兵保留了原始样式的长矛并且继续使用它。这会使后备兵的长矛更加类似我们已经见识过的。它们很可能由梣木制成,有约8英尺长的钢矛尖和铜制"蜥蜴杀手"矛镈。

护甲

最不理想的情况就是敌人越过盾牌直接攻击军团步兵,而这种情况总是会发生。

为减轻这种状况的伤害,军团步兵装备着整套优良的护甲。要记住,基于财富的阶级体系支配着罗马军队。士兵们自备自己的装备,而他们在军中的角色部分取决于提供装备的能力。

头盔

我们知道,罗马军团步兵佩戴头盔,并且有多个极好的样品留存至今。

对于其明确起源，我们知道的并不多。一些学者认为，与方阵一样，罗马的头盔受到希腊的影响，也同北方的伊特鲁里亚人有关系。其他人认为，有些样式的头盔通过罗马的凯尔特邻居流传到亚平宁半岛。这些头盔随后逐步演变成罗马样式。

大多数历史复原都会让青年兵和壮年兵戴上蒙特福尔蒂诺（Montefortino）头盔，而后备兵戴上仿科林斯（Pseudo–Corinthian）式头盔。但没有史料支持这一点，行伍中实际存在的头盔会极为多样化。

蒙特福尔蒂诺式头盔是一种简单的圆形或微偏圆锥形铜制帽盔。这种头盔有时会有护颊，虽然现存下来的头盔很少有护颊。这种头盔有外翻的小块边檐，遮掩着脖颈后方。这块边檐可以附加装饰，有时是非写实的绳结或其他线条。

仿科林斯头盔看上去很像是我们上文已经讨论过的古希腊科林斯头盔，但护鼻和眼洞全都变为完全的装饰品。这种头盔经常有护颊，边檐外翻，还有至少一处羽毛托架。它会将士兵的面部完全露出，给予他们最大的视野范围和呼吸空间，并且使高温可以散发出去。如同镶有铁边的盾牌一样，这表明罗马人极为重视防御敌人的剑、棍棒或斧头。

波里比阿告诉我们，罗马人在头盔上佩戴羽毛。根据他的记载，我们知道了这些羽毛的数量、长度和颜色。罗马人使用羽冠的原因，是因为这使士兵看起来更加高大，从而使敌人惊恐并削弱其战意。一支青年兵中队如果有120名士兵，敌人就会见到黑压压一片起伏不定的3600顶羽冠，这会让部队的规模看起来更加庞大。

铠甲

实物与文献资料都告诉我们，罗马军团步兵身穿铠甲。最著名的罗马护甲，也就是我在第一章提到的环片甲，它出现在本书所研究时代的一个世纪之后。这个时代的军团步兵戴铜制胸饰保护心脏。这种胸饰只是用皮带串起来的铜制方板，但其中一些制作精美，最著名的就是现存于突尼斯（Tunisia）巴尔多国家博物馆（Musée National de Bardo）的镀金铜制三叶胸饰，上面有罗马女神密涅瓦（Minerva）的头像。

富裕的士兵会装备锁子甲（lorica hamata），这是一种用锁扣制成的变种亚麻胸甲。这种材质使其本质上可以像织物一样合身且灵活。像是亚麻胸甲,这种锁甲"衫"有将整副盔甲联系在一起并为肩膀提供防护的肩带。这种锁子甲会垂落至大腿中部,手臂会完全裸露出来。后续版本有了袖子并且垂落得更低,但这些革新要到我们在此所论述的时代之后才会出现。锁子甲要比胸饰沉重,但提供更好的防护。它还有着仅稍逊色于织物的高度柔韧性,而且透气性和内衬的织物衣服不相上下。

我们在上文描述过的"肌肉"胸甲同样也有使用,穿这种护甲的都是较为富裕的公民和军官。

胫甲

无论是波里比阿还是阿里安,都认为军团步兵仅戴一只胫甲,位于他们的左腿上。这暗示了军团步兵在战斗中将会如何前进,以及他们身体的姿势——左脚在前,身体略微转动,隐蔽在巨大的盾牌后方。然而,许多艺术作品描绘的罗马士兵都戴着两只胫甲,因此我们再一次无法将此当作值得信奉的事实。李维在谈及塞尔维乌斯改革的军团步兵时,使用了拉丁语"ocrae",这是复数词语。他还提到,最早的罗马军团步兵像重装步兵一样武装,而我们知道他们戴两只胫甲。

罗马胫甲同我们已经检视过的那些并没有太大区别,风格从精美的解剖学样式到简单的铜制护胫不一而足。士兵靠前的那条腿从腰部一直到膝盖都会被盾牌的下半部分遮住,而任何游离至盾面下方的打击,或是向盾牌下方的刺击,都将被胫甲挡住。

盾牌

波里比阿对军团步兵的盾牌或者说长形盾有相当详尽的描述:

……一块巨大的盾牌,盾面外凸,宽度为 2.5 英尺,长 4 英尺——虽然还存在宽度增大一掌的更大版本。它主要由两层用牛皮胶粘合在一起的木板制成,外表面首先覆盖一层帆布,接着是一层小牛皮。上下边缘都包着铁皮,以抵挡剑向下发起的进攻以及放置于地面上的磨损。盾面上也装有铁制的盾凸,防御来自石块和长矛以及重型投射物的打击。

关于波里比阿的描述，有几点需要指出。首先，注意他提及了用于"抵抗剑向下发起的进攻"的铁制边缘。考虑到布伦努斯在公元前390年击败罗马人的事实以及他随后对罗马的洗劫，这场可怕的败绩肯定萦绕在罗马人的记忆中，并且对他们的武装传统造成强烈影响。

回想一下波里比阿和维盖提乌斯对罗马人偏爱用剑捅刺的强调，再考虑下波里比阿描绘的巨大盾牌。铁制盾凸保护着军团步兵的手掌，并且实质上给予他一只巨大的金属拳击手套。盾牌本身相当沉，可能超过20磅。尽管用力拖动时这一重量会很累人，但它也使盾牌成为相当有效的武器。

实际的战斗景象是这样的：军团步兵会投掷他的标枪，随后冲锋接近敌人，使用2英尺长的短剑进行格斗。如果敌人使用剑这样的武器，他会用巨大盾牌的边缘抵挡敌人的打击。如果敌人使用长矛这样的武器，他会用盾面将其撇开。他用他巨大的盾牌猛击敌人，使劲撞击使对方失去平衡，甚至遭受重伤。这时，处于近身搏斗中的他会用剑刺入敌人的肚子或面部。罗马历史重演者已经证实了上文描述的一些战术，而且我确信这是对军团步兵在理想状况下如何进行战斗的精准猜想。

当然，在战争中，状况很少会是理想的。

军团和方阵所用的征兵制度和装备是他们各自文化的独特产物，深受罗马和希腊的国际地位、外交关系以及几个世纪以来军事经验的影响。这些影响诞生出两种完全不同的重型步兵编队，组织方式和装备类型都存在着显著差异。这是一个令人着迷的试验场，通过观察它们之间如何发生冲突，我们不仅会看到技术和军事组织上的冲突，也会看到文化之间的冲突。我们将深入讨论六场战役，这些战役决定了地中海古代世界的霸权，也影响了我们自身社会的军事传统。

第二部分

战斗! 军团与方阵之间的六场对决

双方军队的士兵都排成一行接一行的阵线作战，

但马其顿人的方阵是一整支部队，缺乏机动性。

罗马军队更加灵活，由众多分队组成，

这使他们可以根据实际情况轻松地分散或集结。

——李维，《罗马史》

第四章

公元前 280 年的赫拉克里亚战役：
罗马的首场考验

那晚，他梦到自己受到亚历山大大帝的召唤。他走近之后，发现亚历山大卧病在床。亚历山大的言语十分友善，很尊重他，并且许诺给予他援助。他试着大胆回应："阁下，您病重至此，何以助我？"

"以我之名。"亚历山大回答道。

——普鲁塔克，《皮洛士传》(*Life of Pyrrhus*)

伊庇鲁斯的皮洛士无疑是历史上最伟大的军事统帅之一。汉尼拔·巴卡，这位在公元前 3 世纪末差点征服罗马的迦太基著名将军，当被问及谁是最顶尖的三位将军时，认为皮洛士仅次于亚历山大大帝。严格说来，汉尼拔把皮洛士排在第三位。因为据李维所述，汉尼拔极为看重罗马的"非洲征服者"西庇阿，认为他超出任何排名之外。皮洛士同汉尼拔一样，最终被罗马人击败，他们二人的名声几乎不相上下。

皮洛士是亚历山大大帝的远房表亲，出生于伊庇鲁斯王国的王室。这一王国坐落在如今希腊和阿尔巴尼亚（Albania）之间的边境地区。皮洛士在仅两岁时，他的父亲就被驱逐出伊庇鲁斯。邻国的一位国王把皮洛士从政敌手中救了出来。皮洛士的父亲后来重新夺回伊庇鲁斯王位，他的妹妹黛达玛（Deidama）嫁入安提柯王朝。公元前 301 年，年仅 18 岁的皮洛士在伊普苏斯（Ipsus）战役中表现惊人，他的勇敢和技巧让人想起亚历山大大帝。此后，皮洛士与安提柯王朝在结盟与战争之间来回反复。这期间，他又失去了王国，然后重新夺回。不过，他最终失去了除伊庇鲁斯外的一切，在 39 岁时撤退到自己的王国舔舐伤口。皮洛士对自己的命运相当不满，梦想获得更大的荣耀以及一个超乎他儿时居住的崎岖群山之外的帝国。

我想花一点时间谈谈普鲁塔克，因为他是我们对于皮洛士和他的军事生涯的主要信息来源。普鲁塔克是在我们即将讨论的那场战争近 400 年后才开始写作的，这让很多人不禁要问："你为何会认为普鲁塔克是主要的资料来源？"事实是，在这一问题上，他几乎是我们所拥有的唯一文本资料来源，而且他比我们更接近战争发生的时代。但更重要的是，普鲁塔克是根据自己的资料来源创作的。他引用了其中的很多内容，尤其是他所讨论的那些人写的信，而这些信对于现代历史学家来说显然已经遗失了。我想他有可能在获得这些消息来源的问题上撒谎，但我没有理由怀疑他，因而我会利用手头上所拥有的资料。关于普鲁塔克，我最喜欢说的是——我们必须对他有所保留，但也必须取而用之。

来自意大利的使节

皮洛士在伊庇鲁斯接见了来自希腊 – 意大利城市他林敦的使节。当时大约是公元前 280 年，罗马只统治着意大利中部，北部仍然由伊特鲁里亚人和凯尔特人控制，南部是众所周知的大希腊（Magna Graecia），即在当地定居并保持独立的希腊社区。他林敦（如今的塔兰托，位于阿普利亚）最初是斯巴达的殖民地，由流亡的帕斯尼埃（partheniae）建立，帕斯尼埃的字面意思是"处女之子"，也就是未婚斯巴达妇女的私生子。移民们努力工作，把这块殖民地建成了一个对意大利南部海岸区域其他希腊城邦拥有控制力的重要城邦和商业中心。

自罗马人于公元前 290 年最终赢得了第三次萨莫奈战争，更进一步在阿普利亚建立了数个殖民地，并且深入到该地区的数个意大利－希腊城邦时起，这一控制力受到了直接威胁。意大利南部一些希腊城市的贵族派别主张向罗马投降，这让民主自由的他林敦非常担忧。他们为自己的希腊传统和在大希腊所扮演的角色感到骄傲，不想失去自己的独立性成为罗马的伙伴。皮洛士作为一名杰出将军和勇敢战士的名声传到了他们耳中，很多人发声要求向他发出邀请，让他过来在对抗罗马人的战斗中担任指挥。

普鲁塔克讲述了一个关于辩论是否邀请皮洛士的离奇故事。在宣布邀请公告的那一天，一个叫梅顿（Meton）的他林敦人摇摇晃晃走进会场，表现得好像喝醉了，或许真的喝醉了。梅顿拿着一个花环和一盏灯，另一个吹笛子的女人走在他前面。他林敦人性情温和，他们大笑并怂恿他继续，而他转过身来对他们咧嘴一笑。"你们让大家快活，这很好！"他说道，"我奉劝你们尽情享受欢娱，因为一旦皮洛士来到这里，你们就要改唱不同的曲调。"

你可以想象，当笑容褪去变成愤怒的皱眉，然后是愤怒的呼喊时，那令人震惊的沉默。众人把他赶出去，又打发使臣前往伊庇鲁斯。

这已经不是他林敦人第一次求助于希腊化国王。他们曾与意大利南部的其他部落发生过冲突，并且显然他们对自己本土的指挥官没多少信心。公元前343年，他们请求斯巴达国王阿希达穆斯三世（Archidamus Ⅲ）领导一场针对他们的邻居梅萨比人（Messapii）的战役。10年后，他们邀请另一位伊庇鲁斯国王亚历山大一世（Alexander I）前来与另一个希腊－意大利部落卢卡尼（Lucani）作战。亚历山大一世在战场上阵亡后，他林敦人邀请了另一个斯巴达人克里奥尼穆斯来领导他们。这三次呼吁都以不幸告终。阿希达穆斯三世和亚历山大一世均战死沙场，克里奥尼穆斯虽然初期取得了一些胜利，但最终还是被赶出了意大利海岸。你可能会想象到他们已经从这段历史中吸取了教训，或者皮洛士会对自己的成功前景双眉颦蹙，但就像近代的阿富汗一样，大希腊似乎也是一个列强必争之地。

普鲁塔克竭尽所能描述皮洛士的坐立不安，以及他对荣誉和自身历史地位的渴望，并以本章开头引言中的那个梦暗示皮洛士相信自己是亚历山大大帝的第二次降临。他也渲染了皮洛士其他超自然的方面，告诉我们他的上牙都融合在一起成为一整颗牙齿，只留存下一般人牙齿都会有的锯齿形状。皮洛士还被认为具有治疗疾病的能力，这是一种古老的按手礼。

但是，普鲁塔克在讲述皮洛士与他的朋友兼顾问齐纳斯（Cineas）之间的对话时，对我们最透彻地洞悉皮洛士的性格提供了清晰的铺垫。齐纳斯来自希腊东北部的色萨利（Thessaly）地区，那里出产当时一些最优秀的骑兵，并且他以富有演讲技巧而著称。

见到皮洛士被他林敦使臣所动摇，齐纳斯向他进言："我听说罗马人相当顽强。如果诸神赐福我们打败了他们，接着干什么？"

"噢，显而易见。"皮洛士回答道，"如果我们击败了罗马人，谁还能阻挡住我们？不久之后，我们就会统治整个意大利。"

"好吧。"齐纳斯说道，"那么我们会征服整个意大利。接着呢？"

皮洛士考虑了一下。"西西里。那里四分五裂而且民众不喜欢他们的领袖。我们能轻松地征服那里。"

"或许你是对的，"齐纳斯说道，"那么，你得到了整个意大利和西西里，然后就完了？再没有更多战争了？"

"不，"皮洛士说道，"如果众神赐予我们在西西里的胜利，我们将会有入侵利比亚（Libya）和迦太基的完美跳板。一旦我们掌控了这些地区，再没有人敢对抗我们了。"

"那么我假设在这种无可匹敌之后，我们还会接着征服马其顿和整个希腊。"

皮洛士点头，而齐纳斯继续说了下去："好的，所以我们现在取得了意大利、西西里、北非、马其顿和希腊。现在，接着怎么做？"

皮洛士笑了。"噢，接着我认为我们该享受生活。我们会整日饮酒，和我们的朋友们共度时光，以及闲聊。"

现在轮到齐纳斯笑了出来。"现在也没什么能阻止我们这样做。我们全都在这里，我们有着充足的酒水和足够的时间聊天。我们无须杀死任何人就能实现这一切。"

这是一次伟大的论辩，但不幸的是没人能说服皮洛士。他答复了他林敦使节并征集了一支军队渡过亚得里亚海（Adriatic）前往他林敦。

一支强大的军队、一场暴风雨以及一位勇敢的战士

皮洛士召集了一支无论用何种标准来说都十分惊人的大军：20000 名步兵、3000 名骑兵、2500 名散兵（2000 名弓箭手和 500 名投石兵），以及 20 头战象，大多数罗马人此前还从未见过这种生物。

关于皮洛士大军的确切组成，我们知之甚少。如果其他希腊化的军队仍在延续，那么这 20000 步卒中的大多数都是方阵兵，他们的装备和训练样式都是我们在第二章讨论过的。一些可能是较为轻装的椭盾兵，另外皮洛士很可能会有自己的先锋。

他的骑兵很可能大部分都是来自色萨利的精锐骑兵，他们因在亚历山大大帝的军队中效力而知名。这些重型骑兵以其能以菱形阵移动的能力闻名遐迩，菱形阵的每个角上都有一名指挥官，随时准备按照需要指挥中队改变方向。他们装备着长约 12 英尺、需要双手持握的绪斯同骑枪（xyston），可能还配有标枪，机动能力很强，无论是进行冲锋还是骚扰都同样轻松自如。

他的投石兵很可能征募自土耳其西南海岸的罗德岛（Rhodes）。他们从小就练习使用投石索，惊人的准确度仅次于西班牙东海岸巴利阿里群岛（Balearic islands）的居民。依据他们与目标之间的距离，这些投石兵使用两种不同长度的投石索，未使用的那一种在不需要的时候绑在头部。他们发射石头或特制的铅制"弹丸"，有时还会在上面刻上格言。一枚公元前 4 世纪的样品目前正在大英博物馆展出。它的一侧有一道有翼闪电图案，另一侧则是希腊语"dexai"，大致翻译过来的意思是"接招"！

当我们考虑大象时，很重要的一点是，我们不要错误地认为它们是我们在现代动物园里看到的那种性情温和的非洲象或亚洲象，它们的体型都非常巨大。皮洛士的大象可能是北非森林象，也被称为阿特拉斯象（Atlas）或迦太基象，一种现已灭绝的物种，但却是最有可能在公元前 218 年至公元前 201 年的第二次布匿战争中使用的大象种类。这些大象要比我们如今所知的大象小得多，站立时肩高仅有大约 8 英尺。一些学者认为它们太小而无法在背上搭载塔楼，通常上面只会有它们的驭手，他们驱使它们向前，以图惊吓敌方步兵，使他们的马匹受惊，闻到它们气味的马匹有可能会脱缰，并从阵形中一路践踏过去。尽管这些战象相当小，它们的尺寸仍然比寻常马匹大了两倍不止，重量接

近3吨。驭手是印度人，至少在皮洛士的军中是这样，可能会装备一支长矛或是不少标枪，并且象背上可能还会有额外的披甲武士。这种动物巨大的体型搭配上驭手与骑手的武装辅助，更别提它的獠牙，这一切使得它成为一种强力的武器。

皮洛士派齐纳斯率领一支3000人的卫队先行，然后把剩下的部队装上他林敦派来的运输船。他们起航穿过亚得里亚海，正要在意大利登陆时，一场暴风雨突然从北方吹来。风平浪静的大海很快变成了冒着白沫的钢灰色群峰，船只可能卷起了帆，拼命地向岸边划去。天公不作美，大风刮了起来，直接吹向他们，几乎要把船撕成碎片。皮洛士的舰队处于无从抉择的境地，要么迎风行驶被撕裂成碎片，要么让自己被风吹回大海，那里汹涌的海水可能比狂风更加糟糕。

最后，皮洛士做了一件像是他会做出来的事。他非常勇敢，但事后回想起来，愚蠢得令人难以置信。他跳下船，向岸边游去，大概是相信风虽然可以作用在像船这样的大物体上，但对像单个人这样小的东西难以起到太大作用。结果证明他是对的。第二天黎明时分，皮洛士疲惫不堪，但还活着，登上了梅萨比人居住地区的意大利海岸。他林敦曾经寻求阿希达穆斯三世前来对付的就是他们。显然，比起他林敦人，梅萨比人更加憎恨罗马人，因此他们帮助皮洛士将残兵重新集结到岸上，包括不到2000名步兵与几名骑兵，而最初的20头大象仅剩2头。

这看起来不太好。大自然甚至在皮洛士的大军尚还未与罗马人交手前，就夺去了他的所有兵力。换个人面对这种情况，或许已经止步于此。但这位是伊庇鲁斯的皮洛士，再次降世的亚历山大大帝，一位坚定地相信自身伟大命运，并且在足以粉碎一支舰队的风暴中无畏地跳入大海的人。他耸了耸肩又向他林敦进军。在那里，齐纳斯率领的3000步兵先遣卫队加入了他的部队。

还记得梅顿的预言吗？它应验了。他林敦人不是最为遵纪守法的人，这从他们依赖外国指挥官为他们指挥战争就可以看出。这对皮洛士来说不适用，因为他需要他林敦人辅助战斗。他在等待被风暴驱散的船只驶来时，将注意力集中在了把他林敦人操练成形上。他关闭了公共健身房和散步场所，禁止饮酒聚会和节庆。他颁布了征兵法，征召他林敦公民效力于他的军队。他林敦人此前只想着皮洛士会一力承担他们的战争，因而许多人逃离城市，称他的法令是种奴役。没过多久，他大部分被风吹跑的军队就一瘸一拐地进了港口，皮洛士几乎恢复了他原先的兵力。

他林敦希望煽动起整个大希腊地区都起来反对罗马人，并向皮洛士许诺，许多部落将会蜂拥至他的旗帜下。皮洛士就指望着这一点。自60年前的拉丁战争以来，罗马一直处于与邻国几乎无休止的冲突之中，皮洛士完全有理由寄希望于罗马这么多的敌人会将他视为解放者，并热情地向他提供援助。但是皮洛士等了又等，很快意识到承诺的增援部队不会出现。我们不知道他为什么要出发，但从我们对这个性急冲动的人仅有的那一点了解来推断，他很可能只是失去了耐心，并且对自己的军队和成功的前景感到信心十足。

无论如何，皮洛士向着敌人进军。

罗马人的反应

皮洛士是一位希腊化国王。与大多数希腊化国王一样，他认为希腊文化是文明的巅峰。对他而言，罗马人只不过是粗鲁的蛮夷。"野蛮人"（barbarian）一词源自希腊语"barbaros"，一种嘲笑外国人不会讲文明的希腊语的侮辱性称呼。当他们开口讲话时，听起来就像是"巴拉巴拉巴拉"。

不幸的是，皮洛士在这点上大错特错。罗马已经是一个高度发达的文明国家，拥有同样发达的军队，从最初的重装步兵前身过渡到当时崭露头角的军团。

要悄无声息地让一支2万多人的军队横跨海洋，几乎是不可能的。罗马很可能在皮洛士被冲上梅萨比海岸之前就已经做好应对准备。他们移动位置以保卫他们在南方的殖民地，防止诸如伊特鲁里亚人这样的其他敌人与皮洛士联合起来对付他们，更重要的是防止他们的"盟友"变节。但他们采取的最重要行动，是派遣执政官普布利乌斯·瓦列里乌斯·拉维努斯率领一支军队南下，途中洗劫了意大利南部的卢卡尼亚（Lucania）地区。

关于拉维努斯的性格以及他所指挥的军队的细节，我们所知甚少。我们知道拉维努斯是公元前280年的执政官，我们知道他的氏族古老、杰出且高贵。根据我们对当时罗马执政官军队的了解，拉维努斯可能指挥着两个军团，每个军团大约有 5000 人。这加起来也只有皮洛士军队的一半，但这没算上伙伴部队。所以，当我们说拉维努斯率领两个军团南下时，我们真正的意思是，他率领两个军团以及同等数量的意大利盟军，大约有 20000 人南下。当你考虑到皮洛士在船难中损失的人员，他用培训的他林敦公民多少弥补了一些，然后对罗马的敌人们并没有带来期望的增援感到失望时，我们可以估计两军兵力大致相等，或者皮洛士略胜一筹。

当拉维努斯进军威胁他林敦的赫拉克里亚殖民地时，皮洛士在辛里斯（Siris）河附近的平原上占据了一处堵塞住通路的阵地，希望能保护该定居点。

"我们不久就能知道他们可以做什么"：皮洛士挖壕固守与拖延时间

皮洛士知道他处于相当不错的防守位置。他的军队部署在赫拉克里亚与潘多西亚（Pandosia）之间平坦宽阔的平原上，这是十分适合希腊化方阵的战场，他们需要这种在行进与战斗时最能保证他们凝聚力的地形。更妙的是，罗马人必须渡过一条河才能到达他那里，当军团步兵试图在河泥中站稳脚跟时，他们自己的阵形就会变慢并被打乱。我们不能确定 2000 年前的辛里斯河流速多快或者对穿着盔甲的人有多大的拉扯力，但试着想象不得不与你的袍泽们保持步调一致，透过湍急的河水看不到脚下的土地，迎面而来的是暴雨般的投射物——箭头、标枪或投石。你的凉鞋或靴子会被浸湿，里面可能会满是石子和沙子，一旦你再次踏上陆地，这些玩意儿可能会磨破你的脚。面对坚定的敌人涉水过河从来都非易事。

皮洛士知晓这一点，所以他坚守阵地，命令他的士兵挖壕加固。与此同时，他派人去给拉维努斯传话，自荐为罗马人与大希腊人民之间的调解人。没有必要进行战斗。他们可以用外交手段解决问题。拉维努斯送还的是被历史学家现今认为的典型罗马式答复："我们不接受你作为调解人，我们也不害怕与你正面为敌。"

皮洛士提出的和平解决方案不符合我对这个人的了解。每一份史料来源都把他描绘成一个头脑发热、野心无限的追求荣耀者，那么为什么他在处于有利位置且对自身部队富有信心时，会在开始战斗之前就退缩了呢？我相信皮洛士是在拖延时间，他希望如果他能把拉维努斯耽搁得足够久，许诺的增援部队就会到来。这感觉更像是一种战术行动，而不是真心希望不战而终。

一些学者认为皮洛士的防御姿态，不断加固他的阵地以及固守在河流的举动，都归因于他对在兵力上处于相当劣势的担忧。事实是我们无论对哪方部队的兵力数量都没有可靠的数据，而更合理的解释是，他坚守着优良的阵地，在那里他的方阵可以发挥最大的优势。开阔平坦的地形将有助于他们保持凝聚力，并迫使罗马人在投射物风暴的袭击下渡过这条河，使他们在对冲时陷入混乱。

普鲁塔克在描写皮洛士骑马到河边去观察罗马人的营地时给我们埋下了更多的伏笔。波里比阿对这一时期罗马人的营地有着极佳的描绘。罗马军队的营地就像小城镇一样，按照常规计划布置有预先指定的道路、按部队单位搭起的帐篷、挖开的沟渠、树立起的栅栏和塔楼。每一次罗马人行军时，都会制订出井井有条地建造这种营地的计划。

皮洛士见识到了这一点，他也看到了罗马士兵的纪律、他们的装备和岗哨设置。他转向他的朋友麦加克勒斯（Megacles）："在我看来，他们不像野蛮人。"他说，"不久我们就会知道他们可以做什么。"

这确实是高度赞扬。对于一个希腊化的国王来说，任何在希腊传统之外的东西都是无纪律且野蛮的，是需要驯服的野兽。看到罗马人像他自己的军队一样固守在自己的战线上，国王感到不安，他很可能第一次带着一阵疑虑重新回到自己的军队中。

渡河——赫拉克里亚战役打响

皮洛士知道自己的位置很稳固，他可能想着只要守住河岸，敌人就不会试图渡河。为此目的，他派遣了一支小部队去执行这项任务。我们不知道他们是谁，也不知道有多少人，但他们很可能是轻步兵散兵，或者椭盾兵。确保了河岸后，他转向其他事务，认为他有足够的时间等待他的盟友到达。

然而，天不遂人愿。

我们并不知道拉维努斯具体等待了多长时间，但我们已知皮洛士得到了警讯，很可能是经由他手下士兵的呼喊，以及投石或是标枪飞过空中的呼啸声。

罗马人涉水渡河。不是一支前锋小队，不是一次小规模突袭，而是该死的整支大军。

河岸边的小股部队知道，即使他们有着更好的地利，也无法抵挡住如此压倒性数量的敌人。由于害怕被包围，他们开始撤退。我把这支部队设想成罗德岛的投石兵和色雷斯标枪兵，他们把注意力集中在前方的威胁上，慢慢后退，喊叫声、士兵渡水时的叮当作响与溅起的水花声汇聚在一起，震耳欲聋。

等到他们听到蹄声时已经太迟。

突然间，罗马人在投射武器的干扰下仍要全面推进渡过河流的缘由一下子明朗起来。主力部队的渡河只是扰兵之计。拉维努斯派出了他的骑士，罗马高贵但不怎么老练的骑兵，从更远的渡口过河。这些骑兵中队已经跑到对岸，调转他们的坐骑冲入正在撤退的步兵的侧翼，这些步兵突然面临四面八方而来的威胁，顿时乱成一片。他们的阵地守不了多久了。

这是一场灾难。不仅是皮洛士的河岸守卫被打了个措手不及，其主力还在河岸高处。罗马步兵一旦占领河岸，就可以兵不血刃地登上干燥的地面。辛里斯河是皮洛士优势的重要组成部分，而他在战争一开始就濒临失去这一优势的边缘。

但皮洛士的反应并不慢。他立即命令方阵列队并开始行动，并亲自率领手下的3000名骑兵跑在他们前面发起了反冲锋。

古代的重装骑兵擅长向步兵单位的侧翼或后方进行冲击性冲锋，以撞倒单个士兵，或同其他骑兵交战，但他们在正面对抗列阵步兵时显得软弱无力。他们的马匹是明显的目标，除了极少数例外，这些动物并没有很好的装甲防护。步兵在命中马匹腹部上很难失手，他将马匹放倒的同时，骑手的性命就落到了他手中。随着罗马士兵几乎都渡过了河，皮洛士知道他正迎面骑马冲入一个艰难的境地。

但如果能够为他的方阵抵达河岸争取到足够多的时间，这一切就都是值得的。

这是一场地狱般的战斗。罗马人的战斗方式与皮洛士之前曾面对过的其他敌人不同。他们无所畏惧，毫无怜悯之心，贴近缠斗，以近乎自杀般的勇气不断发起攻击。罗马人是在被称为"勇德"（virtus）的一种无情的尚武英勇品质上繁衍兴盛的民族，而皮洛士只不过是诸多将会认识到这个对手即使明显战败也拒绝后撤的罗马敌手们中的一个。拉维努斯对皮洛士使节的回应不仅仅是虚张声势。他显然是认真的。

不久，步兵与骑兵会合，战斗变得凶险起来。皮洛士的骑兵是他手下最为优秀的部队，倘若他们在国王本人身边作战的话（李维称之为"神圣中队"）。但即使是他们，在面对罗马散兵一边后撤一边使用投射武器，或是用剑刺向马匹腹部时，也难免处于严重的不利境地。很快，武器与护甲更为优良的矛兵就会上岸，从而能够完全包围前冲的马匹，并从四面八方对其发起攻击，而骑手这时只能防御其中一个方向。

就在这个时候，皮洛士的朋友列昂纳图斯（Leonnatus）——我们知道他是马其顿人，但没有多少其他关于他的资料——喊出了声："小心那个穿白袜子、骑在黑马上的罗马人！他正看着你呢！"

皮洛士的应答是他的典型风格："如果我的命运就是被他杀死，那没什么好说的，但这对他来说肯定不会那么容易。"

几乎他的话刚一出口，那个罗马人就策马向皮洛士冲来。

这里接着的记述变得有点混乱。普鲁塔克告诉我们这位罗马人用矛刺穿了皮洛士的马匹，接着他自己被列昂纳图斯从下方用矛刺穿。然而，狄奥尼修斯告诉我们列昂纳图斯先用矛刺穿了罗马人的马，而当他倒下时，这位英勇的罗马人用矛刺穿了皮洛士的马匹。无论哪种方式，双方的马匹都被杀死，皮洛士的亲卫将他从战斗中拖出。这似乎是怯懦的表现，从我对皮洛士的了解来看，我怀疑他是否会对此感到高兴，但他也不是个傻瓜。他肯定知道他的死会粉碎他军队的士气。

结果这个勇敢的敌人原来根本不是罗马人，他是福瑞塔尼人（Frentani），来自意大利东海岸的一个盟友意大利部落，位于现代的兰恰诺（Lanciano）城镇附近，罗马在公元前319年的第二次萨莫奈战争中降服并迫使其成为盟友。普鲁塔克称他为奥普拉克斯（Oplax），并称他是一名骑兵军官。狄奥尼修斯称他为欧布拉库斯·瓦尔西尼乌斯（Oblacus Volsinius），并认为他是福瑞塔尼人中的一名重要人物。无论如何，这名男子很可能被俘获或杀害，尽管他对伊庇鲁斯国王进行了大胆的攻击，但在之后的资料中却消失得无影无踪。

"国王已死！"——战势突转

皮洛士与死神擦肩而过，这显然让他的小圈子感到不安，虽然我们不知道确切的原因，但我们知道皮洛士的朋友麦加克勒斯与国王交换了盔甲，可能是为了转移任何谋取他性命的进一步企图。也许皮洛士真的被他与那位勇敢的福瑞塔尼人之间的近距离接触吓到了，但这与我对他的了解并不相符。这个男人非常勇敢，更有可能的是麦加克勒斯在皮洛士其他亲信顾问的支持下，强行进行了这次交换。狄奥尼修斯特意描述了皮洛士的盔甲是多么华丽，他的紫色披风上金光闪闪。穿着它的人肯定就是国王。

但现在看来，皮洛士已经掌控住了战斗节奏。方阵已经逼近了罗马人，战线被锁死，罗马人面对着由放低的长矛组成的坚固铁墙无法取得任何进展。河流就在他们身后，罗马人无处可退，但他们顽强地战斗，寸步不让。皮洛士一定对他们惊人的毅力感到既敬畏又沮丧。尽管如此，皮洛士的方阵仍矗立在平原上，而罗马人未曾找到方法袭击方阵的侧翼或后方。皮洛士所要做的就是坚持足够长的时间，最终军团将会崩溃。

但接着，一切都颠倒了过来。

决心要赢得杀死国王荣誉的罗马人向身着皮洛士盔甲和披风的麦加克勒斯蜂拥而去。其中一个被普鲁塔克称为德克斯（Dexoüs）的人把他打倒了。觉得自己杀死了皮洛士的德克斯脱下了"皮洛士"的头盔和披风，把它们带给拉维努斯。"国王已死！"德克斯大叫一声，将头盔举过头顶来回挥舞："皮洛士死了！"

拉维努斯不是个傻瓜。他知道，若对这一说法表示怀疑将会损害他手下士兵的士气，而他表示认同也不会损失什么。而且他也没有理由怀疑。那的确是国王的头盔和斗篷。他命令将它们在军中游行展览，罗马人欢呼起来，他们汹涌地向前冲去。国王死了，这些伊庇鲁斯人还有什么可为之而战的？他们现在的勇气肯定已经垮了。

他们没有错。随着罗马人的态度振奋起来，伊庇鲁斯人及其盟友的斗志随之衰落。古代的士兵都很迷信，普鲁塔克早已拐弯抹角地提到过皮洛士可能拥有的所谓神力。如果他们的国王在第一次与罗马人的战斗中就被如此轻易地杀死，那么这也许意味着诸神偏爱敌人？皮洛士的军队从他们的家乡漂洋过海，来到外国领土，现在他们为之荣耀而来的那个人却消失了。矛尖低落了下去，持着盾牌的手臂也不禁低垂。方阵全线开始动摇，罗马人觉察到他们的优势，加紧向前推进。

皮洛士知道这场战争已经危如累卵。他的士兵一旦士气崩溃，他们就会逃跑。还记得在战斗中大多数伤亡都是在溃败中造成的么，一旦一方溃败逃跑，另一方就会追杀，无情地将逃跑的敌人击倒在地。这种情况下，即使是较弱的罗马骑兵也会表现卓著，他们会穿插入逃跑的伊庇鲁斯人中，在他们掠过时不断捅刺。

皮洛士仅仅是蜂拥在一起的成千上万人中的一个，他想要用吼声盖过这场激烈战斗中的喧哗咆哮显然是不可能的，但他无论如何还是尝试了。他冲到他的士兵前方，向他们显露他的面容，以他熟悉的音调向他们大喊一些诸如"我还活着！坚持住，我还活着！"之类的话。

如果你相信普鲁塔克的话——这招奏效了，伊庇鲁斯的军队在见到他们国王时集结了起来——但这是极不可能的。在战役重演中，尽管规模要小得多，而且很可能比赫拉克里亚战役要安静很多，但我依然看不清我前面的人，更不用说在战场来回驰骋的某个人物。我戴着头盔，盔甲叮当作响，同伴们大声呼喊。显然我只能听到最短距离的命令。

很可能发生的事情是这样的：普鲁塔克接下来叙述的事情，实际上才是这天拯救了伊庇鲁斯人的原因——战象终于发起冲锋。

我们无法忘记，当皮洛士在风暴后最终精疲力竭地登上梅萨比人领地时，他原先的20头大象仅剩下2头。但普鲁塔克给我们的印象是，舰队仅仅被风暴打散，而非完全摧毁，所以他在战斗时重新获得了这些大象。无论他拥有多少，而且哪怕它们是体型较小的阿特拉斯象，一旦目睹战象冲来，也足以让任何人吓得魂飞魄散，尤其是在此前从未见过大象的情况下。记住，古代人并不像我们现在这样崇尚科学，他们显然十分相信魔法与怪兽的存在。当这些巨大生物猛地冲入罗马人阵形的侧翼时，他们会想到什么？他们又会认为皮洛士掌控着什么样的巫术？尽管如此，罗马人并非胆小鬼，而且这些军团步兵都是经历过萨莫奈战争的坚定老兵。他们对恐惧并不感到陌生。即使战象从软肋处冲入，他们依然坚持住了。

但最终，罗马骑兵为整支大军做出了抉择。罗马士兵也许能够抵抗皮洛士战象的猛攻，但他们的马却不能。它们脱缰了，疯狂地穿过行伍，惊慌失措地向后方冲去，把步兵像是打保龄球一样撞倒在地。恐慌像野火般蔓延开来。片刻之间，罗马人的阵线随着步兵抛弃他们的阵形、丢盔弃甲、只剩下逃跑的念头而崩溃。

这是皮洛士在一场完全陌生的战斗中找到的熟悉感觉。敌人正在溃败，而他知道该怎么做。

他发出了讯号，他精锐的色萨利骑兵冲上前去追赶。我们不知道具体情况究竟是骑兵追赶逃跑的罗马人下了河还是就在岸上，军团步兵们是转过身来奋力反抗还是从后面被刺穿；我们只能从普鲁塔克的模糊描述中去了解，因其笼统的论述而愈加令人毛骨悚然：皮洛士以"大屠杀"将他们彻底击溃。

余波

一些学者并不将皮洛士在赫拉克里亚的胜利归功于方阵。毕竟是战象最终击破了敌军，而整场战斗的形势如同跷跷板一样摇摆不定，一时青睐拉维努斯，下一刻又转向皮洛士。这场战斗的结局也很容易倒向另一个方向。

但它并没有。皮洛士的方阵完成了它的使命：制造一个无法通过的致命屏障来牵制住敌人。亚历山大大大帝就是这样使用他的方阵的，牢牢地钉住敌人，从而让他的骑兵就位进行致命一击。在赫拉克里亚，皮洛士用他的大象完成了类似的行动。军团步兵们不断摔倒在水里和河岸松软的地面上，到处都是投射物，他们又累又怕，无法与伊庇鲁斯人的长矛匹敌，只能尽可能靠近，以便使用他们的短剑。方阵再一次证明，在良好的地形并且它的侧翼与后方得到确保的情况下，它是无可匹敌的。

古代文献中的死亡人数和军队规模几乎总是被过分夸大，但普鲁塔克不辞辛苦地在这里列出他自己的资料来源，并且我觉得有理由相信这一数字。皮洛士以付出 4000 名伊庇鲁斯战士的代价，大约杀死 7000 名罗马人，并俘虏 2000 人。当你把这些伤亡数量同现代战争作比较时，你就会愈加明白它们有多显著。2004 年，在伊拉克的第二次费卢杰（Fallujah）战役中投入的部队数量虽然较少，但伤亡人数按比例计算要低得多，英美部队中大约 107 人被杀，而基地（al-Qa'ida）组织士兵死亡人数为1200人。7000人不是个小数字。这几乎媲美一支大约有三个完整编制兵团的小规模师的人员数量。

双方的巨大人力损失都是惊人的，胜利的喜悦肯定使皮洛士感到高兴的同时，损失也一定使他担忧不已。与罗马人不同的是，他身处异国他乡，没有充足的兵员补充。事实已经证明，他在大希腊的盟友并不可靠，他很可能艰难地补充着自己单薄的行伍。更糟的是，大多数被杀的人都是他手下像是麦加克勒斯这样最年长的老兵军官。任何曾在军中服役过的人都知道，老兵是任何运作良好部队的核心。一个战士要在多年的服役历程中才能积累起面面俱到的本能和"软技能"。新兵蛋子，无论多么能干，多么富有天赋，只有当他们长时间在战争这口大锅里打磨后，才能达到他们这样的水平。

也许皮洛士寄希望于他不用担心这一点。毕竟，他已经赢得了一场决定性的胜利。即使到今天，关于他对罗马造成毁灭性打击的消息仍在传播。或许罗马人会认识到抵抗是无望的，他们会同意和谈。无疑，现在他们所谓的"盟友"会变节到他这边来。皮洛士很可能在察看死伤者的时候从这点上寻求自我安慰。

但像之后的汉尼拔一样，他也低估了罗马人的骄傲。

第五章

公元前 279 年的阿斯库路姆战役：
"再来一次这样的胜利，我们就将万劫不复。"

我们得知，双方各有 40000 人。皮洛士的大军损失过半，而罗马人仅损失了 5000 人。

——弗龙蒂努斯，《谋略》（*Stratagems*）

　　关于阿斯库路姆战役的细节并不多，但我们在其中一方面的状况稍好上一些：除了李维、狄奥尼修斯和普鲁塔克外，我们还有一些出自公元 1 世纪罗马元老院议员塞克斯图斯·尤里乌斯·弗龙蒂努斯（Sextus Julius Frontinus）的文章，这些文章阐明了一些涉及军队数量之类的问题；我们还有一些来自希腊历史学家阿皮安（Appian）的只言片语，他同样也生活在公元 1 世纪；以及出自与阿皮安同时代的罗马元老院议员卡修斯·迪奥（Cassius Dio）之手、涉及范围更加广阔的著作。

　　但即使有了这些额外的资料，阿斯库路姆战役仍然让人感到困惑不已。卡修斯·迪奥告诉我们罗马人获胜了。普鲁塔克则将胜利归于皮洛士，而狄奥尼修斯干脆没说谁获胜。普鲁塔克的记述是最有力的，尤其是当你考虑到他持重的伤亡人员数量和他对引用自己所拥有的资料的癖好。我给予他的记述以最大的信任，但前提是我完全意识到在这上面自己其实是如履薄冰。

皮洛士战争的第二次战役，与第一次有很大不同。为了正确地理解这次战役，我们需要考虑战役的背景。我将从赫拉克里亚战役后皮洛士信心满满地向罗马进军开始讲起。

谈判

如同汉尼拔后来将会学到的一样，罗马的征募体系擅长非常快地将民众武装起来。赫拉克里亚战役无论以何种标准来说对罗马都是一场灾难，但你从罗马的应对方式上根本看不出这一点。征兵机器几乎是立刻高速运转起来，补充新兵替补损失掉的人。

皮洛士一路向北前往罗马，他途经的每座意大利城市都高呼他为"解放者"，他的部队随着那些在萨莫奈和拉丁战争中被征服的希腊 – 意大利人和不满的罗马"盟友"的加入而日渐庞大。

皮洛士显然势头满满，他向北的辉煌进展，肯定让他觉得战争正在朝有利方向发展。尽管如此，远离家乡的他知道，罗马将是一个棘手难题。他派齐纳斯作为使节先行前往，试图协商和平条款。这些条件很慷慨。齐纳斯带去了许多贵重礼物，并且提出在不强迫罗马支付赎金的情况下，归还所有在赫拉克里亚被俘虏的囚犯。他甚至提出，要帮助罗马征服意大利。当然，罗马必须同意不干涉他林敦。罗马和伊庇鲁斯将会成为盟友。如果你见识过大多数古代战争的谈判，以及获胜者向失败者提出的要求，你会发现这些优待条件几乎令人难以置信。

但罗马人拒绝了。考虑到罗马在第二次布匿战争中表现出的献身与韧劲，或许这也就没什么可惊讶的了，但普鲁塔克讲述了一个关于此次拒绝的有趣故事。他说元老院倾向于接受皮洛士的提议，但在著名的罗马政治家，同样也是给予了罗马第一条大道阿皮安大道（Appian Way）的阿皮乌斯·克劳狄（Appius Claudius）面前羞于启齿。年事已高而且目盲的克劳狄本人被搀扶到元老院大厅，向元老院叫喊着拒绝与皮洛士和谈。"我曾憎恨失明，"他说道，"但现在，我恨不得自己连耳朵也聋了。这样我就不必听到你们使罗马蒙羞了。"

他对于与皮洛士和谈将会给罗马的敌人们壮胆并且贬低罗马自身神圣不可侵犯荣誉的论调显然引起了共鸣，元老院投票否决了齐纳斯的提议。他被派回给皮洛士，告诉后者只有在他带着他的军队离开半岛后罗马才会与他为友。他可以赢得一万次像赫拉克里亚这样的战斗，但只要他仍在意大利，他们就会同他奋战到底。

齐纳斯告诉皮洛士，罗马人征募士兵的速度和效率简直令人吃惊，他们已经补足了赫拉克里亚战役的损失，甚至比这之前更多。紧随这一消息而来的是罗马大使凯乌斯·法布里丘斯（Caius Fabricius），他是来确保赫拉克里亚战役的罗马囚犯得到释放的。皮洛士先是试图贿赂此人，后来又把一头大象藏在一面墙幔后面，让它走出来，从后方向法布里丘斯的头上吹气，以此来威胁他。法布里丘斯以前从未见过大象，据说他当时表现得非常平静。"你的金子没有打动我，"这个罗马人说道，"这个也一样。"

皮洛士极为赞赏法布里丘斯，提议他成为自己首要的伙伴（hetairoi）——这对希腊化国王来说是个显赫的头衔。"您会更希望我不要接受，"法布里丘斯说道，"因为一旦您的人民了解了我，他们将会更属意我而非您作为国王。"皮洛士对这句带刺的话不以为意，并让法布里丘斯带着俘虏返回看望亲属，条件是如果和平协议未能达成的话，他们要返回到皮洛士的监管之下。据普鲁塔克所言，这的确实现了，元老院给那些任何拒绝信守这一约定的人判了死刑。

普鲁塔克给出了更多关于罗马人荣誉重要性的证据，即使当这是针对他们自身时也是如此。皮洛士的医师曾向当时已经是执政官的法布里丘斯提议，愿意为他毒死国王，而法布里丘斯通知了皮洛士，告诉他，无论是对于朋友还是敌人他都有着糟糕的判断力，因为他选择了这个叛徒作为他的医生，同时又选择同罗马开战。法布里丘斯补充道，他将这告诉国王并非是为了成为他的朋友，而是因为他不想通过背叛取胜从而玷污罗马的荣誉。他想要在战场上击败皮洛士。皮洛士回敬以再一次不要任何赎金地释放了罗马俘虏。罗马人再一次拒绝毫无代价地接受他们，因为这在他们看来是一种友善的表示。为偿还皮洛士的人情，他们释放了同等数量的战俘，以提醒他直至他带着自己的军队离开意大利，他都不会收获任何友谊。

阿斯库路姆的崎岖丘陵

阿斯库路姆如今的名字是阿斯科利·萨特里亚诺（Ascoli Satriano），乃是东南意大利阿普利亚地区的一座城镇。其地理位置大约坐落在他林敦西北方120英里处，并且再延伸200英里左右就到罗马了，这肯定让罗马人感到不太舒服。这里是个多山地区，并被哺育了丰富植被的河流分割开来。简而言之，如同皮洛士很快将会发现的那样，这里对于部署方阵来说，并不是什么理想地形。

罗马人又派了一支军队去阻止皮洛士向北方推进，这支军队由四个军团和他们的辅助盟军组成，大约有4万人。弗龙蒂努斯认为双方军队大约在这个数量上相等，而其他资料中的陈述再一次向我们显示，皮洛士在人数上稍落下风。狄奥尼修斯认为双方都有大约70000名步兵和8000名骑兵，这显然是夸大之词。但狄奥尼修斯给予了我们皮洛士"作战序列"十分详尽的分解，这一现代军事术语被用于描绘军事组织的结构，而狄奥尼修斯在这上面的描述是可信的。

我们已知道，战场上的荣誉位置是在最右边，皮洛士把他的马其顿方阵兵部署在那里。他们的左边是来自他林敦的雇佣兵和来自安布拉西亚（Ambracia）的部队，安布拉西亚是希腊北部的一座城市，如今叫做阿尔塔（Arta）。接着是一支他林敦人白盾兵方阵。我们已经有了这样的印象：他林敦部队并不像皮洛士的伊庇鲁斯人或是马其顿人方阵那么好，所以这与我们早先的估计相吻合，即白盾兵部队被认为是较次级的部队。白盾兵旁边是来自南方希腊－意大利部落的布鲁塔人（Bruttian）和卢卡尼亚人（Lucanian）的部队。接下来的部队完全构筑起了阵线的中心：泰斯普罗提人（Thesprotians）和切奥尼亚人（Chaonians），这些人都来自伊庇鲁斯的地区，位于如今希腊的东北部。此外还有希腊雇佣兵部队，埃托利亚人（Aetolian）、阿开尼亚人（Acarnanian）和阿塔马尼亚人（Athamanian），都来自北希腊/伊庇鲁斯的地区。皮洛士的左翼是由萨莫奈人组成，萨莫奈是意大利中南部的一个部落，据推测是变节的罗马盟友。狄奥尼修斯特别提到了一个重要的细节：萨莫奈人装备了"椭圆形的盾牌"。轻盾是圆形的，所以尽管狄奥尼修斯将萨莫奈人的部队称为方阵，他们的武装很可能和椭盾兵一样。还记得我们之前看到过的格拉提乌斯和李维的单词替换么：格拉提乌斯在提到"saris"时使用"contos"，李维用"caetra"来指代"peltē"。在这里使用的"方阵"一词很可能也只是指代一群重装步兵，也就是萨莫奈人的椭盾兵。

皮洛士用骑兵掩护住他的侧翼，并且将他的轻装部队和战象分为两队列于两翼之后。狄奥尼修斯告诉我们，皮洛士同他的 2000 名先锋骑行脱离战线，准备填充到任何需要他的位置上去。

狄奥尼修斯关于罗马人作战序列的记述同样详细。他们将第一军团布置在他们的左翼，正对着马其顿人、安布拉西亚人和他林敦白盾兵。接着是第三军团，面对着布鲁塔人和卢卡尼亚人。在他们之后是第四军团，面朝着伊庇鲁斯方阵。罗马人的右翼由第二军团充任，其部署方位对着希腊雇佣兵和萨莫奈人。罗马人带来了众多来自意大利盟友部落的部队——拉丁人、坎帕尼人（Campanian）、道尼人（Dauni）、翁布里人（Umbrian）、沃尔斯奇人（Volscian）、马鲁西尼人（Marrucini）、佩里格尼人（Peligni）、福瑞塔尼人，以及其他部族。这些部队被分为四"翼"，点缀在军团之间，不过狄奥尼修斯并没有详细说明这四翼具体如何部署。罗马人由执政官普布利乌斯·德西乌斯·穆斯和普布利乌斯·苏尔比基乌斯·塞维鲁斯（Publius Sulpicius Saverius）统率。

德西乌斯的父亲与祖父全都自我"献身"（devotio），这是一种罗马传统，那些正在损失军队的指挥官会迎面冲向敌军，尽管明知这无异于自杀。这样的行为被认为能够带来诸神的青睐，诸神会扭转战局，并赐予罗马人胜利。很显然，这样的行为对于皮洛士的部队来说是个打击。所以传闻德西乌斯计划在这场战役中献身时，皮洛士给他传达了消息，告诉他如果他试图这样做，皮洛士将会保证他被生俘并受到虐待。罗马人回复德西乌斯无需实施献身，因为他们并不会失败。

罗马军队部署在坚固的防御阵地上。从某种意义上说，这是赫拉克里亚战役的翻版，而这次换成罗马人守卫一条湍急的小河。对于两军花费了多少天互相观察，我们的史料记载得并不确切。但卡修斯·迪奥告诉我们，"为了使双方部队不受损伤地相遇，从而在条件相同的环境下让这场战斗真正成为勇气的试金石"，皮洛士让罗马人渡过了河。卡修斯·迪奥说，这是因为国王确信他的大象会获胜——但这显然讲不通。皮洛士不是傻瓜，如果没有必要，他不会放弃进攻渡河的罗马人。在赫拉克里亚，他就曾试图控制河岸，阻止罗马人过河。他失误地在河岸上部署了太少守卫，并且对河流下游是否有可供敌人渡过的浅滩侦察不足，但他仍然清楚地意识到将河流作为防御屏障的重要性。所以，为什么他这次会这么简单地让罗马人渡河？

皮洛士可能一直在试图找到更好的地方来部署他的方阵。随着蜿蜒的水流冲走土壤，留下的障碍物暴露在外面，山体往往会由于被树根和石块破碎的水流导致的部分水蚀作用而变得愈加向着水面方向倾斜。不平坦的地面是方阵最大的敌人，会削弱方阵的凝聚力，因为方阵士兵会被岩石或倒下的树木绊倒或者被迫迈步绕过和翻越这些障碍物。我们所有的资料来源都认为，阿斯库路姆对于方阵来说是个糟糕的战场，而皮洛士可能认为，通过接受罗马人渡河的要求，他可以将他的军队撤退到远离河岸的更平坦的地方，那里会更适合他部署方阵。

还有其他一些证据可以证明这一点。狄奥尼修斯的记载表明，皮洛士将他的方阵排成一条不连续的战线，盟军部队位于伊庇鲁斯部队和希腊部队之间。意大利部队可能不那么可靠，甚至可能没有马其顿式的武装。这种不连贯的部署可能是对恶劣地形的一种应对方式，是为了让缓慢且笨拙的方阵稍微灵活一点儿。这样的推断，比认为皮洛士把所有的信心都放在大象身上要言之有理得多。

无论如何，皮洛士的确允许罗马人渡过了河，结果却发现罗马人找到了对付他的大象的办法。他们建造了满载投射部队的战车，并装备了反大象装置。我们尚不清楚这些装置的具体工作原理，但它们似乎是吊车或长杆，上面装有刀片、抓钩和燃烧的火把，所有这些设计的目的要么是为了相对降低大象的高度，要么是为了使它们惊慌失措在己方部队中横冲直撞。一匹惊慌失措的马若被伤口的疼痛逼疯了，或者被巨大的噪音吓坏了，可能会把骑手甩出去或者脱缰，甚至践踏友方的士兵。但当大象做出同样的反应时，可能会把整个阵形撕成碎片，迫使士兵们抛弃凝聚力，让开道路，否则就可能会被3吨重的大象踩扁。随后的战斗将会表明，战象无论是对己方还是敌方都有可能构成巨大的威胁。

冲锋与反冲锋——开战

双方阵线依照着他们的传统交战。皮洛士的方阵放平他们的长矛，试图构筑起一道罗马人无望突破的阵线。罗马人投掷他们的标枪，试图让方阵士兵放下盾牌，或是杀伤足够多的方阵士兵，让他们无法攻破防线。随后，他们会拉近距离，使用致命的短剑。罗马人很担心大象，他们对赫拉克里亚战役记忆犹新，并且作战十分勇猛，决心在那些怪兽被部署好之前结束一切。

皮洛士把象群藏在侧翼，隐蔽在骑兵后面，再发起冲锋。他们遭遇到罗马和盟军骑兵，两翼战线进而爆发混战。皮洛士的骑兵以马其顿的方式战斗，不停地转向，来回地冲锋。而罗马骑兵的作战方式更像是步兵，他们勒住马匹的缰绳，坚守住他们的阵地。皮洛士很可能知道他的大象会对马匹产生什么样的影响，会迫使它们像在赫拉克里亚一样逃跑，所以他等到骑兵的战斗开始后才命令它们进场。

但是，当对决的骑兵群散去后，罗马人的反大象战车显露出来，而皮洛士几乎刚把他的象群部署好，它们就被阻挡住了，接着陷入一片混乱。如同狄奥尼修斯告诉我们的那样，当罗马人把绑在长杆上的燃烧火把捅向它们时，"将带火的抓钩插入它们的眼中"，这些巨大的野兽咆哮着，成群结队不分敌我地到处践踏。战车里还挤满了投射部队，最有可能是投石兵和标枪手，他们向大象投掷了大量的投射物。对于大象这么巨大的动物来说这些攻击如同针刺，但是如果你将这些针刺累积得足够多，你就能使大象发疯。

但皮洛士已经预料到，即使没有反大象战车，至少也会有其他招数对他最宝贵的军事资源产生威胁，因而在他的战象间部署了轻步兵。接下来的故事取决于你相信哪个资料来源，因为它又开始变得混乱不堪。要么是皮洛士将他的战象转移到了他战线的另一边，要么是这些轻步兵向反大象战车以牙还牙，不断杀死和重伤他们的成员。我在第三章中提到过皮洛士的罗德岛投石兵。这些战士有着令人难以置信的准头，并且能够保持稳定射出大量的铅弹和石块。不久，拉动战车的牛被打死，或因伤痛而失控，挣脱缰绳疾奔逃离。车上的乘员稍后也相继崩溃，为了安全逃向罗马军团步兵，打乱了他们在战斗中的凝聚力。

无论大象和马车的实际情况如何，史料大多同意，这两条战线正面碰撞在一起，罗马人要么缓慢地击退皮洛士的军队（如果你相信卡修斯·迪奥），要么破坏了他们的战线（如果你相信狄奥尼修斯）。

甚至连他们战斗的场地性质我们也不清楚。普鲁塔克告诉我们，皮洛士进行了一次夜间急行军，派出一些轻装部队、投石兵和弓箭手，占领了"战场的不利地带"，包围了罗马人并且迫使他们在平地上交战。如果这是真的，那么罗马人就犯下了不可原谅的错误。他们拥有在赫拉克里亚同方阵交战的经验，他们对阿斯库路姆战场的选择很可能至少在一定程度上基于他们对于方阵在平地上运行得最好的理解。即使是在这个时代，罗马人的纪律和对细节的关注也已名声斐然，他们不会仅仅因为晚上很累而让自己被赶出至关重要的地形。狄奥尼修斯描述了皮洛士决定在他的希腊与伊庇鲁斯方阵兵之间散布盟军。一些学者认为，这个决定是为了增添机动性和灵活性，甚至不惜以牺牲凝聚力作为代价，而我们知道，凝聚力对方阵至关重要。如果他已经拥有他想要的平地，那为什么还要这么做？这使人不禁对普鲁塔克关于这些事件的说法生疑。

无论主力步兵部队交战情况如何，很明显，罗马人在最开始的时候占据了优势。狄奥尼修斯告诉我们，双方军队的右翼都更强大，分别击退了对面敌人的左翼。这很合理，因为如同我们在上文论述过的那样，更为精锐的部队通常都部署在右翼。狄奥尼修斯专门提到皮洛士的马其顿人表现出众，他们击退了第一军团和他们的拉丁盟友。罗马第二军团，在他们己方的右翼，在与皮洛士的伊庇鲁斯方阵兵交战中占了上风。

战斗形势稳定了下来，罗马人稳步推进击退皮洛士的部队，直至要么皮洛士觉得他的方阵正处于崩溃的危机时刻，要么罗马的第四军团击溃了皮洛士的布鲁塔人和卢卡尼亚人盟友（取决于你相信哪个资料来源），他前去介入。

狄奥尼修斯告诉我们，皮洛士把他的大象全部投入"战线处境困难的部分"，这很可能是布鲁塔人和卢卡尼亚人所处的位置。卡修斯·迪奥告诉我们，皮洛士把他的大象移到了战线的另一边，这给人的印象是大象被用在了战线的侧翼，而不是像狄奥尼修斯暗示的那样，用于弥补战线上的破洞。

从故事戏剧性的角度来看，我喜欢第四军团突破布鲁塔人和卢卡尼亚人这一说法，虽然在混乱的战局中肯定发生了一些变化，因为在最初的阵容中同他们对抗的是第三军团。除萨莫奈人外，我们对于这些皮洛士的盟友如何武装一无所知。马其顿式方阵无疑是当时主流的步兵作战样式；大希腊的民众不可能不知道它，他们的装备与训练方式很可能同希腊化方阵步兵一样，尤其是当我们考虑到狄奥尼修斯将他们称为方阵时。但我们不能排除他们完全以重装步兵或椭盾兵，抑或是其他别的形式武装的可能性。

但是请耐心点儿，因为这是我所喜欢的故事。罗马人在赫拉克里亚作战的大部分时间都困在了辛里斯河的岸边，被皮洛士那不可思议的枪林推了下去，无法与敌人搏斗。每个军团步兵只有两根标枪，一旦投完，就只能向着能把人逼疯的浓密金属矛尖冲去，拼命地试着折断矛尖或者把它们从持握者的手中扯出，或者寄希望于通过速度与敏捷甚至只是盲目的运气，利用他的护盾和盔甲保护周全直至接近到足够自己使用特技的地方，也就是军团步兵进入到他能够最方便地挥舞短剑的 2 英尺范围内。

我想也许军团从赫拉克里亚那里汲取了教训。他们也许已经搞清楚了，只要通过将盾牌环环相扣，及时出击，就能有足够长的时间抵挡住敌人的捅刺，从而接近敌人。也许他们想了个法子，佯装放低盾牌吸引矛尖捅向没有防护的脸部，接着急速冲入，猛地把盾牌往上一拉进行掩护。这是一个需要重演者和实验考古学家来回答的问题。不幸的是，想要在准确条件下重现很难，首先是因为很难找到接近实际人数的重演者，让成千上万人处于同一个战场并检验他们对于作战的影响，其次是因为在任何接近真实生活条件下模拟这个都是非常危险的。

所以在又一次缺乏资料的情况下，我按我最喜欢的方式讲述这个故事。第四军团的英勇的青年兵急于向他们身后的壮年兵们展示，他们虽然可能还年轻，但他们并不是懦夫，他们从矛尖间挤进去，许多人发出尖叫然后倒下，铁尖穿透了他们的盾牌、胸肺和血肉。但那些没有倒下去的人成功突入进去，战斗突然就发生了戏剧性的变化。在方阵内部，罗马人的剑是主宰者，拥挤在一起的躯体使得后方的方阵兵不可能有效地选择目标。刹那间，方阵士兵会感觉到罗马人的盾牌砸向他自己的，下一刻，他就会看到军团步兵燃烧着怒火的双眼，他的敌人离他如此之近，以至于他能闻到对方的呼吸。然后，当士兵把短剑刺进方阵士兵的腹部、腋下或脸上时，疼痛就来了。

方阵兵本来就不擅长近战。片刻之间，所有的凝聚力土崩瓦解，布鲁塔人和卢卡尼亚人慌乱成一团，四下逃命。他林敦人的部队在见到他们的希腊－意大利同伴逃离时，认为战败了，他们也开始后撤，竭尽全力地逃跑。这进一步证明白盾兵是较为低劣的部队。

我无须夸大说这有多严重。战线上的漏洞在古代往往意味着战败，对于方阵来说无疑更是如此，因为其一切效力都取决于凝聚力。皮洛士行动迅速地派遣他的先锋，甚至从他的右翼抽调骑兵加入他们以堵上这一缺口。

我之前提到过，在古代战争中，骑兵面对重装步兵通常处于劣势，但皮洛士的这一举动似乎扭转了局势，使他的阵线免于崩溃。也许是因为这支骑兵的核心是他部队中最为出色的，他精锐的先锋；也许是因为罗马人为打破皮洛士的阵线付出了超人般努力，之后变得筋疲力尽且杂乱无章。很可能是两者共同的作用导致了这一情况出现。可以想象，一名年轻而又缺乏经验的青年兵，激动且震惊于他们终于成功完成了他们疯狂的冲锋。他们满怀敬畏地注视着方阵兵的溃逃，耳畔回响着他们壮年兵战友们的高喊和欢呼。

然后就是马蹄重击地面的声音，而不等他们有片刻喘息的时间，皮洛士最优秀的骑兵已经向他们冲来。青年兵们既疲惫又毫无准备，仍在庆祝着他们成功的突破。他们像麦子般被放倒，被马蹄践踏，被长矛穿刺，他们的胜利突然变成了令人震惊的战败。我想象着青年兵以他们所能实现的最佳纪律后撤，退回到作为生力军的壮年兵后，这些年长的士兵在这之前都曾面对过骑兵冲锋。他们迈步向前，封锁住缺口，从而再次使得战线稳固起来。

但这次反冲锋肯定动摇了罗马人，皮洛士会见到稳固的战线现在给予他这边优势，而罗马人随着他们疯狂冲锋的失败开始踌躇。

但接着他听到他后方传来大喊，一切都跌向了谷底。

"神意显兆"：皮洛士的营地着火

当我们谈到"军营"时，大多数人想到的是现代的野战营地，由一排排脆弱的帐篷组成。你在一个古代军营里同样有望见到这些东西，但也有一些显著的不同。首先，他们通常用栅栏或是壕沟与护道来加强防御，而且常常是三者全都用上。但更为重要的是，古代的军营经常更像是小型城镇，有着许多我们在现代军事基地中根本不允许的舒适设施。古代军营内部以及周边经常能见到商贩、妓女、儿童和逢迎者，他们会同大军一道行进，出售他们的服务或是尾随着他们赶赴战场的丈夫、情人或父亲。

更重要的是财产。古代的士兵是有报酬的，但是无论是一开始签约参军，还是在遭遇困难时仍然坚持战斗，掠夺战利品都是一项占据主导地位的动力，士兵可以在一次成功的战役中发家致富。而在银行出现之前的年代，军队上战场作战时，这些战利品——钱币、偷来的商品、牲畜和奴隶——都会储存在军营里。对许多士兵来说，他们所有的东西都储存在营地里，一旦失去军队的"辎重"，毫不夸张地说，他们会一贫如洗。

因此，当传信的骑手来到皮洛士身边，告诉他营地着火时，他说的可不仅仅是一堆帐篷。

原来，罗马人来自阿普利亚的盟友道尼人，在试图攻击皮洛士军队的后方时，无意中发现了皮洛士的营地。皮洛士留下的营地守卫薄弱，因为他试图将尽可能多的部队派驻到战场上。

这是一大队道尼人，大约有4000名步兵和400名骑兵，皮洛士立即派遣了他的一些战象以及所有能够抽调出的骑兵火速前去救援。4400名敌军可不是小数字，我相当怀疑皮洛士临时拼凑起来的救援部队究竟能够起到多大作用，尤其当他们来自一场正在进行中的战斗时，肯定身心疲惫而且伤痕累累。即便如此，如果他们能够及时赶到，他们至少有机会驱赶走道尼人。

骑手们竭尽所能地逼迫他们疲惫的坐骑，但闪耀至天空的火光告诉他们，已经太迟了。烧毁的营地被搜刮一空，道尼人留下的只有他们的仆从与爱人的尸体。

接下来发生的事又一次变得含糊不清。狄奥尼修斯说，道尼人撤退到一处十分陡峭的高峰上，以至于皮洛士派去拯救营地的部队无法攻击他们。卡修斯·迪奥告诉我们，战象与骑兵突然向营地方向上离去，使得方阵中的士兵知晓了刚刚发生的事情，并且在片刻之间，阵形随着士兵们担忧他们的个人财产被偷走、他们的旅伴被屠杀而开始动摇。罗马人开始缓慢地回推，趁机对因营地遭受劫掠而分心动摇的敌军发难。现在，有些方阵兵不断回头观望，试图看清他们身后地平线上的景象。他们见到烟了吗？他们听到呼救声了吗？你可以想象到罗马军团抓住了这一时机，在敌人注意力分散的刹那急速前冲，接近到致命的距离。没过多久，方阵再次陷入危急，随着缺口打开，越来越多的罗马人涌了进来。

没有办法，皮洛士只能亲自奋起冲锋，率领着他剩下的精锐卫队，决心把战斗扭转到对他有利的局面。他毫无疑问像狮子一样英勇战斗。关于皮洛士个人的勇武有着大段记载，这一点可以从他的手臂被一根标枪重创这一细节得到佐证。标枪是投射武器，但射程相当短，大约 50 英尺，这意味着国王必须在战斗最激烈的地方，甚至可能在最前线，才会受到这样的伤。

与此同时，他剩余的骑兵和大象最终转向了罗马的侧翼，像"汹涌的巨浪或是猛烈的地震"一样冲进了他们的战线，普鲁塔克如是说道。罗马人没有希望抵挡住这次猛攻，他们别无选择，因为"坚守阵地只会白白牺牲，或者说遭受这所有最痛苦的一切却没有任何益处"。我喜欢这句引言，因为它很好地总结了我在第一章中对坚守还是逃离的决断。看到一位古代作家如此清晰地描述恐慌反应是件很有意思的事，而且也确实有助于读者理解古代士兵的感受。

最终，罗马人退出了战场，以良好的秩序撤回了他们的营地。这并非是像赫拉克里亚战役那样的溃逃，但他们让皮洛士占据了他曾如此为之努力奋战的血腥战场。这又是一场艰苦的争斗，而方阵再次获胜。

余波

正如我之前说过的，古代的资料以极为夸大军队规模和伤亡人数而臭名昭著，阿斯库路姆战役也不例外。如果我们相信普鲁塔克提及的现今已经遗失的狄奥尼修斯的一段文章，那么有超过 3 万人被杀，当你考虑到这会使双方的伤亡率达到约 50% 时，显然让人难以置信，当然这取决于你相信有多少士兵参与此战。弗龙蒂努斯同样夸大其词，说皮洛士损失了他一半的军队。普鲁塔克自己给出了一个更可信的数字，他引用了皮洛士本人的记述和公元前 3 世纪色雷斯将军卡迪亚的希罗尼穆斯（Hieronymus of Cardia）的话，罗马人死了6000 人，比皮洛士损失的一半多一点。

狄奥尼修斯告诉我们皮洛士军队的状况变得极为糟糕，因为他们的营地被摧毁了。伤员们没有栖身之所，没有食物，甚至连毯子和绷带之类的基本物资都没有。许多伤员——如果他们的伤口能够得到治疗，或者至少能够持续得到喂食和温暖本可以活下来的人——死去了。

对皮洛士来说，这是一场胜利，但是看着他的营地废墟，听着他受伤士兵们的哀求，很难认为这真的是一场胜利。普鲁塔克告诉我们，在这时，皮洛士的一个随从祝贺他的成功。皮洛士审视着他周围的破败景象，他所赢得的差点成为他埋骨之地的战场上仍然散落着朋友和敌人的尸体。"再来一次这样的胜利"，他说，"我们就会万劫不复。"

这句话引申了一则术语"皮洛士式的胜利"，意思是付出太大代价的胜利和失败一样的糟糕。我们在近乎 2300 年后仍在使用这一术语。

不幸的是，对于皮洛士来说，更糟糕的还未到来。

第六章

公元前 275 年的贝尼温敦战役：
皮洛士的最后一搏

不仅如此，由于他胆敢把手伸向神圣的献金，并将它们作为军费，诸神干脆让他一事无成，好让后世的效仿者吸取教训。

——哈利卡纳苏斯的狄奥尼修斯，《罗马古事记》(*Roman Antiquities*)

无论是否是皮洛士式的胜利，阿斯库路姆战役依然是一场胜仗，伊庇鲁斯的国王现在已经打赢了罗马人两次，让他们抱头鼠窜。如果好好出牌的话，最终胜利或许会落入他的掌控中。

但接着他却惹怒了众神。

如今我们觉着"傲慢"(hubris)一词只不过是骄傲或自大的老式叫法。但对于古代希腊人来说，这可是件重要得多的事，可能会招致复仇女神涅墨西斯(Nemesis)的责罚。时至今日，我们依然使用"天罚"(nemesis)一词来表示"你最厉害的敌人"。

那耳喀索斯(Narcissus)的传说，从中诞生出了我们现代对于自恋的贬义词"narcissism"，就是一个傲慢－涅墨西斯式的故事。伊卡洛斯（Icarus）的飞行可能称得上这些故事中最知名的例子，作为代达罗斯（Daedalus）儿子的他，使用父亲制造的翅膀飞得太高，结果被太阳融化了翅膀，最终坠落而死。这个故事指出了傲慢的代价——人类只应飞这么高，更高的领域属于诸神。

对傲慢－涅墨西斯概念的最佳总结源自于科幻小说作家皮尔斯·布朗（Pierce Brown）——"纵有扶摇凌绝日，一着不慎堕泥潭。"（Rise so high, in mud you lie.）光荣的皮洛士国王就是如此，他作为国王迅速崛起首先是在希腊和巴尔干半岛，然后是在意大利，很快又把目光投向了非洲，现实世界中这与伊卡洛斯的飞行神话完全一样。诸神自然会留意，并让他付出代价。

有关这部分的记叙，我们大部分资料都是这样描绘的，其中狄奥尼修斯叙述得最为深刻。但这也是为什么我们要对其持怀疑态度。皮洛士的陨落非常完美地贴合希腊傲慢故事的情节要点，以至于你不得不怀疑，这些事实是否已被扭曲以符合流行的叙事风格。普鲁塔克不仅是在写一部历史书籍，同时还是在做道德文章。

要了解皮洛士的陨落和贝尼温敦战役，我们必须先仔细审视他前往战场的漫长过程，随着皮洛士把目光集中于西西里以及横跨地中海的利比亚海岸。

全力以赴或索性放弃：前往西西里后再次返回

阿斯库路姆战役让皮洛士灰头土脸，他带领他的军队回到他林敦重新整编，充实军备，最重要的是，招募新的士兵来弥补他的巨大损失。

在他恢复元气时，两名使节抵达了，各自带来了一个独特的机会。其中一个来自马其顿。波基尤斯（Bolgius）率领他的高卢人入侵巴尔干，马其顿国王"霹雳"托勒密骑行前去同他交锋。托勒密被从他的大象上丢下，高卢人砍下了他的头颅，将之插在矛上到处展示。马其顿麻烦缠身。它现在需要一位国王而皮洛士之前曾统治过那里。他会回去再次尝试争夺这一地位吗？

另一位使节来自西西里的希腊民众。阿加托克利斯（Agathocles），这位保持了岛上和平的暴君，已经死了10年了，而这座岛现在受到敌人环伺。两个最大的问题，一是迦太基人，也就是将会给予我们汉尼拔和对罗马的布匿战争的那个民族，另一个是"战神之子"（Mamertines），一群由阿加托克利斯从坎帕尼亚（Campania）带至南意大利的意大利雇佣兵。在阿加托克利斯的叙拉古城邦同迦太基议和后，这些雇佣兵就在周边徘徊，恐吓那些他们曾为之奋战的民众。

皮洛士似乎比历史上几乎其他所有人都有更多的机会。先前他被邀请来统治意大利南部，现在又被邀请统治另外两个地区。这两个机会都意味着硬仗。高卢人不会就这样收拾行装挪窝，战神之子和迦太基人也不会，而他只有一支军队，所以皮洛士必须考虑哪个机会对他更有利。

可以理解的是，他林敦人感到害怕。他们把他从伊庇鲁斯请过来，是为了打败罗马人，而他在这里打了两场胜仗之后，又考虑前去发动一场完全不同的战争，留下来一支守备部队。他们开始抱怨，要求他要么了结他对罗马的战役，要么离开，让他们自谋生路，但他两样都拒绝了。他将离开去追求他的财富，并在他自己觉得合适的时候回到他林敦。他留下的士兵让他们在做出任何回应前都要三思而行，这使得梅顿关于他林敦人会后悔邀请他的话预言成真。记住这点不是件坏事：皮洛士是一位光荣且英勇的领袖，但他并非无私。他的征服不是为了让世界希腊化，也不是为了让他的臣民过上更好的生活。它们都是关乎于皮洛士切身利益的，而且只关乎于皮洛士自己。

最终，皮洛士动身前往西西里。普鲁塔克告诉我们，这一决定背后的主要驱动力是他渴望利用这座岛作为跳板最终征服利比亚。迦太基人从蒸蒸日上的航海贸易中获取了惊人的财富，很可能正是这一点影响了皮洛士的决断。也有可能是新事物的诱惑。他已经当过马其顿的国王，而非洲却是一片新领域。这显然符合皮洛士的性格，这个男人对天数命运自我感觉良好，无论走到哪都在追求荣誉。

最初，他实现了在西西里的天命。他粉碎了迦太基人，把他们赶出了这个岛的各个角落，使其仅剩下一个据点——利利巴厄姆的巨大要塞，这里是现代的马尔萨拉（Marsala），位于这座岛的最西角。普鲁塔克告诉我们，在围攻俄依克斯时，手持战剑的皮洛士是第一个攀上城墙的：

他同许多敌人交战，其中有些人被他从城墙两边推下去，摔在地面上，但大部分人都被他用剑砍死，尸首堆积在他周围。他本人没有受到任何伤害，但这对他的敌人来说却是一个可怕的景象。他证明了荷马的观点是正确的，完全有理由说，勇敢，有别于诸多美德，往往展现为归因于神力加身和疯狂迸发出的激情。

这就是皮洛士真正的样子。傲慢、英勇、嗜血而且充满荣耀。

正是这种傲慢导致了皮洛士的毁灭，此后他做出了一系列糟糕决策，其军事生涯逐渐倾颓，开启了漫长的战败历程。

在对迦太基和战神之子取得大胜后，皮洛士把他的注意力转向西西里的最西端。

世界上不存在坚不可摧的堡垒，但所有记录都说利利巴厄姆很接近这一目标。当迦太基人提出，如果皮洛士撤离利利巴厄姆，就把整个西西里让给他时，他也许应该接受这个提议。我们不清楚他为什么不这么做，但史料似乎指向来自西西里 – 希腊盟友的压力，尤其是叙拉古人。普鲁塔克似乎认为，对利比亚的渴望是皮洛士拒绝的原因。这种解释更符合我们对皮洛士人格的认知。

无论如何，皮洛士的确拒绝了，他很快就发现自己犯了大错。城墙挺立，城市能从海上得到补给，而迦太基庞大的舰队控制着海洋。皮洛士试图通过征税来壮大自己的舰队，导致西西里的希腊人对他的怨恨与日俱增。普鲁塔克告诉我们，皮洛士对于他的课税并不仁慈，"现在他不再是一个受欢迎的领袖，而是一个暴君，在他严厉的名声上又增添了忘恩负义和不可信赖。"

随着对皮洛士的怨恨和反抗日益增长，一位来自他林敦的使节到来了。皮洛士已经离开了将近3年，罗马人逐渐收回了他在意大利取得的大部分成果，包括公元前280年他第一次胜利的地方赫拉克里亚。皮洛士见到他在西西里不再受欢迎，就又一次索性放弃，启航再次前往意大利。

这里浮现出的皮洛士形象是两面性的。皮洛士有在战斗中拒绝认输、不畏会使大多数人屈服的挫折、坚持到底、英勇奋战的一面。但这是战术上的皮洛士，专注于他所身处的战斗。而战略上的皮洛士，步步后退，纵观他整个战争生涯的全貌，给人的印象是急躁而且反复无常，甚至在形势变得稍微艰难的时候，他就会溜走放弃。我喜欢对皮洛士的这种剖析。就像我们所有人一样，他是复杂且充满矛盾的，往往在数息之间就完成英雄与蠢货之间的转换。

倾颓与陨落

皮洛士的厄运以史诗般的方式延续着。首先，他在扬帆返回意大利的途中撞上了迦太基海军，然后，他上岸时又受到了来自战神之子的分遣部队的骚扰。在这里，皮洛士又一次表现出了自杀式的勇敢，他骑马回到他的军队后方前去击退战神之子。头部受了重伤的皮洛士不顾亲卫的反对，接受了决斗挑战。

甩掉他们后，普鲁塔克告诉我们皮洛士"满怀愤怒、面容狰狞、血迹斑斑地"骑马冲向这位战神之子勇士，并且从字面意义上地将这个人砍成两半。

皮洛士遭受了巨大的损失，到达意大利时遍体鳞伤，处境尴尬，极度缺乏重建军队以对抗罗马人所需的资金。

接下来就到了皮洛士故事中傲慢主旋律的症结所在。意大利南部的洛克里有一座供奉冥后珀耳塞福涅（Persephone）女神的神庙，这座神庙拥有丰富的财物，可能是源于多年来的神庙奉献。以电影《夺宝奇兵》（*Raiders of the Lost Ark*）的形式，皮洛士劫掠了这座神庙，结果可想而知，至少从古希腊人的角度来看是这样。

他把金子装上船后，他的舰队被一场突如其来的暴风雨摧毁了，几艘船沉没了，更多的人丧生。狄奥尼修斯告诉我们，金子尽管很重，但不知怎的，它还是被冲到了遭劫的洛克里的岸边。

皮洛士认为这是神发怒的迹象，涅墨西斯对他的惩罚接踵而至。狄奥尼修斯说他记起了荷马《奥德赛》中的可怕警示："愚者亦不知祂从不倾耳听——因不灭的诸神不会轻易改动祂们的意图。"他立刻去了庙里，把偷来的东西都还了回去，但这次经历显然使他很震惊，他似乎真的相信自己是被诸神盯上了。对于一个在这样的信仰环境下长大的人来说，这一定对他的精神状态产生了巨大的影响，而这会在随后的战斗中成为负担。

涅墨西斯如愿以偿——贝尼温敦

我会使用"贝尼温敦"一词描绘这场战斗，只是因为该词使用更为普遍，并且我不想让希望更进一步了解的读者们感到困惑。这场战斗发生时，这座城镇事实上还叫做马勒文托穆（Maleventum），但罗马人在这场战斗后改换了这个名称。在拉丁语中，"male"意味着"坏"，而"bene"意思是"好"。迷信的罗马人不想要"male"这样预示厄运的前缀。时至今日，这个城市被称作贝尼温敦，并且仍坐落在坎帕尼亚其古老的地基上。

公元前275年的春天，皮洛士终于回到了他林敦，并立即着手重建他的军队。表面上看，招募更多的部队并不是问题，但招募更多的优秀部队就完全是另外一回事。皮洛士方阵的核心是他的希腊和巴尔干老乡，来自伊庇鲁斯、马其顿和友好希腊城邦的公民士兵或雇佣兵。这些兵源在意大利的南部更是短缺，他的军队中填满了来自他林敦的较弱民兵。

皮洛士别无选择，只能依靠他林敦人，因为大希腊的其他城邦没有忘记他曾因觉着去西西里掠夺更好而离去，把他们遗弃给罗马人。萨莫奈人受到的打击最严重，充斥着可以理解的极度忿恨，因而几乎完全不支持他，尽管他们有共同的敌人。

在扎营并休整好后，皮洛士骑行前去同罗马人会面。

此时（公元前275年），罗马拥有两支野战部队，分别受两位执政官指挥。第一支的指挥者是卢修斯·科尔内利乌斯·雷恩图鲁斯·考迪努斯（Lucius Cornelius Lentulus Caudinus），正在蹂躏卢卡尼亚；第二支在萨莫奈（Samnium），由马尼乌斯·库里乌斯·登塔图斯率领。这里的"登塔图斯"意思是"露齿"。罗马人的绰号姓（cognomina）通常为罗马人名字的第三个词语，常有调侃之意，而得到这个名字，据推测是因为这位执政官出生时已经有了牙齿。

这给皮洛士出了个难题。他对于单独击败这两支军队中的任何一支信心十足，但如果他们会合，他对于胜利的把握立马就要小上很多。这可能是由于他征召的军队的素质降低，或者是他在意大利南部前支持者们态度的改变。也许皮洛士的军队比以前更小了。他的战象数量肯定减少了，因为许多资料来源都称，从他首次来到意大利以来，已经有好几头大象被杀。这一点很重要，因为大象对皮洛士之前的两次意大利战役取胜都发挥了关键作用。狄奥尼修斯说皮洛士的士兵数量是敌人的三倍，而这一声称，当你考虑到早先皮洛士战争双方军队的数量比时，难免让人产生怀疑。

我们已知皮洛士拆分了他的军队，派了一支分遣队去牵制考迪努斯，并带着他的"最优秀的手下"（根据普鲁塔克的说法）去全力进攻登塔图斯。我们不知道所涉及军队的具体规模，但文中暗示，皮洛士派遣了一支小型阻截部队拖延考迪努斯，他的主力军队则向登塔图斯的阵地进军。

登塔图斯把他的军队集结在马勒文托穆附近一座小山顶上的设防阵地中。罗马人再一次选择了崎岖不平的地形，他们现在已经知道这会使得皮洛士庞大的方阵很难行动。这位国王在阿斯库路姆成功地克服了这个障碍，但那是一个相对开阔的场地。在这里，他要向山坡上掩体后的敌人发起进攻。

皮洛士还没有蠢到上钩。在破碎地形上从下方往山坡上发起进攻不啻将一切优势拱手送给罗马人。必须另寻他法。

那些熟悉电影《斯巴达300勇士》中描绘的斯巴达人屹立在温泉关景象的人或许记得，波斯人对斯巴达人的正面进攻失败后，他们设法在叛徒埃菲阿尔特斯（Ephialtes）的帮助下包抄他们，他给波斯人指了一条能够绕过斯巴达人阵地的隐秘牧羊道。这忠实于希罗多德的记录，并且很可能是真的。我无法肯定这是否影响到了皮洛士，但如果我发现他从未听说过这个故事的话，我肯定会十分震惊。列奥尼达斯英勇坚守的传说即使在那时，在这位斯巴达国王陨落两个世纪后，也是一段传奇。

不管埃菲阿尔特斯的背叛是不是皮洛士的灵感来源，他都尝试了同样的策略，带领他部队中的一支强兵在夜间行军，穿过树林间的一条小路，把他们带到罗马阵地的上方和后方。与此同时，主力部队在下面的平原上等待。当他们听到侧翼袭击部队的号角声时，他们就会从正面和后方，从上方和下方同时发起进攻，把夹在他们之间的罗马人碾碎。

理论上看，这是一个可靠的计划。皮洛士并没有冒险正面强攻，因为那将给他的敌人带来很大的优势，他也没有退出战场，这无疑会让他显得怯懦，削弱士兵的士气。我们不能确定这个计划为什么会出错，只能确定它确实出了岔子，而且很严重。那个时期的希腊人或马其顿人可能会告诉你，这是涅墨西斯的杰作，因为皮洛士侵犯了洛克里的神庙而理应受到惩罚。有证据表明，皮洛士在这上面肯定是这样认为的。狄奥尼修斯告诉我们，皮洛士在袭击当晚梦见自己的牙齿掉落出来，狄奥尼修斯认为这是神不再眷顾他的征兆。

不管什么原因，侧翼袭击部队在茂密的山林中迷失了方向。在黑暗中沿着一条杂草丛生的小路走，你一个人用手电筒就够难的了。试着让成千上万穿着盔甲、拖着沉重武器的人，在火把的指引下找到正确方向，同时还要让马、驮兽，甚至大象保持安定和平静，这一切无疑如同天方夜谭。这些部队可能有当地的向导，鉴于我们所知道的萨莫奈人对皮洛士的怨恨，他们很有可能进行了报复，导致皮洛士的军队误入歧途。

我们可以猜想，在没有火把光芒和号角声响的情况下，黑夜一小时一小时地过去，等待在山脚下的部队开始咬牙切齿，变得越来越不耐烦。在小径上，一队队的士兵在黑暗中转来转去，绝望地迷失了方向；其他人对纵队的前行失去了耐心，试图自己找到前进的道路。全然乱作一团。最后，侧翼袭击部队使用的火把熄灭了，浓密的树冠遮挡住了所有能帮助他们找到路的星光。

于是就这样，侧翼袭击部队在树林中四处奔走，寻找牧羊道，而主力部队在平原上等待着他们。资料来源没有讨论这个问题，但我忍不住认为这些宝贵的时间可以用于睡眠。部队正期待着侧翼袭击部队抵达位置，并采取夜间作战行动。在同我以前和现在的战友谈论行动前的紧张情绪时，我们都认为，一旦知道一场行动即将实行时，我们几乎总是难以入眠。至少对我来说，当我终于开始行动的时候，我的神经会平静下来，但在这之前，我的胃总是在翻腾，我会丧失所有的疲劳感和食欲。注意这一点很重要。这一耽搁，除了失去了奇袭要素之外，还可能意味着罗马人由于不知道皮洛士的夜间活动而睡得很熟，因而精神饱满地面对皮洛士缺乏休息、饥肠辘辘的军队。

直到破晓时分，皮洛士的侦察兵才找到了小径，让侧翼袭击部队回到了正轨。这支部队是在天明的时候从罗马军营的上方进入其视野的，很明显，一切出其不意的希望都破灭了。皮洛士的军队整整走了一夜，出来时又累又丧气，又饿又渴。

而罗马人则享受了一个宁静的夜晚。他们布置有常备警哨，这些人在他们戒备森严的营地里睡得很香，因为他们知道，如果皮洛士有什么企图，哨兵就会发出警报。我们还可以假设他们已经吃饱喝足了。

现在他们立即行动起来，吹响了号角。皮洛士站在高处的有利位置，很可能能够看见几个百夫长拿着他们的藤条杖四下挥舞，把他们的士兵排成队列，人们争先恐后地戴上头盔，套上胫甲。

我这辈子都不明白皮洛士为什么不挥手撤退。诚然，他是在往下坡进攻，但却要用一支士气低落、精疲力竭的小部队来对付有堑壕防护、休息得很好的、丝毫不意外的敌人。也许是因为他害怕如果他表现出恐惧，他的手下会抛弃他。这可能有一种骄傲的成分在作祟，一种想要恢复名声的渴望，自从他未能攻下利利巴厄姆后，他的名誉一直受到一连串挫折的困扰。其中可能有些缘于皮洛士根深蒂固地信奉着自身的权威。这些全都是有可能的。

无论原因是什么，皮洛士下令进军。而立刻变得再明显不过的是，他犯下了大错。他的方阵，疲惫且士气低落，组成的阵线参差不齐，充斥着致命的缺口。罗马人或许一边惊讶于这位国王自杀式的勇武，一边出迎前去同他交锋。

如果说方阵开始时还不够参差不齐的话，很快随着前排的人开始感受到罗马标枪穿透盾牌、头盔和护甲，迫使士兵们扔掉他们的盾牌或是任由它们挂在他们的肩带上，而无法用手臂支持的盾牌将变得毫无用处，形势变得愈加糟糕。最糟的是，那些被投射火力击倒的方阵兵瘫倒在列队当中大声呼喊求救。他们的袍泽，曾经与他们同宿同战、分享过艰辛危险以及对富裕与荣耀渴望的战场哥们，在军官大声向列队喊出靠拢命令以保持阵线紧凑，不顾一切地避免因军团步兵最终接近而导致末日的那类缺口出现时，只能被迫无视他们。很多实际情况中，士兵们将不得不行进越过这些袍泽，徒劳地试图避开他们。他们中的有些人会用"蜥蜴杀手"为那些没了希望的朋友解脱吗？

我们同样也可以猜测接下来发生了什么。散兵在尽可能造成伤害的同时，会撤离战场，从跳棋棋盘式部署的军团中队打开的缺口中退回。接着，青年兵就会投出他们的两支标枪，拔出短剑，冲向敌人。

已经被散兵软化的方阵兵，将会被这种密集的标枪火力进一步削弱。现在，他们已无可救药地混乱不堪，几乎无法保持凝聚力，他们发现自己已然陷入军团步兵致命的怀抱之中。方阵士兵疲惫不堪、遍体鳞伤、饱受惊吓，要想在速度与狠辣方面跟得上，要及时举起他的小圆盾挡住军团步兵那套着金属外壳的强力一拳是很困难的。青年兵都是年轻人，有年轻人的速度和力量，他们把这一切都增添到20磅重的盾牌上，猛击方阵士兵，使其后退。

先前我引述过波里比阿对方阵兵之间仅有大约3英尺距离的陈述，这意味着他们很快将会被彼此绊倒，互相阻碍武器施展并进一步散播混乱。胜利在望的军团步兵们强行插入这团混乱之中，他们先是用盾牌猛击敌人，接着用尖利的短剑将方阵兵砍翻在地。

皮洛士只能感觉到绝望在他的肚子里翻腾，涅墨西斯的手落在他的肩膀上，报复他曾偷窃金子。一切都结束了，一切秩序都消失了，他的部队像在微风中飘散的蒲公英种子一样四下奔逃。

然而这是伊庇鲁斯的皮洛士，他曾统治过诸多王国，虽然失去了这些王国，但他从来没有认输。这并不是那个从整个战争上看行动十分糟糕的皮洛士。这是战术上的皮洛士。单场战斗中的皮洛士。他不打算就这样认负。

在现代军事从业者中，有一种特质比其他所有的都重要。海豹突击队队员（SEAL）同水兵的区别、特种武器战略响应队员（SWAT responder）同街头警察的区别就在于此。不是装备，不是训练，也不是团队精神，而是心，是对投降的拒绝，不愿放弃的精神。我想起了二级士官"战斧"马修·阿克塞尔森（Matthew "Axe" Axelson），尽管在阿富汗的"红翼行动"（Operation Red Wings）中胸部和头部受了多处枪伤，但他仍坚持战斗。他坚决不愿躺下死去，而同样情况下其他人早已放弃。正是这种精神将伟大的战士与普通人区分开来。

皮洛士在战术方面，每一篇古代资料描绘他的方式都是一致的。这是一个永不言弃的人，即使他相信有一个恶毒的神祇正在对他使坏时也是如此。

他并没有放弃。他发出讯号让他带来的大象们从这群溃散的方阵后面大模大样地走出，开始冲锋。这是一个疯狂的、绝望的举动，但请记住，他的大象在赫拉克里亚和阿斯库路姆都给他带来了胜利，所以它们在这里再度扭转局势也并非完全不可能的。

对皮洛士来说很不幸的是，罗马人已经从这两次战争中吸取了教训。目前还不清楚他们究竟是早已准备好了应对大象的散兵，还是军团步兵为这种可能性保存了标枪。也许虽然青年兵已与方阵展开战斗，但壮年兵们仍保有他们的标枪？我们已知的是，罗马人向大象发出了一连串的投射火力。

这种情况之前发生过，但无论是卡修斯·迪奥还是狄奥尼修斯都认为，这一次，当投射物命中一头较为年轻的大象时，事态变得糟糕至极。

如果皮洛士在贝尼温敦战役中所用的象种的确是阿特拉斯大象的话，我们已不太可能知道阿特拉斯大象的行为模式。这一物种早在现代动物学研究出现之前就已经灭绝了。但我们知道，现代大象一般都是由几个大象家族组成的母系"氏族"。大象群体中的母权制通常遵循与人类女王相同的规则，也就是即使有年长的姐姐存活，也会由大女儿接替死者成为女族长。仍不清楚是否这一习性对贝尼温敦发生的事情产生了影响，但卡修斯·迪奥和狄奥尼修斯都告诉我们，一头较为年轻的大象被标枪打伤了，嚎叫着四处跑动寻找它的母亲。资料来源尚不清楚在皮洛士的战斗群中奔走的实际上是一头幼象，还是一头"年轻的雄性"，如同人类10岁到17岁左右的"青少年群体"。它足够年轻，仍然对它的母亲和姑妈有一种依恋，但也已经足够大到可以在皮洛士的军队中效力了。

不管这头大象的年龄有多大，女族长对它的受伤都做出了激烈的反应。这种愤怒像病毒一样在象群其余的大象中蔓延开来，这些大象狂奔起来，敌我不分地疯狂践踏。大象们转过身来，在密集的方阵兵行伍中来回奔跑，仅存的一点秩序碎片在它们巨大的足下被踩成齑粉。整支军队变成了一大群惊慌失措的逃兵、马匹和大象。

罗马人并不愚蠢。他们知道大象的价值有多高，狄奥尼修斯告诉我们，他们把8头大象赶进了一个无处可逃的封闭区域，直至它们的驭手投降，便活捉了它们。

在高地上看到一切都已化为乌有的皮洛士最终把注意力转向了山脚，在那里他的主力军队，虽然是经验不怎么足的那部分，现在才开始他们疲惫的爬山之路。这些部队已经花费了整晚紧张地等待进攻的信号，结果损失了宝贵的睡眠。他们肯定行动迟缓、心情阴沉，皮洛士很可能惊恐地看着罗马人从追击他溃败的侧翼袭击部队中撤退，转身冲下山坡迎战他们。

没有强有力的领导，他的人不会有丝毫机会。我可以想象出皮洛士此时不断踢击他座下马匹的两肋，冲下山坡，奔向他的军队，对他们大喊着"不要放弃希望"的样子。

珀耳塞福涅的报复：战斗终局

请记住，没人——卡修斯·迪奥、普鲁塔克和狄奥尼修斯都没有——把这场战斗描述成一场钳形攻势，即侧翼袭击部队从高处进攻，主力部队则在底部待命。但像古代史上的许多其他事情一样，我们不得不用我们最佳的猜测来填补这些空白。而这是我的：一支由你最好的士兵和"最强壮的大象"（普鲁塔克语）组成的小股侧翼袭击部队从高处发起进攻，这对你没有多大好处，除非你能把敌人的注意力吸引到别处。如果只会从高处发起进攻，那你为什么仅带走你最好的士兵和大象呢？只有当我们把其放到这支较小的精锐部队和主力之间进行钳形攻势的环境下考虑时，这一行动才有意义，因为主力部队正在下面平原等待发起进攻的信号。我接下来的推论都是在这个公认的大假设的基础上进行的。

皮洛士设法超过了罗马军队，在方阵集结、放下长矛、准备迎接罗马人猛攻之际，他抵达了自己的部队。此时的军团步兵正咬牙切齿地冲下山来，脸上洋溢着战胜侧翼袭击部队的喜悦。他们拥有了古代战争中最为关键的要素——势头。更糟糕的是，他们正从斜坡上向下进攻，这意味着他们的标枪射程更远，并且当他们最终与敌人进行盾对盾的碰撞时，造成的冲击力也更大。

皮洛士肯定会号召他的士兵振作起来，骑着马在战线上来回奔走，向他的士兵们展示他与他们同在。我想象不出这能起到多大作用。他的伊庇鲁斯、希腊和马其顿士兵们已经见识了他在西西里的失败，而他大希腊的盟军士兵对他的忿恨更是昭然若揭。更糟糕的是，他们刚刚全都目睹了他大方针计划的失败，首先是在漫长的数个小时里无眠的不断等待，而现在则是发生在山丘顶部的恐怖屠杀。

然而，现在逃跑肯定意味着死亡。他们会把背部暴露给一支正在冲下山来的军队。皮洛士军队唯一的希望就是坚守战斗。方阵首要同时也是最为重要的一点是，它是一种防御阵形，而他们很快就会需要防守。

第一波标枪雨倾泻到了方阵兵身上，但当罗马青年兵们高声呐喊出的战吼被淹没在矛尖与巨大盾牌碰撞的轰鸣声中时，他们成功地坚守住了。他最好的士兵，伊庇鲁斯人、马其顿人和受雇佣的希腊人，一如既往地分布在右边的荣誉位置，而盟军在左边。他的左翼起初被击退，而右翼，推测可能是皮洛士就位的地方，守住了阵线。

皮洛士失去了同侧翼袭击部队一同派出的大象，但他还剩下几头，他想要依靠它们来挽救局面，派它们绕至侧翼，冲进罗马人的阵线。就像在高地上的战斗一样，罗马人从阿斯库路姆战役中学到了很多，他们用瓢泼般投出的标枪把这些巨大的生物赶了回去，让它们向后方横冲直撞，皮洛士的军队四散奔逃，以免被己方的大象践踏到。

最后，皮洛士遭受重创，精疲力竭的士兵们再也坚持不住了，而国王明白，要想避免他在赫拉克里亚对罗马人造成的那种溃败，唯一的方法就是有秩序地撤退。

余波

如果说我们在以上三章中从皮洛士身上了解到了什么的话，那就是他极为高傲。虽然在他的人生中他已经经历过战败，但我仍然无法想象承认在贝尼温敦的战败对他来说是个容易的事情。但不可否认的是，这场战斗以灾难告终。

资料来源没有将其描述为一场溃败，但伤亡人数肯定极端惨重。给出的伤亡数字一贯最为可信的普鲁塔克告诉我们，皮洛士回到伊庇鲁斯时，他身边只有 8000 名步兵和 500 名骑兵。没有提及任何幸存的大象。

是的，皮洛士在贝尼温敦战役后确实离开了意大利，加入到了阿希达穆斯三世、亚历山大一世和克里奥尼穆斯的行列，这些人作为希腊化统治者，受到他林敦的邀请，但征服失利，要么死亡，要么战败而去。联系他早些时候放弃西西里岛之举，我们确认了我们早先对皮洛士的印象：在单次战斗中是死硬派，富有决断，但缺乏将漫长战役延续下去的耐心。他会像狮子一样在战术层面奋战取得胜利，然后在第一次战略失败时退出战争。事实上，普鲁塔克得出了这个确切的结论，他引用的很可能是亚历山大大帝著名的将军安提柯"独眼"的孙子安提柯二世"戈纳塔斯"（Antigonus II Gonatas）的话，他说皮洛士像是"掷出了很多好点数却在得到时不知道该如何利用好它们的玩家"。皮洛士在小局势上是大师，但他对大形势毫无把控。

这并不是皮洛士的末日。他又经历了 3 年的冒险，才以一种最不迷信的希腊人也会认为显然是涅墨西斯插手的方式死去。皮洛士一贫如洗地回到了伊庇鲁斯，但几乎立即再次陷入了战争当中，这次是与安提柯二世"戈纳塔斯"，在公元前274年的阿欧斯河战役中获胜后，他从后者手中夺取了马其顿的王位。我们在本书中不会详述这场战斗，因为它并不涉及军团，而是方阵对方阵的战斗，而皮洛士一方增添了高卢战团。

皮洛士几乎刚即位马其顿国王，就动身离开前往下一场战斗，帮助斯巴达人克里奥尼穆斯夺取斯巴达王位。没错，就是那个被他林敦邀请过来，然后被赶出意大利的克里奥尼穆斯。皮洛士没能为克里奥尼穆斯取得王位，部分原因是那些为守卫城市而奋战的斯巴达妇女的凶猛表现。

涅墨西斯的神之手的搅动在这个悲剧故事中变得更加明显。当皮洛士被打败，从斯巴达撤退时，他的后卫遭到了一个名叫尤卡鲁斯（Eucalus）的斯巴达人的袭击。皮洛士撤走了他的主力部队，但把他的大儿子托勒密派回去率领一支精锐部队驱赶走斯巴达人。尤卡鲁斯手下有一位名叫奥利修斯（Oryssus）的克里特岛人，他从侧面向托勒密射击，杀死了他。

斯巴达人的部队击穿了皮洛士的后卫，但他们太急于追击，以至于冲到了会被皮洛士主力部队包围的空旷地带。也就在这时，国王接到消息，说他的长子战死了。可以肯定地说，皮洛士即使在时运不济时也是位凶猛的战士，但普鲁塔克煞费苦心地告诉我们，这一次很特别。皮洛士率领精锐的骑兵向尤卡鲁斯冲锋。在很适合动作电影的一个场景中，那位斯巴达战士勇敢地面对着他，在最后一刻避开了皮洛士冲锋的战马。他瞄准了一个精准的攻击点，这会切断皮洛士握着马缰绳的那只手。尤卡鲁斯差了几英寸，没有砍到手腕，而是砍到了缰绳。皮洛士用长矛刺穿了他，长矛扎得很牢，把他从马上拖了下来。皮洛士解开武器，跨过尤卡鲁斯的尸体，强行进入斯巴达人群中。普鲁塔克对战斗结果作了最好的总结，他简单地陈述皮洛士"饱尝了斯巴达人的鲜血"。

皮洛士仍然延续着在遭遇失败时就撤走赌注的模式。被斯巴达人击退后，他放弃了，前往阿尔戈斯，他被邀请介入那里的一场争端。其中一派召唤了安提柯二世，因此，另一派想把他的对手皮洛士请过来是很自然的事情。皮洛士面临是在斯巴达艰苦奋斗还是前往阿尔戈斯这片新牧场的选项，他做出了熟悉他的人都不难猜到的选择。

而最终，涅墨西斯得偿所望。在这座城市的中心地带作战时，皮洛士被一位阿尔戈斯士兵的长矛刺伤了。伤口并不严重，皮洛士反过来要杀死持矛者。这位阿尔戈斯人的母亲正在一座建筑物的房顶上注视着这场战斗，眼见皮洛士要杀死她的儿子，她扯下了一块屋瓦朝他扔去。这块瓦片击中了国王的下颈部，将他打昏到足以使阿尔戈斯人把他拖入一处建筑并砍掉他脑袋的地步。

卡修斯·迪奥则告诉我们，一位试图获取更好观赏战斗视角的老妇人失足从房顶上跌落，砸到了皮洛士身上并使其殒命。这两个故事不可能都是真的，但我肯定更喜欢愤怒的母亲用投掷屋瓦来拯救她儿子的那个。无论如何，这对一位曾经不可一世的人物来说，确实是个悲惨的结局。

皮洛士曾一度挑战罗马的权势并取得胜利。方阵很强大，在与军团的对决中赢得了两场胜利。它在第三场失败了，但这究竟是偶然性的，还是一种趋势的开始呢？要回答这个问题，我们需要跳过 78 个年头，转至下一场军团与方阵之间的大规模战役。这场战役的地点远离意大利，位于希腊北部遥远的边缘地带，那是一处因类似犬科动物的头而被牧羊人命名为“群狗之头”的丘陵山脊。

第七章

公元前197年的库诺斯克法莱战役： 军团凯歌高奏

这只是骑兵之间的小规模战斗，地形不适合大规模作战，因此双方都撤退了。在抵达一座被称为"群狗之头"的山脊顶端时，他们各自安营扎寨。

——卡修斯·迪奥，《罗马史》

我们必须推进78年，才能见到罗马军团同希腊化方阵之间的下一次大规模交锋。前三章中罗马人摆开架势对付的是伊庇鲁斯人，而现在他们要对付的是皮洛士那时而盟友、时而对手的安提柯人。为了正确理解这场战斗的背景，你需要了解主要参与者都是谁，以及战斗是如何引发的。

马其顿战争的背景极其错综复杂，充斥着类似于《权力的游戏》剧中的背叛和戏剧性元素。

正如本书开头所述，当亚历山大大帝于公元前323年去世时，他那些争吵不休的将军们瓜分了他的帝国，并各自建立了王朝。这些王朝被称为继业者，虽然最初他们声称将团结一致、忠诚于亚历山大的愿景，但他们很快就陷入了

115

内斗。三个主要的继业者王朝——安提柯王朝、塞琉古王朝和托勒密王朝，都是以建立它们的将军的名字命名的（安提柯、塞琉古和托勒密），他们的统治带来了一段阴谋密布与内战连绵的时期。这些"继业者战争"的时间跨度约为公元前 322 年至公元前 275 年，也就是皮洛士在贝尼温敦被击败的那年。战火席卷了亚历山大的整个旧帝国，从西边的希腊到东边的印度边缘地带。正是在这种充满冲突的温床上，希腊化方阵成熟起来，经常被用于对付其他希腊化方阵。

贯穿这一时期，罗马仍然致力于拓展它对意大利的统治。起初它尚无力东顾，所以基本上没有在继业者战争这座舞台上登场亮相过。直到后来，继业者们自己打得头破血流，向东扩张的罗马人才加入冲突中来。从公元前 214 年到公元前 148 年，罗马分别与安提柯王朝和塞琉古王朝进行了四场战争，其结果全都是罗马最终取得胜利，由此，罗马人彻底支配了亚历山大来之不易的疆域。

库诺斯克法莱战役是第二次马其顿战争的决定性战役，这场战争爆发于公元前 200 年至公元前 197 年，交战双方是罗马和安提柯王朝，后者起初是由著名的安提柯一世"独眼"（他曾在对抗波斯人时失去了一只眼睛）建立的。作为一位冷酷无情的将军，安提柯 81 岁时在公元前 301 年的伊普苏斯战役中阵亡，这是一场继业者战争，一方是安提柯王朝，另一方是包括塞琉古王朝在内的继业者联盟。

安提柯去世时，安提柯王国覆盖了如今土耳其和黎凡特（Levant）的大部分地区。此后，重新夺回马其顿——亚历山大的故乡和他原来帝国心脏的重担就落到了他的儿子——德米特里乌斯一世"围攻者"（Demetrius I Poliorcetes, "the Besieger"）的肩膀上。而在接下来的 127 年里，安提柯王朝一直被罗马视如芒刺。

德米特里乌斯的儿子是安提柯二世"戈纳塔斯"，我们已经见过他同皮洛士在希腊交战。他的曾孙是腓力五世（Philip V），他是库诺斯克法莱战役的主要参战者之一，而这场战斗是我们现今所谓的第二次马其顿战争中最重要的战斗。

第二次马其顿战争

所有记述都说，腓力既勇敢又热情。作为一名凶猛的战士，绰号"希腊人的宠儿"是他宽宏大量的明证。也就是说，他仍然是一位希腊化的国王，这意味着他也有权力残酷并且漠不关心普通希腊人的困境。李维也给出了一些表明他不仅仅是有点偏执的证据。有点偏执在古代国王身上很常见，因为他们总是有自己的敌人。李维竭力指出，腓力害怕来自陆地和海洋上敌人的不断压迫，他对盟友的忠诚心存疑虑，有时甚至对自己的同胞也是如此。

亚历山大大帝的帝国包括希腊，而腓力五世肯定认为自己是亚历山大适当且正统的继承者。对腓力来说，希腊是安提柯帝国的合理延伸，即使不是直接控制，也要在其势力范围之内。这包括伊利里亚（Illyria），即今日克罗地亚（Croatia）大部分地区。

公元前231年，伊利里亚其中一个部落阿尔迪安（Ardiaei）由在丈夫阿格龙国王（King Agron）去世后接任的图塔女王（Queen Teuta）统治。严格来说，图塔是其继子皮恩斯（Pinnes）的摄政者，但这并没有阻止她率领阿尔迪安人进行海盗活动，并且极为成功，以至于商人们开始向罗马求助。罗马派遣了两名使节来告诫她停止这一行为，而图塔因受到轻蔑而盛怒，将一名使节杀死，还将另一名打入牢狱。

毫不意外的是，罗马在公元前228年宣战，他们成功从许多希腊城市中抹除了伊利里亚守军，并安插了他们自己的藩属王法罗斯的德米特里乌斯（Demetrius of Pharos）作为统治者。

然而，腓力五世认为伊利里亚在他的势力范围之内。他对罗马人在那里的插手干预感到愤怒，并且为这一情况可能对他自己的王国意味着什么深感不安。如果罗马人能在短短几年内打败伊利里亚，谁知道他们对付他时又会如何？

与此同时，德米特里乌斯的表现证明他是一位极为糟糕的藩属王。他扩大了伊利里亚的势力，越来越偏向于安提柯王朝。最终，他再次发动了海盗袭击，并与另一个也曾海上劫掠过罗马补给船的伊利里亚部落希斯特里（Histri）结盟。罗马不得不再次进入伊利里亚拨乱反正，第二次伊利里亚战争（Second Illyrian War）以德米特里乌斯在公元前219年战败于卢修斯·埃米利乌斯·保卢斯之手结束，后者即我们将要在第九章中讲到的皮德纳战役的罗马指挥官"马其顿征服者"卢修斯·埃米利乌斯·保卢斯的父亲。

德米特里乌斯逃到了腓力五世的宫廷，在那里他成为安提柯国王的亲信顾问。罗马人自然要求把他交给他们。腓力拒绝了这一要求，两个大国之间的关系恶化了。

当时，腓力卷入了同盟者战争，即在腓力统治下的希腊城邦联盟（Hellenic League）和以位于希腊中部地区的埃托利亚（Aetolia）为核心的埃托利亚联盟（Aetolian League）伙同斯巴达之间争夺希腊主导权的战争。

同样在这个时候，罗马也卷入了一场自己的战争，一场使罗马损失惨重的战争。公元前217年，伟大的汉尼拔·巴卡将军率领的迦太基军队在意大利北部的特拉西梅诺湖（Lake Trasimene）击溃了罗马人。继前一年在特雷比亚河（Trebia）令人震惊的失败之后，第二次布匿战争对于罗马来说似乎越来越绝望。

德米特里乌斯抓住这一点，劝腓力趁热打铁。波里比阿引用德米特里乌斯对腓力的进言："进入意大利，是获得普世帝国的第一步，没有人比你更有资格拥有这个帝国。现在是罗马人遭受失败的时候。"

同年，腓力以《纳夫帕克托斯和约》（Peace of Naupactus）结束了同盟者战争，把他的注意力转向伊利里亚。他向西北进军，开始征服该地区，这让罗马的盟友们感到担忧。

接着就是坎尼会战。

公元前216年夏天，汉尼拔使罗马人承受了有史可考最惨重的一次失败，实际上消灭了他们整支军队。据估计，坎尼会战罗马人的死亡人数高达75000人，另有10000人被俘。当汉尼拔的军队洗劫被杀者的尸体时，没有谁会因为认为罗马作为地中海强国的时代已经结束而受到指责。

腓力肯定是这么想的，于是他派了使节向汉尼拔提议结盟。这一联盟是在公元前215年缔结的，历史证明这是腓力一生中最大的错误之一。因为，在与汉尼拔结盟的过程中，他同罗马建立了持久的敌对关系，而罗马决不会真正原谅他的轻视。

这导致了从公元前214年持续至公元前205年的第一次马其顿战争（First

Macedonian War），实际上这是一系列主要发生在希腊和巴尔干半岛上的封锁和小规模冲突，最后以僵局告终。腓力昔日的敌人们埃托利亚人和帕加马（Pergamon）国王阿塔卢斯一世（Attalus I）也加入了罗马人一方。帕加马王国位于现在的土耳其西部。通过娴熟的将才与高产得令人难以置信的军事人力资源相结合，罗马奇迹般地扭转了局势，并且实际上在公元前201年赢得了第二次布匿战争。但在罗马取得胜利之前，罗马事实上并没有余力关注腓力，否则第一次马其顿战争的结果可能会大不相同。罗马显然不太关心如何打败腓力，而是更关心如何阻止他向汉尼拔提供援助，而汉尼拔才是罗马真正的难题。

次年（公元前204年），国王托勒密四世"为父所钟"（King Ptolemy IV Philopator）去世了，他的王位留给了他六岁大的儿子托勒密五世"神显者"（Ptolemy V Epiphanes）。托勒密五世是托勒密一世"救星"的玄孙，托勒密一世是亚历山大的一位将军，同样也是最初的继业者之一。到托勒密五世加冕时，托勒密王朝的疆域不仅涵盖了大部分埃及，还延伸到了土耳其。见此时机，腓力同塞琉古帝国的国王安条克三世（Antiochus III，安条克大帝）会面。二者之间签署了一份他们共同瓜分托勒密疆域的密约。

公元前201年，腓力入侵托勒密疆域的边远地区，进攻位于土耳其西部的城市。同罗马结盟的帕加马和罗德岛王国对腓力的扩张感到非常惊恐，他们认为腓力的扩张是要争夺他们在该地区的利益，因此他们向罗马求助。与此同时，雅典和马其顿之间爆发了战争。最后，罗马向腓力下达了不要进攻托勒密任何领土的最后通牒。另外还要求他不要干涉希腊，尤其是包括雅典在内的罗马盟友们。腓力拒绝接受，于是第二次马其顿战争爆发了。

罗马指派执政官普布利乌斯·苏尔比基乌斯·加尔巴（Publius Sulpicius Galba）负责这一战争。在第一次马其顿战争中，加尔巴表现平平，在第二次战争中，他依然乏善可陈，只打赢了几次对于腓力来说无关痛痒的小仗，这自然不可能使腓力放弃他的计划。公元前198年，加尔巴被普布利乌斯·维鲁斯·塔普卢斯（Publius Villius Tappulus）所取代。普鲁塔克对这两人都持批评态度，指责他们过于谨慎，并且在本应继续作战时在罗马浪费时间。

对维鲁斯来说，事态变得更糟了，他发现自己正面临一场兵变。2000名第二次布匿战争的老兵，很可能是从坎尼的灾难中幸存下来并曾前往非洲击败迦太基人的士兵，觉得自己离开意大利已经太久，无法照料农场和家庭。这场兵变的细节尚不清楚，但很明显，罗马远征军士气低落。维鲁斯既不受士兵尊重，也无法控制住他们。

第二次马其顿战争将和第一次一样陷入令人沮丧的僵局。如果罗马想要挫败腓力的野心，她就需要一位英雄。

幸运的是，罗马人迎来了一位英雄。

"他赢得了一个好名声……"：
提图斯·昆克提乌斯·弗拉米尼努斯

提图斯·昆克提乌斯·弗拉米尼努斯的故事与伟大的"非洲征服者"西庇阿的故事非常相似。这两人正是他们的国家在胜利的希望近乎渺茫之际所需要的英雄。诚然，第二次布匿战争的利害关系更大，罗马在为自身的生存而战，但值得大书特书的是他们出现得绝对及时。两人都是在尽管他们的年龄低于担任执政官的法定年龄，而且没有遵循"荣耀之路"正常途径的情况下被任命为执政官的。

普鲁塔克把弗拉米尼努斯描述成一个充满激情的人物，易怒、极其慷慨，尽管普鲁塔克使这种慷慨听起来更多的是出于野心，而不是真心想要帮助别人：

> 他对于荣誉和名声垂涎欲滴，他渴望自身最为崇高且最伟大的成就应该是他自己努力的结果，并且，他从那些索取好意的人身上收获的乐趣要多于那些付出它的人，因为前者是他可以施予美德的目标，而后者可以说是他争夺名声的对手。

他自称是希腊迷（热爱希腊一切的人），很可能十分擅长希腊语的读写。

具有讽刺意味的是，弗拉米尼努斯被任命为他林敦的总督，近一个世纪前，正是该地区邀请皮洛士协助其对抗罗马。他的工作得到了交口称赞，他在此地和后续职位上的成功使他经元老院投票被选举为执政官，否决了来自两名护民官辩称他太年轻而不合法以及在他升职过程中未能保有合适职务的反对意见。尽管实际上有悖于法律权力，元老院仍同意弗拉米尼努斯就任执政官向我们表明弗拉米尼努斯要么极为自信并且有着非凡的魅力，要么政治背景深厚，所有这些对于任何罗马将军来说都会成为有利的资本。

他当然没有让人失望。被派遣前去振兴对抗腓力的倾颓战事的弗拉米尼努斯与加尔巴或维鲁斯不同，他无视头衔的正常周期和执政官应在罗马完成的行政职责，立即动身前往伊庇鲁斯，带着来自西庇阿军队的3000名老兵，这些都是经历过艰苦的长期服役而久经沙场的精锐士兵，并归功于他们最终在第二次布匿战争取得的胜利，士气十分高昂。

然后他行军前去解除维鲁斯的指挥权。维鲁斯离腓力只有5英里远，腓力在当今阿尔巴尼亚境内的阿欧斯河峡谷上一处防守严密的阵地中挖壕死守，阻截了通往马其顿的最佳路线。

从维鲁斯手中接过指挥权后，弗拉米尼努斯派了使者去和腓力谈判。到这个时候，腓力已经意识到他已引起了罗马人的极大关注。他们结束了布匿战争，能够集中全部力量对付他。于是腓力提出了和平条件。他将停止攻击希腊，并撤出位于他先前疆域之外他攻克下来的城市。

弗拉米尼努斯拒绝了这个慷慨的提议，反而宣称他的使命不仅仅是阻止腓力的侵略，而是解放所有的希腊人；因此，他还要求腓力撤出色萨利，自亚历山大时代起，这一地区就被看作是马其顿王国的一部分。这很可能是为了故意挑衅这位国王，这招果然奏效了，腓力中断了谈判，返回了守卫峡谷的绝佳阵地。

一位名叫萨罗普斯（Charops）的当地伊庇鲁斯贵族给弗拉米尼努斯充当向导，引导4300名罗马人从侧翼迂回攻击腓力的后方，与此同时罗马军队主力利用一系列小规模冲突和远程投射对决吸引他的注意力。这一战术本可在此时此地就结束掉这场战争，但腓力注意到了侧翼袭击部队的烽火，因而在陷阱合拢前逃了出去。

腓力损失了他至关重要的辎重，包括他手下士兵们的个人财产，可能还有他们的家庭成员。据普鲁塔克说，大约有2000人，仅仅由于地形崎岖才使得他们逃过一劫。但比这更重要的是这场战斗的后果，他失去了希腊人的忠诚。

希腊各城邦对这场战争大多采取坐山观虎斗的态度，小心翼翼地既不与罗马也不同腓力结盟，担心如果另一方获胜，它们将自食其果。弗拉米尼努斯已经动身前去赢得他们的忠诚，普鲁塔克指出，他小心翼翼地防止他的部队在乡间行军时进行劫掠，而腓力却懒于这么做。这显然赢得了希腊人的好感，而这正是弗拉米尼努斯取得成功所需要的东西。

在阿欧斯河上的胜利是犹豫不决的希腊人改变效忠对象的最终证明。许多城市投效了罗马人，包括至关重要的亚该亚同盟，这使得乡村突然间对腓力和他的军队充满了敌意。弗拉米尼努斯与腓力的谈判已经公开了，可能是有意的，而且有消息四处传播说罗马执政官在希腊不是为了征服这个地方，而是为了把人民从安提柯人的枷锁下解放出来。

腓力一定已经意识到，在阿欧斯河战败和希腊的政治变换之后，他遇到了麻烦。于是，他派了一名大使到罗马的参议院，最有可能是为了乞求宽大处理，并提出和平条件。弗拉米尼努斯派出自己的使节赶在其前头。他担心自己会失去在一场决战中击败腓力的荣耀。他希望起码能够取得谈判和平条款的权力，从而获取赢得第二次马其顿战争胜利的声誉。普鲁塔克指出，和皮洛士一样，弗拉米尼努斯在某种意义上也是一位对荣誉紧追不放的人。

弗拉米尼努斯一定花了重金行贿，因为从元老院传来的命令是将他的任命延期，他争分夺秒地让部队开拔前去同安提柯人交战。这将是军团和方阵之间的另一场重大冲突，也是在皮洛士之后，这两种截然不同的阵形之间经受的首次考验。

大雾之中的"群狗之头"：
公元前 197 年，库诺斯克法莱

库诺斯克法莱战役是一个十分混乱的范例。整场战斗乱七八糟充满了令人困惑的地方，从而使它成为一个观察军团和方阵在不怎么理想的情况下行动的迷人案例。对效用的真正考验不是看阵形在预设情况下的表现如何，而是看它在承受始料未及的压力时是如何运作的。

更妙的是，关于库诺斯克法莱战役，我们有着相对不错的资料记录，从李维、普鲁塔克、卡修斯·迪奥和波里比阿那里均能获得像样的细节，尽管我们仍然对这些来源持怀疑态度。以现代标准衡量，古代历史上所谓"不错的资料记录"仍然是匮乏的，但与我们之前看到的那些相比，这场战斗中涉及的猜测要少得多。

事实是，双方都不想进行这场战斗，也都没有做好准备。两位指挥官都希望能在他们选择的时间、按照他们的偏好选择不同的战场交战。不幸的是，各种因素使这难以实现。我们从弗拉米尼努斯这边开始：他带着自己的军队向前推进，希望在色萨利东南部的城镇斐赖（Pherae）拦截腓力，而腓力正在那里搜寻食物。

请记住，供养一支古代军队绝非易事。普遍认为，腓力在库诺斯克法莱带着超过 25000 人，这还不包括马匹和驮畜。行进中的军队每天需要数千吨的食物，其中大部分无法随军携带。这还没有算上大量辎重车队的需求。一些军队会驱赶"自走肉食"，也就是会随着军队一同行进的牲畜，可以根据需要屠宰和食用，但补给是个永久性的难题。军队永远不能走得离水源太远，大量的精力被投用在觅食上。

觅食包括派遣士兵去乞讨、借取或偷窃（通常是三种方法都用上）所需的补给。许多士兵发现自己还身兼农民一职，收割成熟的田野，把粮食带回部队，包括所有相关的劳作——打谷、脱壳、分拣、研磨和烘烤。其他人可能会收集坚果和浆果，狩猎或诱捕动物，甚至袭击富裕的农场、牧场和果园，将其劫掠一空。你经常能听说，哪怕纪律最严明的军队也会无情地掠夺他们经过的土地，即使这片土地属于朋友和盟友。在许多这样的情况下，行进中的军队别无选择。他们要么解散，要么挨饿，要么去偷他们朋友的东西。

觅食是一项高风险的事业。古代的军队依赖群体的凝聚力，大量的人一同出力保护彼此。而觅食必然要求人员分散成在广阔地域内寻找食物的小群体。这使得他们很容易被敌人部队击毙。在面临着持续不断的觅食需求问题的同时，要与觅食地区的平民保持良好关系，还需要保护觅食者，这是古代战争的一个主要因素，并且将在这场战斗中扮演特殊的角色。

波里比阿告诉我们，腓力在斐赖没有找到充足的粮秣，所以他动身前往斯科图沙（Scotussa），那里的粮食收成似乎能为他提供充足的食物补给。弗拉米尼努斯不知怎的"领悟到了他的意图"，前去拦截他。

偶然的运气，或者如果你像古代人那样觉得是神的意旨，使得两支军队剑拔弩张地分别行进至一处漫长的山脊两侧，而该处丘陵大概因其外形，被称为"群狗之头"（库诺斯克法莱）。我到这处战斗地点旅行过，仔细察看了那座存疑的山脊。我当然没有看出狗头的样子，2200年的时间从地质学的角度来说并不算长，但我相信给这些山丘命名的古人看到了他们所描述的形状。两支军队都扎营了，腓力在斯科图沙境内的梅拉比姆（Melabium），弗拉米努斯则在法萨卢斯（Pharsalus）的水流女神忒提斯（Thetis）的神庙，法萨卢斯就是如今的法尔萨拉。

他们彼此相距仅几英里，却完全不知道对方的存在。天公不作美，夜里刮来了一场暴风雨，地面湿漉漉的，整片景致被笼罩在浓雾之中，用波里比阿的话说，"甚至连那些离得很近的人也很难看清。"

腓力在早晨出发，但由于地面崎岖不平，加上大雾弥漫，根本看不出他的行进方向是否正确，于是他派了一群散兵到山脊顶上，以便从高地上俯瞰这片土地。弗拉米努斯也有类似的想法，他派出了10支骑兵中队和1000名带着同样目的的散兵（很可能是轻步兵）——爬上山脊，看看他们能观察到什么。山脊是战场上的致高点，所以双方的侦察队伍都前往同一地点，这是说得通的。

没过多久，这两支侦察队伍就不期而遇了。你可以想象当时的震惊，两群人都僵住了，等到他们的身体对他们双眼看到的景象做出反应，交战就开始了，标枪开始划过天际，呼喊声在山脊上回荡。

不期而遇陷入战斗

关于库诺斯克法莱上双方军队的组成，我们有着比以往更加清楚的信息。弗拉米努斯拥有20000名军团步兵，大概是两个军团和它们的盟军部队。他还另有2000名轻装步兵，不过我们还不清楚这里指的是罗马的散兵还是盟军部队。他有2500名骑兵，我们同样无法确定这些骑兵中有多少是罗马人，有多少是辅助兵。最重要的是，他自己拥有20头战象，这表明罗马从与皮洛士和汉尼拔的战争中吸取了教训，他们都广泛地使用了这些动物，结果好坏参半。我不确定这些是算作盟军在军团的一部分，还是说它们是独立的单位。史料告诉我们，弗拉米努斯还拥有来自名为阿萨马内斯人（Athamanes）的伊庇鲁斯部落的1200名轻步兵，以及800名来自克里特岛和阿波罗尼亚（Apollonia，

◎ 秃鹰碑，成于大约公元前 26 世纪至公元前 24 世纪，描绘了一支盾牌交叠的早期长矛兵方阵。

◎ 公元前 7 世纪，基吉瓶（Chigi Vase）的局部，展示了两支古典重装步兵方阵之间的交锋。虽然省略了盾套环和盾把手，但我们可以清楚地看到护盾的内面，了解大圆盾是如何持握的。

EPAMINONDAS.

◎ 18 世纪创作的底比斯将军伊巴密浓达的画像，他对战斗部署的改革促进了方阵的演变。

◎（上图）公元前4世纪早期，无护颊的弗里吉亚式头盔。注意侧边的羽毛托架。在本书所研究的时期，这种头盔在方阵兵中很流行。

◎（左上图及下图）公元前2世纪，马其顿的莱森与卡利克勒斯之墓（tomb of Lyson and Kallikles）的弦月窗，展示了全套希腊战争装备，包括胸甲、头盔、剑、盾牌和胫甲。

◎ 公元前 4 世纪，描绘希腊士兵的壁画局部。顶部描绘了很多轻盾，可以看到它们是如何装饰的。我们还能看到亚麻胸甲和羽毛装饰的头盔。下方有两名希腊化（很可能是安提柯的）士兵。他们的矛太短，因而不是"萨里沙"长矛，而且也没有连接套管。他们戴着古代马其顿的扁平帽。他们装备了两块装饰过的盾牌，但它们太大了，不太可能是轻盾。

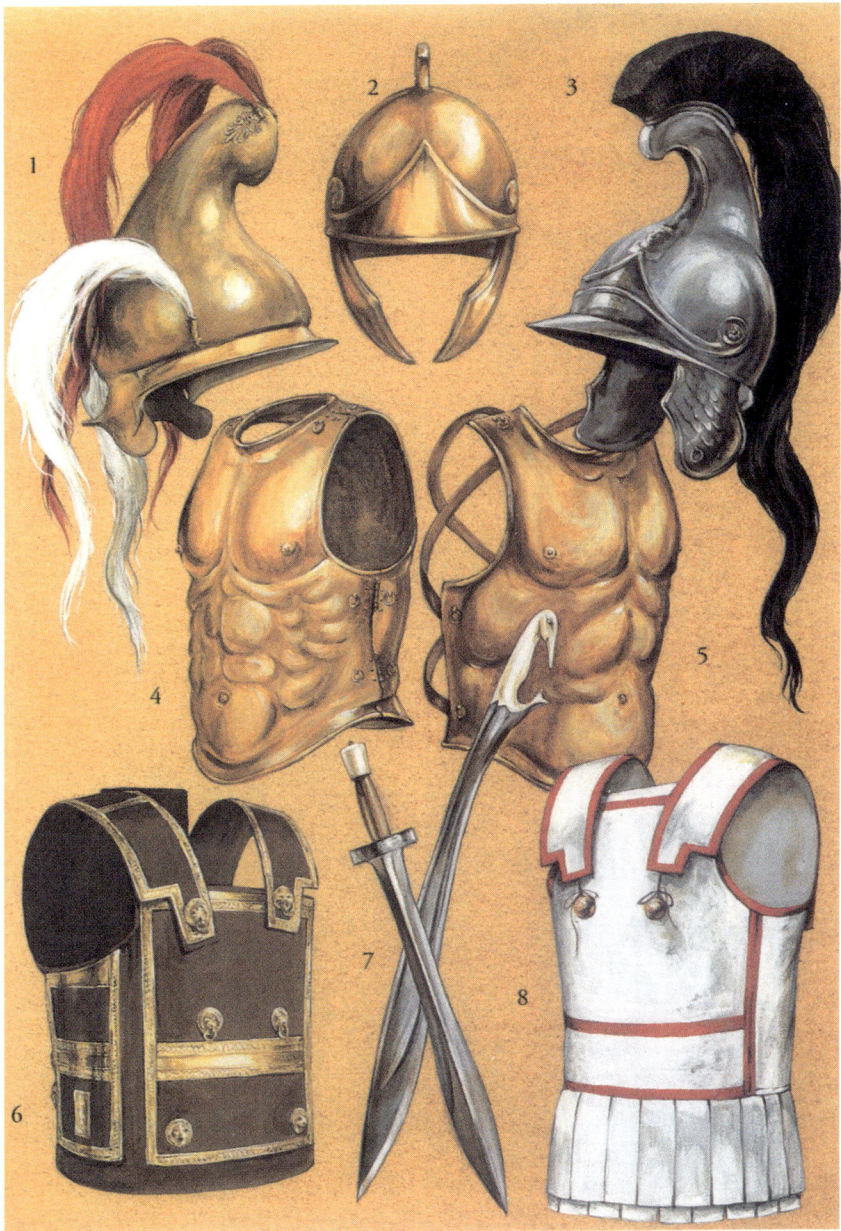

◎ 方阵兵装备。1. 弗里吉亚式头盔。2. 色雷斯式头盔。3. 特别的弗里吉亚式头盔，只有富有而强大的战士才会使用。4. 侧面铰接的铜制肌肉胸甲。5. 铜制肌肉半胸甲，只保护身体前部。6. 在维尔吉纳的腓力二世墓中发现的铁制亚麻胸甲，没有哪个普通方阵兵能使用如此精良的装备，但它很好地展示了亚麻胸甲的构成，就像图 8 展示的那样。7. 一把直刃的希腊直短剑和一把类似切肉刀的反曲砍刀。

◎ 公元前 4 世纪晚期的铜制矛鐏。在右边的平行线之间，可以看到铭刻的字母"MAK"中的"M"和一部分"A"，这是马其顿军队由国家分发武器的证据。

◎ 一位希腊化（很可能是安提柯的）投石兵。他正在向方阵士兵展示投镖索（kestros，一种用来投掷飞镖而非石块的吊索）。方阵兵头戴一顶色雷斯式铜制头盔，穿一件亚麻胸甲，带着一把希腊直短剑，腿上系捆绑式胫甲，可以清楚看到露出的皮带。他拿着一杆"萨里沙"长矛，我们能清楚地看到装有法兰的矛鐏。他还带有一面铜制蒙皮轻盾，表明他是精英部队铜盾兵的一员。

◎ 一名携带拆分成两截的"萨里沙"长矛的希腊化王伴步兵（伙伴步兵或方阵步兵）。注意其中一截的顶端有铁制连接管。他戴着一顶弗里吉亚式头盔，腿上的胫甲是夹子式的，穿着一件亚麻胸甲。小图 1 显示了胸甲内的多个亚麻布层。小图 2 描绘了一面铜制蒙皮轻盾，上面饰有维尔吉纳太阳，这是马其顿王国的图案。他紧握盾牌把手，手臂可以从中穿出，这样他的手就可以自由地持握长矛。他还佩带着一把反曲砍刀。

◎ 一群方阵步兵在军官的监视下进行训练。底部描绘了 256 名方阵兵组成的区队。前 5 名方阵兵将长矛放平对准敌人，后排每一名方阵兵都将长矛倾斜成一个愈加陡峭的角度，形成一片由长矛组成的森林。

步兵阵列

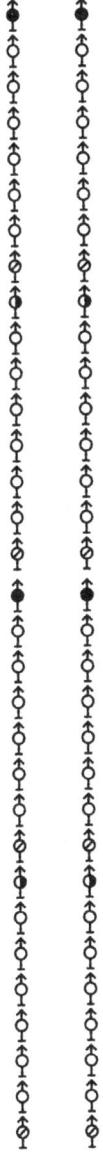

加深排布

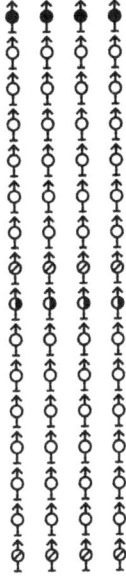

紧凑排布

d 盾牌环扣

战术标识

（基于埃里安的
《战术手册》）

列队长

半列长

半列尾长

4 米

◎ 方阵列队的俯瞰图。左侧描绘的是方阵以加倍纵深部署，如同在库诺斯克法莱战役中那样。中间描绘的是以"紧凑"阵形部署的方阵，该阵形是最常见的。右侧描绘的是"盾牌环扣"阵形。

◎ 公元前 280 年的壁画，再现了安提柯士兵的形象。注意左边士兵的白色亚麻胸甲和中间士兵的先锋短袍。他拿着一杆"萨里沙"长矛，脖子挡住了连接套管。他的头盔下面应该戴有毡帽作为衬垫。轻盾内侧有盾套环和盾把手。位于右边的是一位国王，这从他的阿提卡式头盔上的角可以看出来。他戴着夹子式的铜制胫甲。铜制蒙皮的盾牌展示出流行的线条和圆点装饰。花押字"ANT"很可能是指"安提柯"。

◎ 莱森和卡利克勒斯之墓的安提柯士兵形象。两人都戴着装饰有羽毛的色雷斯式头盔。左边士兵将手放在一个古典重装步兵所用的老式大圆盾上。右边士兵有一面铜制蒙皮轻盾，他头盔上的鸡冠状盔缨类似皮德纳战役纪念碑上的描绘。一些学者猜测，他是铜盾兵部队的一员。他戴着捆绑式胫甲，皮带清晰可见。

◎（前对开页）一位优秀的艺术家描绘的希腊化方阵，充分体现了它庞大的规模和稠密的长矛丛林，也很好地展现了装备的多样性。

◎（上图）一件铜制肌肉胸甲，是该时期罗马军团步兵的装备。

◎（右图）罗马军团步兵常见的蒙特福尔蒂诺式铜制头盔。

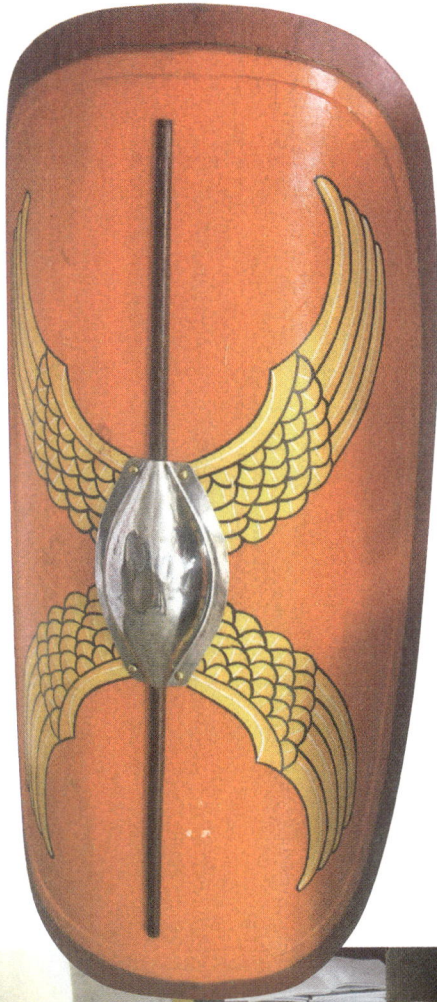

◎ 军团步兵的长形盾。这个图案纯粹是臆想，对于这些盾牌是如何装饰的，我们没有可靠证据。注意铁制盾凸，盾牌把手就在它后面。这还可以在攻击时起到金属拳击手套的作用。

◎ 一柄"美因茨"式西班牙短剑，罗马军团步兵的这种剑有极为致命的杀伤力。

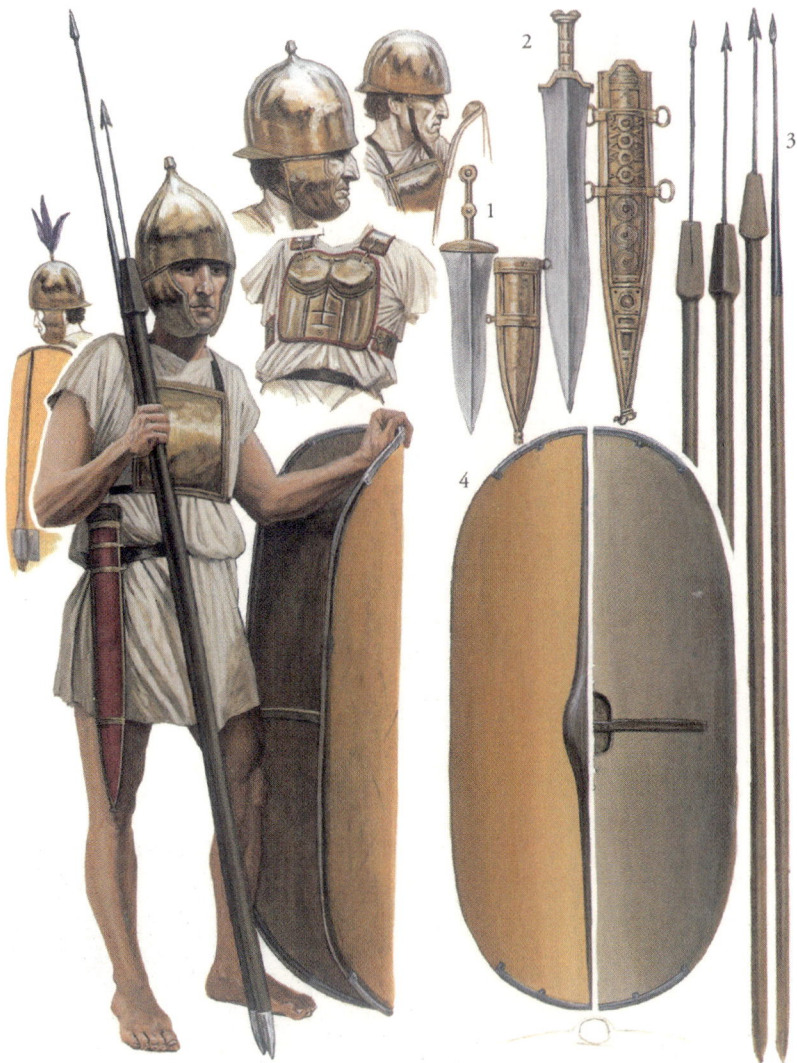

◎ 皮洛士战争时期的罗马青年兵。图中人物头戴蒙特福尔蒂诺式铜制头盔，装备着西班牙短剑，手持两柄投枪和长形盾。1. 他的匕首，可能不会在战斗中使用。2. 西班牙短剑。3. 投枪，根据波里比阿的描述，有"粗""细"两种标枪。4. 盾牌的背面和正面。

◎ 公元前3世纪晚期的罗马后备兵。1. 羊毛雨披。2. 装有盔缨并附接羽毛的仿科林斯式铜制头盔。3. 锁子甲。4. 带矛镈的穿刺长矛。这是后备兵整体的形象，为了行军去除了头盔羽毛。他还拿着用铁条加固了顶部和底部、有中脊线的长形盾。他只戴了一只铜制胫甲。5. 西班牙短剑。6. 匕首。

◎ 公元前218年至公元前201年的罗马军团步兵。1. 年轻且缺乏经验的青年兵。他的装备包括蒙特福尔蒂诺式头盔、胸饰、长形盾、投枪、西班牙短剑以及铜制胫甲。2. 久经沙场的后备兵。他的装备包括旧式重装步兵长矛和昂贵的锁子甲。3. 最年轻且最贫穷的轻步兵。他是装备标枪的散兵，头盔上覆盖着兽皮，还有一面小圆盾。

军团中队

后方

后百夫长　　　　　　　　　　　　　后百夫长

后备兵

先百夫长　掌旗官　号手　　　　　　先百夫长　掌旗官　号手

后百夫长　　　　　　　　　　　　　后百夫长

壮年兵

先百夫长　掌旗官　号手　　　　　　先百夫长　掌旗官　号手

后百夫长　　　　　　　　　　　　　后百夫长

青年兵

右、　　　　　　　　　前方　　　　　　　　　左

先百夫长　掌旗官　号手　　　　　　先百夫长　掌旗官　号手

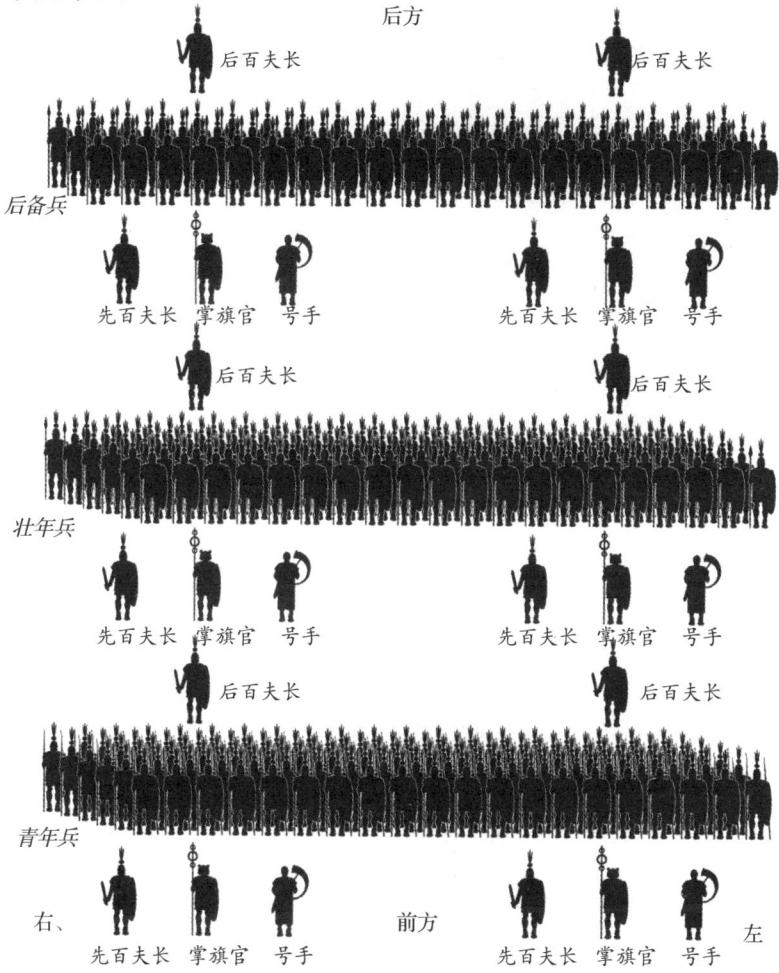

◎　这幅图展现了罗马军团中队以及他们附属的军官和随员。注意，图上的后备兵人数比青年兵和壮年兵更少。两名百夫长（先和后）各自指挥着一支百人队。

◎ 罗马军团与敌人交战的艺术想象。轻步兵开始后撤。青年兵已经投出标枪，拔出剑来准备冲锋。壮年兵在投掷标枪，后备兵在向前推进，准备向需要的地方提供支援。不同兵种会分开部署，他们混合在一起时，要么战斗已经进入收尾阶段，要么就是军团遭遇奇袭。

◎ 护民官（左）、掌旗官（中）、执政官（右）。护民官穿着一件铜制肌肉胸甲，戴着铜制胫甲。掌旗官穿着一件锁子甲。旗帜顶端有一只铜制手掌，象征士兵的誓言。这可能与中队或者说"manipulus"这一单位名字有关。执政官身穿与其地位相称的精美装备。

◎ 艺术家从方阵视角对罗马军团进行的描绘。我们可以看到，轻步兵正在投掷标枪。

第一阶段 敌军

后备兵

壮年兵

青年兵

第二阶段 敌军

后备兵

壮年兵

青年兵

第三阶段 敌军

后备兵

壮年兵

青年兵

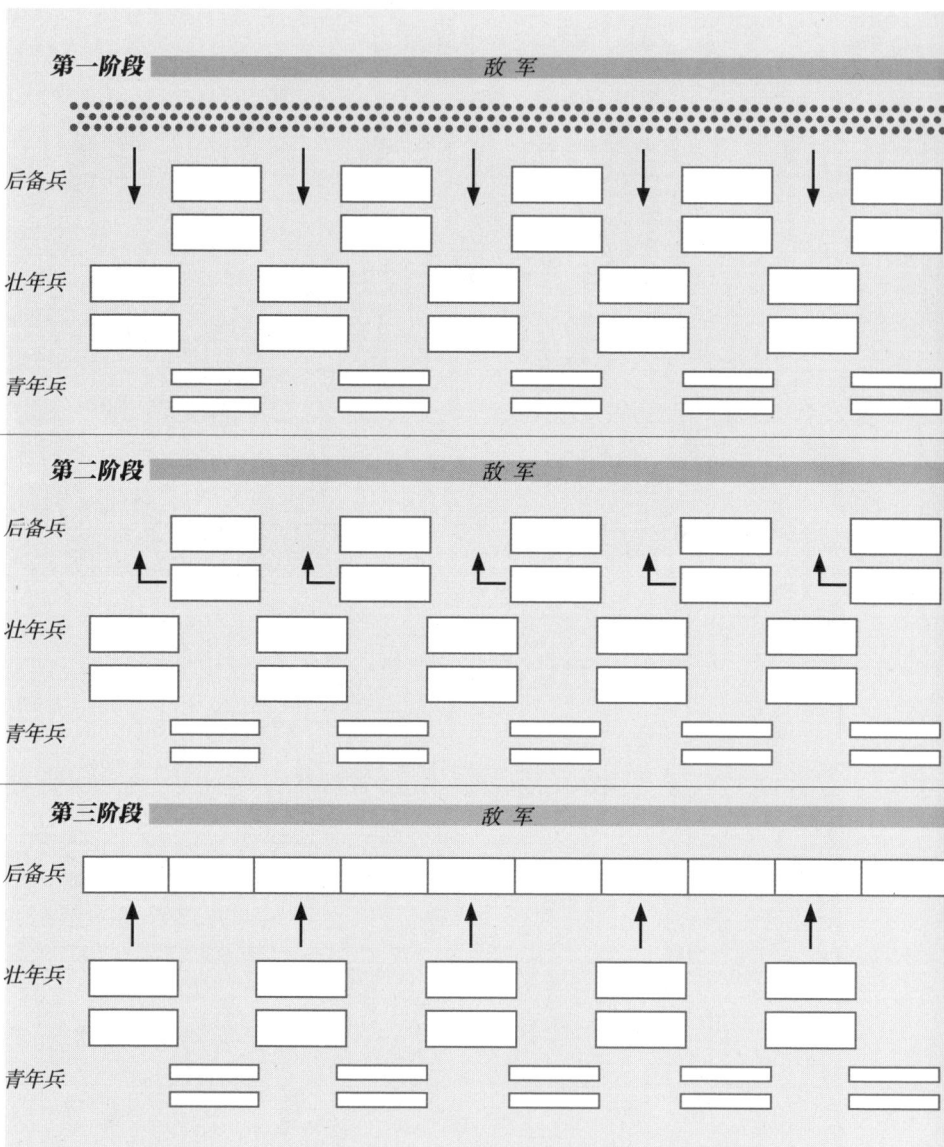

◎ 中队作战体系使生力部队可以增援战斗前线，目的是利用他们的热情来激励整条战线再次向前冲，同疲惫不堪的敌人作战。护民官一直在监督战斗，他们的存在不仅是为了激励士兵，还能督促第二道和第三道阵线参战。

第一阶段
整支军团排布成三条阵线，中队分为先后两支百人队。战斗由轻步兵首先发起，他们会尝试在敌人前进时用投射火力骚扰。得到信号后，他们会从间隙后撤。

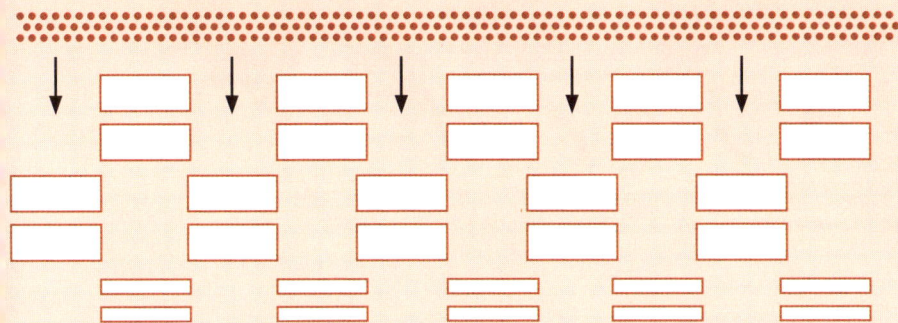

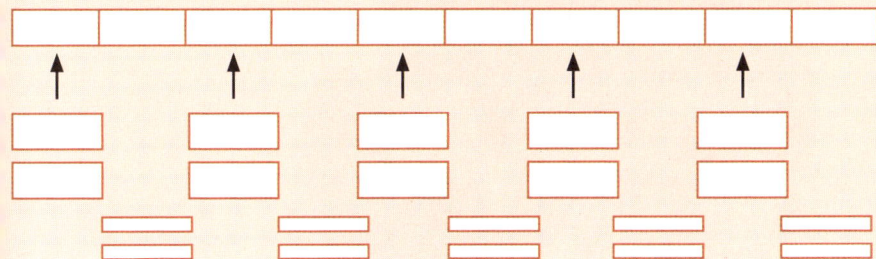

第二阶段

轻步兵通过后，青年兵会闭合阵线的间隙，后百人队会移动到先百人队的旁边。此后，青年兵会投掷标枪，拔出剑与敌人肉搏。他们现在构成军团的前卫。

第三阶段

最初的冲锋没能击溃敌人，进攻的势头已经减弱。青年兵现在压力很大，壮年兵接到命令加入战斗。

◎ 单个军团步兵战术的再现，这里示范的是一名壮年兵。首先，他投出"细"标枪；接着，他投出"粗"标枪；第三步，他拔出剑冲锋；第四步，他用盾凸猛击；第五步，他用剑捅刺。

◎ 皮洛士的士兵。我们可以看到皮洛士的一头大象，它由一名印度（可能来自孔雀王朝）的驭手驱使。大象背负着装有士兵的塔楼，但我们不能确定皮洛士是否使用了这些。塔楼的盾牌上有皮洛士的花押。与大象并肩行进的是 1 名方阵步兵、1 名意大利盟军步兵和 1 名高卢战士。

◎ 皮洛士的大理石半身像，这位著名统帅在两场战役中击败了罗马人。

◎ 一枚刻有安提柯王朝国王腓力五世头像的古币，这位国王指挥了库诺斯克法莱战役。

◎ 正在逼近的皮洛士的方阵。我们可以看到扔出去的标枪被长矛丛林挡开。

◎ 提图斯·昆克提乌斯·弗拉米尼努斯宣布"希腊人获得自由"。

◎ 俯瞰库诺斯克法莱（正在往下走的是历史学家迈克尔·利文斯顿和凯利·德弗里斯）。这就是腓力五世方阵右翼在放低长矛冲锋时所看到的景象。

◎ 一枚描绘安条克三世的古币，这位塞琉古国王指挥了马格尼西亚战役。

◎ 20 世纪早期对老加图的描绘，他在第五次温泉关战役中击败安条克三世，为后来的马格尼西亚战役奠定了基础。

◎ 一枚 4 德拉克马银币，描绘了马其顿的珀尔修斯的形象。他在皮德纳战役中指挥安提柯王朝军队。

◎ 马格尼西亚战役中冲入罗马阵列的塞琉古具装骑兵。

◎ 马格尼西亚战役。这幅图表明，双方都缺乏统一性。我们看到壮年兵正在同塞琉古方阵交锋。一名戴胸饰和蒙特福尔蒂诺式头盔的青年兵位于最左边。我们看到一名身穿银色肌肉胸甲、戴头盔的军官，可能是一位护民官。头盔种类繁多，包括蒙特福尔蒂诺式、色雷斯式、哈尔基斯式和仿科林斯式，塞琉古军队的一些头盔还上了色。

◎ 一件可能描绘了本书第八章叙述的公元前190年马格尼西亚战役的帕加马铜制器。我们可以看到，塞琉古方阵兵正在坚守阵线抵抗骑兵的冲锋，这些骑兵很可能就是欧迈尼斯麾下的亚泰利人。

◎ 第九章叙述的公元前 168 年皮德纳战役中的一幕。色雷斯人的椭盾兵向马其顿的珀尔修斯展示砍下来的罗马士兵头颅。注意他们的长柄逆刃刀，这是一种结合了镰刀与剑的近战武器。

◎ 皮德纳战役。一支罗马军团在同安提柯王朝的铜盾兵交战。安提柯军队的士兵戴着色雷斯式头盔，手持铜制蒙皮盾牌，腿上绑着胫甲，挥舞着长矛。罗马人的第一道阵线是青年兵，戴着蒙特福尔蒂诺式头盔，穿着肌肉胸甲。接下来是壮年兵，穿着锁子甲，头戴仿科林斯式头盔。最后，我们看到了后备兵。这一描绘忠实于保卢斯的胜利纪念碑，并显示出不准确的装备统一性。艺术家选择的白色羽毛很可能实际上是黑色的。虽然艺术家将每道阵线描绘成只有一行，以使所有人物能容纳进插图中。但在现实中，每道阵线会有数行纵深。

◎ 皮德纳战场，从安提柯军队看向罗马人所在位置。

位于伊利里亚）的弓箭手。他还拥有由埃托利亚人提供的 6000 名步兵和 400 名骑兵，到这个时候，他们在马术上的声誉已经可以媲美色萨利人。

如果说罗马拥有一项超能力的话，那就是它无与伦比的暴兵能力。普鲁塔克的《皮洛士传》中有一句极好的话，齐纳斯作为使节时曾观察过罗马人，他警告国王说"……他担心最终证明他们要对付的是头勒拿九头蛇（Lernaean hydra），因为执政官已经召集了两倍于之前曾同敌人交战数量的士兵，而且还有多不胜数的罗马人仍然有能力拿起武器"。九头蛇是一种神话中的多头龙。你每砍下一颗头，在原有的地方就会长出两颗来。值得注意的是，到罗马实际上全军覆没的坎尼会战爆发的同一年，马塞勒斯（Marcellus）在诺拉（Nola）两次击退了迦太基人的进攻，西庇阿兄弟在次年的德尔托萨（Dertosa）战役中击败了汉尼拔的兄弟哈斯德鲁巴（Hasdrubal）。你可以打倒罗马人，但你肯定无法把他们一直按在地上。

腓力并没有这样的优势。自亚历山大时代起，马其顿就一直处于战火不熄的状态，继业者们之间的斗争不断削减着可供招募士兵的土地，同时也牺牲了更多在役士兵的性命。到第二次马其顿战争时，腓力正面临着人力短缺的危机。

李维告诉我们，正如先前讲到过的那样，腓力颁布了记录在他征兵《图表》上的规定，招募年轻男孩和老人加入他的军队。虽然这将给他带来急缺的部队，但很明显的是，缺乏经验、身体较弱的新兵加入，会使方阵的战斗力下降。他们中的许多人，可能会因为突然置身战场而感到惊恐。

撇开质量问题不谈，腓力在战场上投入了约 16000 名方阵兵。这四支旅构成他大军的核心，并佐以 2000 名"轻盾兵"。我们不知道这些部队的具体构成，但我认为他们是我在第二章提到的先锋。据说腓力还有 4000 名辅助部队，一半来自色雷斯，一半来自伊利里亚。这些人可能是散兵或近战轻步兵。他还有 1500 名雇佣兵，可能是希腊人，以重装步兵、椭盾兵或是使用长矛的希腊化方式作战。他拥有 2000 名骑兵，大多为色萨利人和马其顿人。以上就是此时把注意力转向了山脊上规模正在扩大的小股战斗的双方部队的情况。

在山脊上，无论是安提柯还是罗马部队都立即派遣信使返回他们各自的大军中请求增援。

弗拉米努斯派出了他部分埃托利亚分遣队的士兵，2000 名步兵和 500 名骑兵。显然他们先到了，使得这场小规模冲突偏向于罗马人一方，他们开始将安提柯侦察兵击退。安提柯部队托庇于山脊上他们所能找到的最高点，并再次给腓力和主力部队派遣了信使，警告他如果救援不至，他们将陷入危机。

腓力对此肯定高兴不起来。自从阿欧斯战役和弗拉米努斯赢得了许多希腊人的民心和人望后，他一直试图避免全面交战。甚至更糟的是，库诺斯克法莱上多坡的破碎地貌并非他所青睐的适合部署方阵的开阔平坦地形。大部分方阵兵，碰巧在腓力的将军尼卡诺尔（Nicanor）率领下外出觅食，要返回营地武装起来以及列阵应对战斗都需要花费时间。

但是，尽管他有种种不足之处，腓力并不打算放弃他的侦察队伍任由敌人吃掉，因而，波里比阿告诉我们，他派他的骑兵指挥官连同除色雷斯人外的所有雇佣兵前去支援。

在这些增援部队的帮助下，山脊上的战斗发生了逆转，罗马人几乎被赶回了他们的营地。浓雾消散后，山脊下的部队可能开始意识到这不仅仅是双方侦察部队的偶然相遇。否则的话，这些援军从何而来？

波里比阿赞扬埃托利亚人骑兵力挽狂澜，使罗马人一方避免演变为完全溃退。色萨利人以他们善用长矛实施冲击猛攻的能力闻名遐迩，而埃托利亚人则精擅马上游击、回旋、投掷标枪，随后在敌人接近时转头逃离。这种战术并不新鲜，第二次布匿战争中，曾在汉尼拔手下效力的努米底亚轻骑兵就以使这种战术闻名遐迩。这些北非骑兵并不擅长正面交战，他们缺乏厚重的盔甲，也没有接受过近距离列阵作战的训练，但他们可以不厌其烦地纠缠敌人使其疲惫，然后在伤痛和疲惫最终使敌人虚弱不堪时发起猛攻。

尽管埃托利亚人使罗马人免遭灭顶之灾，但罗马人还是被从山脊上击退到他们这边的山坡。弗拉米努斯现在可以清楚地看到山坡上的战斗情况了，他可以看到这对他自己部队的影响，他们目睹战友和袍泽在一个有利于敌人的山坡上打了一场败仗。资料来源并没有告诉我们，罗马人的自豪感是否会因为不得不依赖像埃托利亚人这样的外人来拯救而感到受伤，但我无法想象他们会对此觉得高兴。

重要的是，要注意，士气对于一支古代军队来说是一切，因为它是至关重要的凝聚力扎根的基石。勇敢无畏的士兵不太可能会后退，退缩到战友的盾牌后面，甚至更糟糕地逃跑。察觉到目睹侦察部队被击败后退对己方军队士气的负面影响，也许不是影响弗拉米尼努斯下一步决定的唯一因素，但这肯定在其中占主要地位。

弗拉米尼努斯命令他的全部军队在山脊的底部排成作战阵形。他向他的士兵们发表讲话，讲话的口吻进一步表明他十分担忧他们的士气。"你们以前同这些人打过仗，也打败过他们，"他提醒他的士兵，"他们就是你们在阿欧斯河战斗时，躲藏在壕沟围拢的坚不可摧阵地里的那些人。那时尽管地形糟糕，你们依然打败了他们，那么在地形要好得多的这里，结局又会有什么不一样呢？我相信这一切很快就会结束，你们也应该这么想。"

在百夫长们驱赶出他们的士兵并将其排布成他们所属单位的同时，得胜的安提柯人给后方的腓力发出一道接一道的传信，告诉他一场大捷唾手可及，而他只需要全军压上即可。"敌人正在逃走！"他们说道，"他们无法抵挡住我们。不要错失你的机会！赶紧出击！"

于是腓力这边也下令全军部署为作战阵形。

回到山脊的另一边，弗拉米尼努斯命令他的大象们出来掩护他的右翼，只带着他的左翼前进，他们开始上山援助正在撤退的侦察兵。看到罗马军队的主力来帮助他们，侦察兵们停止了撤退，转过身来面向敌人。

与此同时，腓力也带着他的轻盾兵向前行进。我打算假设，也许不正确，我们在这里提及的是先锋；资料来源并没有给出明确的信息。他还带来了他方阵的右翼。左翼仍然在外面觅食。他给尼卡诺尔留下了命令，一旦可以召回就立即将剩余的部队带来。他不想因等待他剩余的部队而错过打败罗马人的机会。根据他从使者那里听到的消息，他可能根本不需要他们，因为罗马人正在全面撤退，而他所需要做的就是扫荡。

因此，我们在这场战争的演变过程中又遭遇了另一个怪异的巧合。如果文字资料可信的话，双方指挥官都不知道对方的存在，只带着他们一半的部队上山去营救他们的侦察队伍。这是如此不可能发生，以至于令人怀疑，但没有办法证实或是反驳这一点，如果它是真的，那可就太富有故事性了。这时，有些雾气已经消散了，但剩下的仍然让士兵们的上山路如坠烟海，模模糊糊地只能辨认出他们前面的战斗人员。雾有一种奇怪的回声效果。它会捕获并反弹声响，所以穿过它时，你几乎会觉得自己是在水下。铁器和铜器的喧闹与碰撞声、军官们的命令和周围军队有节奏的脚步声，都将被压制得悄无声息。这感觉就像做梦一样。罗马人可能没有看到腓力的右翼在攀登山脊的路上远远领先于他们。

我们不知道为什么腓力首先到达山顶。这很可能是因为罗马人被赶下了另一侧的斜坡，靠近他们自己的营地，甚至现在还在往回赶，这个过程比腓力的部队要慢得多，而腓力只需要不受任何干扰地向上行进即可。我们已知腓力是首先登上山脊顶端的，当他终于朝山下一看，意识到他面对的不是一支侦察队或觅食队，而是罗马军队的整个左半部分时，一定吓了一大跳。

你可能会问，国王如果不想打一场对阵战，为什么不干脆撤退，但你必须知道，调动成千上万的士兵并非易事。假设腓力攀登山脊时带着两支旅，他将不得不对大约 8000 名士兵发布命令，让他们转身走下山，与此同时全都把他们的后背露给敌人，与之相伴的还有对他士兵士气造成的相关影响，更不用说让他们冒着如果罗马人试图追赶便会从后方受到攻击的严重风险了。

腓力知道，他的军队现在要全力以赴了。如果罗马人继续向山坡上挺进，他将不得不用他的一半军队作战。但他有理由怀有谨慎的乐观态度。虽然他被迫参加一场他不想要的战斗，但这场战斗几乎有着可能达到的最佳条件。他的部队在山脊的顶端，虽然这不是一个理想的方阵阵地，但拥有高度优势肯定没有坏处。

腓力甚至还没来得及排布好他自己的部队，他的雇佣兵们就被增援的罗马人击退了。腓力重新组织了他右翼的部队，并命令各小队加倍纵深部署。我在第二章中提到过的那些半列长现在率领各列队的后半部分反向行进至后方，堆叠在他们邻近列队列尾长的后面。如果其他的列队也这样做，就会产生一个新的方阵，深度是之前的两倍。想想这有多复杂。你必须知道哪支列队要重组，你必须在十分紧密的人群中转向和机动（要知道每个方阵兵之间仅有 3 英尺的间距），包括向后转，反向行进和重组。这一切都发生于全副武装身处战斗中的一处山脊上，数千名士兵参与其中。在战斗的关键时刻发生混乱和恐慌的可能性很高，尽管最近征兵标准有所放宽，但他的部队成功地完成了任务，这反映了他们的纪律和训练水平。

腓力为什么要冒这个险呢？有两个很好的理由。首先，较深的队列厚度对于冲击有更大的冲击力和推力。我在前面描述了"推挤"，两队重装步兵之间的推搡比赛，这定义了经典方阵之战的战斗，同样也是伊巴密浓达在留克特拉战役中加厚他方阵背后的原因。方阵兵不是重装步兵，但这一理论仍然成立。阵形越深，向前推进的人越多，前冲的冲击力就越大，向前的动量也就越大。第二，腓力刚刚接收了一大批逃兵进入他的队伍，他的雇佣兵被赶回了山上。也许这些人犹豫不决，也许他们的低落情绪正在感染其他士兵。方阵通常在中央部署他们最弱的部队、士气低落的人，或者未经训练的新兵部队。而这一安排的想法是让更有经验和更勇敢的后方队伍给予他们勇气，并不断提醒他们，已然无处可逃。如果他们惊慌失措，仓皇逃走，他们才跑一步就会撞上后面更勇敢的同伴。腓力把他的部队加倍有可能是为了确保他们不会逃跑，以增加犹豫不决者背后的勇敢人群。

不管他的理由是什么，他都及时完成了这一行动，因为罗马人同样也已经吸收了他们的侦察部队，现在正在冲锋陷阵。腓力命令他的方阵放低长矛，冲下山去同他们交锋。

各方资料都说，这是一次霹雳般的碰撞。腓力的士兵们全副武装以密集的队形冲下山坡，高呼战吼。罗马人向上跑来同他们交锋，大声喊着他们的口号，不断用标枪或剑拍打盾牌。军团步兵大约在 50 英尺距离上投出他们的标枪，或许会在更近的距离投掷标枪，因为他们在往上坡投，随着如此多铁尖与木杆刺破空气激起的刺耳"嗖嗖"声，短暂遮蔽了方阵之后紧接着就是嘈杂的金属尖插入盾牌、矛杆、头盔、血肉和骨骼的"砰砰"钝响。接着会开始响起痛苦的尖叫声，安提柯军官们大声吼叫着让列队聚拢，不惜任何代价地保持住阵形。

然后就是矛尖对上巨大罗马盾牌的碰撞声，金属尖由于划过金属盾凸、头盔和胫甲发出的刺耳尖利声。长矛杆折断的破裂声也不绝于耳，持握它们的人将其举起并依靠源自长期练习的速度将其倒转过来，把锋利的矛镦作为他们的备用尖头。

我想在此暂停一下，谈谈学术界认为已经定论了的一个问题，但我认为这个问题仍有讨论的余地。李维告诉我们，战斗到这个时候，安提柯人抛下了长矛，用他们的剑作战。他声称，腓力"命令轻盾兵和马其顿方阵兵放下长矛，它们的长度很碍事，转而用剑交战"。波里比阿和普鲁塔克说，方阵"放低了"他们的长矛并使用了它们。几乎每一个现代学者都认为，李维要么是完全错了，要么是他错译了很可能来自波里比阿的原始材料。他们的观点很好，但我确实认为李维的话值得稍微考虑下。

想象一下冲锋下坡。我参观过战斗现场，站在山脊顶峰上，那里是安提柯方阵开始冲锋的地方。这是一个相当平缓的斜坡，但没有平缓到我能迅速前冲跑下去的地步。你试过从陡峭的山上跑下来而不脸先着地吗？即使你只穿短裤和t恤，这也要花些工夫。你必须挺直你的身体，调整你的重心。现在试试在穿着亚麻胸甲、头戴铜盔、佩戴胫甲、手提着盾牌来完成同样的事情。现在再在这一团麻烦物什上增添一根16到21英尺长的长矛。你懂的。将这种冲锋称之为"有挑战"都还是轻的。你可以想象，当它们的主人试图把控住它们时，一些长矛会击中地面，可能会把方阵兵变成撑杆跳高运动员。那么这会造成什么影响？取决于速度，枪会不会断了？更糟的是，它们架在军团步兵的肩膀上会上扬，使得穿刺尖端越过敌人头顶，与此同时刚好把方阵兵送入罗马剑士们的最佳杀伤范围里吗？山坡上覆盖着茂盛的草丛，可能被雾打湿了，使得冲下山坡的部队脚下打滑。方阵的前一排想要停下来，站定身体，在长矛允许范围内尽可能远地作战，远离罗马致命的短剑。我无法想象你能在身负这么多装备的情况下急刹，尤其是在你身后还有32行全副武装士兵的情况下。后面的那些人可能连前线都看不见，更不用说控制住他们前进的势头，好留出对峙的空间，方便让他们使用长矛捅刺了。

当你考虑到所有这些的时候，李维的陈述就更有意义。

可能支持现代关于李维误译了波里比阿的论断还有其他两点需要考虑：第一，"冲锋"实际上更像是步行。我们无法确认士兵在"冲锋"时移动得有多快。根据我自己冲下斜坡的经验，我相信他们步行移动得非常快，仅比奔跑略慢，但速度足以确保维持住队形，并且避免绊倒或滑行。其次是拉丁语本身。我请教过专业的拉丁语学者凯利·德弗里斯（Kelly DeVries）看一看这篇文章，复查一下我那的确不专业的翻译。李维的拉丁文意思可以解读为腓力只命令那些拿枪有困难的方阵士兵把枪放下。这只是一个很小的区别，但它改变了叙事，因为这意味着，腓力看到罗马人几乎逼近他，并试图马上开始反攻，利用任何在手边的武器。浮现出的画面是一个方阵的大部分士兵都放低了长矛，同时一些缺少经验的新兵丢掉了长矛，试图用一些武器更快地加入战斗。

罗马人作战英勇、纪律良好、装备精良。但他们受到的是一支完全成形的双倍厚度的方阵从坡上向下发起的冲锋。个人空间仅有 3 英尺，方阵兵不禁要推挤在前方的人，增添下坡推进的势头。罗马人的作战秩序更松散，正如波里比阿所说，每个士兵所占的空间几乎是方阵士兵的两倍。这意味着，当青年兵的第一行撞上矛尖，速度变慢或停止时，在撞上后面那个人的盾牌之前，还有很大的空间供他们后退。这将在已然对敌人有利的斜坡上造成后退的势头。

因此，罗马左翼开始变形让步也就不足为奇了。在两翼进行小规模战斗的轻步兵以及骑兵很可能会寻找机会冲入并利用阵线上的漏洞，或是在侧翼辅助，但真正决胜负的是位于中央的军团和方阵，因而到目前为止，优越的地形确实对方阵的长矛起到了决定性的作用。

如果此刻腓力转过身来，朝山上望去，他会更受鼓舞。那里，他会看到尼卡诺尔方阵兵纵队的最前端正在越过山脊顶端，前来同他们的国王会合。

弗拉米努斯很可能是在他的部队后面指挥。我们可以想象他听到他的百夫长不断向士兵们呼喊，要求他们坚守阵地，继续向敌人推进，这些呼喊声随着士兵们的让步变得越来越绝望，最终随着矛尖触到这些罗马人并让他们永远沉默下去而相继停止。弗拉米努斯的左翼正在崩溃，当他看到方阵势不可挡的势头时，他知道自己无能为力。

但他还有右翼。

波里比阿描绘了执政官拨马飞奔向仍然列队等候命令的另一翼。这一做法有好几种看待方式。你可以把弗拉米努斯看成一个懦夫，把他仍在奋战的左翼放任自流；或者你可以把这看作一名娴熟战术家的行动，把他的指挥权转移到战场上唯一能拯救他们的部队身上。后续发生的事情自然暗示了后一种解释。

罗马的右翼，如果你还记得的话，包含有罗马的战象，作为屏障部署在步兵前面。弗拉米努斯几乎刚一抵达，他就抬头向山上望去评估敌人形势。

而他肯定是大喜过望。

尼卡诺尔匆忙前来支援他的主人，此时刚急急忙忙地冲过山脊线，而他的方阵仍以行军纵队前进。我们不知道安提柯纵队具体是如何行进的，但我们知道，一个狭长的行军纵队并不是正常能够投入战斗的方阵。更糟的是，这些人来得匆忙，急于翻过山脊，结果突然看到的是下面混乱的战斗场面。他们可能因为匆忙而疲惫不堪，甚至可能缺失了一些装备，因为他们刚刚出去觅食，在匆忙赶赴过来迎战敌人前可能没有时间装备齐全。山脊线不是平地，而且有坡度。虽然这有利于腓力成形的右翼进行冲锋，但这显然不是将方阵从纵队转变为合适战斗阵形的理想地形。正如波里比阿告诉我们的那样，尼卡诺尔拥有"大部分部队"，很可能腓力的右翼不足 8000 人或者少于方阵的 50%。它可能是由大约 4096 人或者其他部分单位组成的一支旅。尼卡诺尔可能率领着 8000 多人行军，这使接下来发生的事对安提柯人的打击更大。

但是，即使尼卡诺尔只有一半方阵，光是把命令下达给那么多的人，更不用说执行这些命令，都需要时间。

也就在此时，弗拉米尼努斯决定不给他们这么做的时间。

一次往上坡的冲锋和一位行伍中的天才：战势急转

我走过库诺斯克法莱的战场，包括尼卡诺尔的部队要行军通过的那条长长的排水冲沟。这是一个相当陡峭破碎的地形，想拖拽住身体保持站立并不容易，特别是在着有重型盔甲和武器的情况下。对于任何试图保持阵形的军事单位来说，这都是一片恶劣的地形，对于像希腊化方阵这样严格的阵形来说尤其恶劣。

在这样的地形上徒步旅行，我很快就上气不接下气，至少以现代标准来看，我的身体状况很好。我艰难地爬上斜坡，想象弗拉米尼努斯在向山上冲锋，大象在前面带路，无疑在费力地把它们庞大的身躯拖上斜坡，步兵在奋力追赶。此情此景对我来说有着双重的戏剧性。

战斗变成了一场竞赛。

如果弗拉米尼努斯能在腓力击溃罗马左翼之前袭击尼卡诺尔那支混乱的纵队，他就能使他的部队转过来支援他那正在挣扎的左翼。既然他能清楚地看到尼卡诺尔在山上的部队，以及他左边罗马左翼与安提柯右翼之间的激战，他就会明白这一点。刹那间，罗马人的右翼在他们的大象后面站好了，接着弗拉米尼努斯到了这里，飞奔着冲入他们之中，大喊着让他们跑起来。

然后他们就这样跑了起来。我想象着尼卡诺尔在看到向前推进的大象时立马停下脚步，向他的保民官大喊，让士兵们进入战斗阵形，士兵们匆忙地遵从这一命令，心里知道已经太晚了，罗马人来得太快了。

战场上的两条排水冲沟被另一条低脊分开，因此左右两侧的战斗各自进行，彼此看不见。即便如此，古代战斗的声响很大，如果腓力没有听到就在他左边发生的战斗，我肯定会感到惊讶。我喜欢想象他听到尖叫声，大部分都用的是希腊语，然后意识到他遇到了麻烦。他会转向自己的军官们，对他们大声喊叫，鼓动他们尽快击溃罗马人的左翼，因为他知道这是他们赢得这场胜利的唯一机会。反过来，罗马人也会挣扎着去守住这条阵线，阻挡住落在他们身上令人难以置信的铜与铁的重压，坚守足够长的时间，以期弗拉米尼努斯前来支援。

而实际情况就是这样。所有的资料来源都一致认为，尼卡诺尔的部队要么没有奋起反抗，要么就是抵抗得太弱，没有起到什么作用。方阵是一种依赖群体规模和凝聚力的阵形。其建立在亮出密集得无法穿越的矛尖上。除非排布得当，否则它只不过是一群拿着巨大长矛的乌合之众，武器太长使人很容易就能避开他们的尖端。

少数人可能试图坚守抵抗，但大多数人可能只是扔掉长矛逃命。剩下坚守的少数人可能要或多或少地独自面对冲来的大象，虽然长矛幸运的一击可能对步兵或骑兵有效，但要对付大象，其威力还是欠缺太多。

象群的后面，是军团，像往常一样，标枪如冰雹般飞来，接着是拔剑前冲。方阵成形的话，本来有机会遏制罗马人的势头，但由于它现在混乱不堪且惊慌失措，根本没有抵抗住的希望。即使占据高地也无济于事，少数坚守阵地的人会被包围并被砍倒。不一会儿，尼卡诺尔的整支部队，所有的安提柯左翼，全面溃败，逃命去了。

即使有了这一重大进展，这场战斗仍然有着反复的可能。弗拉米尼努斯打败了尼卡诺尔，但惊慌失措、四处逃窜的安提柯左翼仍可以重新集结起来，重新投入战斗。与此同时，罗马人左翼这边，情况看起来更糟了，方阵正把他们赶回自己的营地，气势汹汹地要突破他们。如果腓力击溃了罗马人的左翼，他就可以把他得胜的右翼转向，在山脊上与弗拉米尼努斯的右翼正面交锋，前提是他可以阻止他的军队追击逃跑的士兵，或者阻止他们试图抢劫罗马人的营地。

最后，战斗的关键落在了一个勇敢的罗马护民官身上，他发现了一个机会，并利用了它。这个人的名字，连同他的出身，以及他是否因为这一英勇壮举而被赏识等细节，已经湮没在历史中。如果他是一名护民官，那么他可能很年轻，或许 20 多岁，可能来自贵族家庭，或者至少是富有的家庭。我相信，不管他是谁，他的行为得到了认可，因为他的行为在资料中有所记载，如果他们把他的行为记录下来，那就意味着他被人们记住了，而我们也从而得知他的杰出策略确保了罗马的胜利。

这位佚名的护民官设法阻止了弗拉米尼努斯右翼 20 支得胜的中队，他们正在追赶尼卡诺尔的部队。让犹如脱缰烈马的追击部队停下绝非易事。由于古代军队主要靠掠夺敌人的遗体来赚钱，中断追击就意味着要冒无论这些唾手可及的敌人身上原本有何种丰厚的战利品，现在都像煮熟的鸭子一样飞走了的风险。

因此，无论这位保民官是谁，他拥有的个人魅力和他麾下士兵对他的尊重都让近 2500 人听从他的命令，为了赢得这场战争，放弃了他们自身金钱上的利益。这些人最有可能是后备兵中队，或者至少是由他们带头。首先，这些地方应该位于把尼卡诺尔赶出战场的部队的后方，因而最适合我下面要描述的行动。其次，因为后备兵是年龄最大、经验最丰富的部队，最有可能有着良好的纪律，并懂得在抢劫之前赢得战斗的重要性。第三，军团步兵的服役部分是建立在财富基础上的，部队里比后备兵更富有的只有罗马骑兵，这使他们比其他人更能抵御劫掠的诱惑。

这位佚名的护民官让这 20 支连队停止了追击，使他们左转越过位于中间的山脊，就像一扇谷仓的门摇晃着关上了。安提柯的右翼和罗马的左翼完全交织在了一起，而且即使他们意识到了危险，他们也无能为力。方阵只能在正前方这一个方向上作战，如果他们转身面对新的威胁，就会被先前在其前方的罗马人砍成肉酱。

于是这位不知名的保民官把门关上，将他的 20 支连队猛地插入安提柯人的后方。刹那间，原本胜利在望的这支军队发现自己被前后夹击，后面的是生力军，而前方的罗马人看到他们的战友前来救援，又重新燃起了斗志。

腓力拼命地战斗，试图将他的士兵团结在一起，但最终他惊恐的士兵们开始扔掉武器逃走，而他意识到了局势已不可救药。当他掉转马头，策马疾驰而去，任凭手下自生自灭时，他心里熊熊燃烧的羞愧之火只可令人想象。

余波

库诺斯克法莱战役肯定不是一场那种双方指挥官选择地点和时间，因而争斗被认为是"公平"的"固定套路"的战斗。这完全是一场在双方指挥官都不情愿的地点、时间和条件下发生的意外。正因为如此，这对两支军队来说都有着难以置信的风险，你可以看到这是一场险胜。

安提柯人的溃败招致了古代战争的通常结果，敌人的无情追击造成的伤亡比实际战斗中多得多。腓力逃过一劫，又重新出现在故事中。令人有些意外的是，他先是以罗马朋友的身份出现，后来又再一次成为敌人。最后，资料来源告诉我们，大约有 8000 名安提柯人被杀，另有 5000 人被俘，可能被卖作了奴隶。罗马人只损失了 700 人，大部分可能是左翼在牵制着安提柯右翼直到从后方对其发起进攻前造成的。

有一段关于对待战败士兵的耐人寻味的记述，一些安提柯方阵兵竖直地举起了他们的长矛，这是他们投降的标志。不清楚是罗马人误解了他们的姿势才杀死了他们，还是他们对战斗的欲望如此强烈以至于无法克制自己，但他们的确杀死了他们。至少波里比阿为弗拉米尼努斯的这种屠杀行为辩解，把责任归咎于他过激的士兵。他这样做也许是对的。在这个时间点上，罗马人已与希腊化方阵进行了多次战斗，足以熟悉他们投降的表示。很可能是士兵们被愤怒和胜利的狂喜支配了，或者是他们故意忽视了这个姿势，以便更容易地剥光这些人的财产。

罗马人接着前去洗劫安提柯人的营地，结果却发现骑马的埃托利亚人已经比他们抢先一步，几乎拿走了所有没被拴住的东西。请记住这一点，因为罗马人不可能会对此感到高兴，而且这可能加剧了发生于 7 年后的马格尼西亚战役前的紧张局势。

尽管是这样的险胜，我们仍必须把这次胜利算作是军团对方阵的又一次胜利。当我们判断哪个阵形更佳时，考虑其在不太理想的情况（措手不及、糟糕的场地、支援不足）下表现如何和在理想情况下的同样重要。在库诺斯克法莱，两名指挥官都感到措手不及，都遭遇了挫折，都有过胜利似乎已成定局的时刻。在缺乏额外资料的情况下——虽然我可以对此怀有梦想，但我们不太可能会得到——我们必须将它算作一场光明正大的胜利。

腓力被迫接受了屈辱的和平条款，这将在今后的岁月里产生深远的影响。腓力被迫从整个希腊撤出，并且放弃了他在小亚细亚（Asia Minor）和色雷斯的领土。他必须支付战争赔款（被称为贡品），并解散了他的海军。更糟的是，他被迫成为罗马的盟友，处于藩属王的附属地位，这一定激怒了这个骄傲的人。而终极的侮辱——他要交出他的儿子德米特里乌斯，把他送到罗马去做人质。这将对安提柯王朝产生深远的影响，并在一定程度上导致了宏大的皮德纳战役，这是军团和方阵之间的一场决定性交锋，发生在库诺斯克法莱战役后不到30年里。这场战斗将招致安提柯王朝的灭亡，并确保罗马在希腊世界的霸权。

第八章

公元前 190 年的马格尼西亚战役：
让汉尼拔无处可逃

> 安条克在平原上向他展示了他集结起来要向罗马人民开战的庞大军队，并来回操纵他那饰有金银、闪闪发光的军队。他还展现了装有镰刀的战车、驮着塔楼的大象以及有着华丽辔头、鞍褥、颈链和马饰的骑兵。然后，国王看着一支如此庞大、装备如此精良的军队，得意洋洋地转身对汉尼拔说道："你认为这一切足够罗马人与之匹敌吗？"接着这位迦太基人嘲笑国王麾下穿着昂贵盔甲的军队毫无价值和效率，回答说："我想这一切就足够了，对满足罗马人的贪欲相当足够。"
>
> ——奥卢斯·革利乌斯（Aulus Gellius），《阿提卡之夜》（*Attic Nights*）

马格尼西亚战役似乎脱离了当前的叙事。本书的前三场战役属于"皮洛士战争"，第四场和第六场则是"马其顿战争"，现在我们突然要硬插进来一场属于叙利亚战争（Syrian War）的战斗。这场战争的称呼实际上是误导人的，因为叙利亚战争是第二次马其顿战争，尤其是库诺斯克法莱战役的直接产物，

137

你会看到这实际上是一个连贯的线性叙述。

部分原因是安条克三世——马格尼西亚战役其中一方的指挥者，像腓力五世一样是一位继业者国王。他是塞琉古王朝的领袖，这个王朝和安提柯王朝一样都起源于亚历山大大帝的部将。为了了解安条克和他在战争中的角色，我们必须了解塞琉古王朝到底是些什么人，以及他们是如何随着腓力在库诺斯克法莱战败后，前去对抗罗马威势的。

"叙利亚希腊人"

作为一个在纽约长大的犹太孩子，我们期待着庆祝每年的光明节（Hanukkah）。这被戏称为"犹太圣诞节"（通常和圣诞节差不多同一时间）的节日最受孩子们的欢迎，因为它包含了最少的祈祷和仪式、最多的礼物和游戏。当时，我模模糊糊地明白，这个节日是为了庆祝一场军事胜利，还有一些和亮得异常久的神奇油灯有关的东西，但管它呢，开礼物才是最重要的。

这个节日实际上庆祝的是马加比犹太人（Maccabean Jews）对"叙利亚希腊人"取得的胜利，他们就是塞琉古人，亚历山大大帝的将军塞琉古一世"征服者"的后裔。塞琉古在公元前312年于巴比伦（Babylon）城登基称王。他和他的后代逐渐扩充了他帝国的疆土，包括了现代土耳其、黎凡特（Levant），以及现在的阿富汗（Afghanistan）、巴基斯坦（Pakistan）和库尔德斯坦（Kurdistan）的许多地区。别让主要在巴尔干半岛和"斯坦"地区的疆土把你唬住了。塞琉古和他的后裔们是地地道道的希腊化统治者，也就是说，他们都是文化意义上的希腊人。除了一些东方风味外，你会发现安条克三世和腓力五世在生活方式、宫廷文化和目标上有诸多相似之处。

塞琉古和亚历山大大帝一样，最远东扩至印度。与亚历山大不同，他的军队没有叛变。相反，他们被印度皇帝旃陀罗笈多·孔雀（Chandragupta Maurya）打得停滞不前，而孔雀将自己的名字赋予了该地区历史上首个统一的帝国。公元前1世纪的希腊历史学家和地理学家斯特拉博（Strabo）详细地记述了战后的和平协议：

印度人［部分地］占据了坐落在印度河流域的一些地区，这些地方从前属于波斯人：亚历山大从雅利安人（Ariani）手中夺取了它们，在那里建立了他自己的定居点。但塞琉古一世"征服者"由于一桩婚约将它们割给旃陀罗笈多·孔雀［斯特拉博称呼他为山德罗库图斯（Sandrocottus）］，并且作为回报收到了 500 头大象。

这些大象在公元前301年的伊普苏斯战役（皮洛士在这场战斗中英勇奋战）中发挥了决定性的作用，使得塞琉古西向扩张到足以大大弥补他在与旃陀罗笈多的对峙中所损失的疆土的程度。

安条克三世是塞琉古的玄孙。他本不应该成为国王，因为他有个比他年长 4 岁的哥哥塞琉古三世。他们的父亲塞琉古二世去世后，帕加马国王阿塔卢斯一世夺取了塞琉古王国西部的部分领土，塞琉古三世和他的兄弟安条克三世于公元前 223 年越过金牛（Taurus）山脉，前去夺回这些领土。

波里比阿提到，在这次行程中，塞琉古三世军队的两名成员——高卢人阿帕图留斯和尼卡诺尔（不是库诺斯克法莱战役的那个尼卡诺尔）刺杀了国王。他们是否遵照阿塔卢斯的命令这样做还不清楚，但安条克当时只有 18 岁，尽管不是孩童，但相对那些更年长、政治上更狡猾的操盘者，肯定还是太年轻了。塞琉古三世的叔叔阿凯耶斯（Achaeus）接管了军队，并把阿帕图留斯和尼卡诺尔处死。在背信弃义堪称家常便饭的古代世界，他展现出令人惊奇万分的道德观念。他并没有将王冠据为己有，而是带领军队投入战斗，为新国王安条克三世效力。

狄奥多托斯一世是安条克治下巴克特里亚（Bactria）地区的总督（satrap），该地区包括如今的乌兹别克斯坦（Uzbekistan）、塔吉克斯坦（Tajikistan）和阿富汗（Afghanistan）。狄奥多托斯反叛后，宣布该省为一个独立的王国。帕提亚（Parthia），即如今伊朗（Iran）的大部分疆域，也抛弃了对塞琉古的忠诚，当地人扶持阿萨息斯一世（Arsaces Ⅰ）为独立的统治者。位于现代伊朗北部的塞琉古两省米底（Media）和波西斯（Persis）也反叛了。另一个位于现代伊朗境内的省份米底·阿特罗帕特尼（Media Atropatene）在波斯国王大流士二世（Darius Ⅱ）的孙子阿尔托巴札涅斯（Artabazanes）的统治下起义。米底和波西斯的总督，莫隆（Molon）和亚历山大兄弟，打败了派来对付他们的军队，只有阿凯耶斯对阿塔卢斯一世取得的成果让一些丢失的省份重新回到了塞琉古的控制之下。

公元前221年，安条克终于亲自介入了波西斯和米底的起义，起义被镇压了。接着不久之后，阿尔托巴札涅斯就投降了。阿凯耶斯本人随后叛变，在他从阿塔卢斯手中夺回来的领土上自立为王。

他的王国内部纷乱还远未平息，安条克干脆对这场叛乱放任自流，转而行军对付他的邻居和宿敌托勒密四世。托勒密四世"为父所钟"是托勒密一世"救星"的曾孙，托勒密一世同样是亚历山大大帝的一位将领以及在后者死后瓜分其帝国的"继业者们"之一。安条克挑战托勒密对黎凡特的控制权，并在公元前217年的拉菲亚战役中遭受重创，不得不撤退到现代黎巴嫩（Lebanon）北部。

安条克表现出了皮洛士般的注意力持续时间，现在他的关注点转向他反叛的叔叔阿凯耶斯。他打败并处决了阿凯耶斯，征服了小亚细亚，然后入侵帕提亚，迫使国王阿萨息斯二世（Arsaces II）接受了阿萨息斯作为安条克藩属王的屈辱和议。公元前209年，安条克向巴克特里亚进军，在阿利乌河（Arius）战役中击败国王欧绪德谟一世（Euthydemus I），有效地收复了他兄弟之死最初引发的接二连三叛乱中失去的所有领土。

我们不知道安条克是否把自己想象成另一个亚历山大，但我们不能忽视他做了很多效仿亚历山大的事情。其中包括并非止步于巴克特里亚，而是向东进军印度，在那里他与印度幸军王（Sophagasenus）重续了友谊（根据波里比阿的说法）。这一重续，很可能是在一场战斗或战争威胁之后的一种纳贡，收取作为礼物赠送的更多战象和大笔金钱。

安条克利用这些重新发起对黎凡特的进攻，并在公元前200年于帕尼亚战役（Panium）中击败了由埃托利亚人将军斯科帕斯（Scopas）指挥的托勒密军队。公元前198年，就在腓力于库诺斯克法莱战败之前，安条克完全占领了叙利亚山谷（Coele-Syria）地区，大致相当于如今的贝卡谷地（Bekka valley）。沿途他与腓力达成协议，要瓜分尚未成年的托勒密五世（Ptolemy V）的领土，这点我们在前一章已经讲过了。

罗马的死敌和希腊的叛徒

安条克一路顺风顺水。更重要的是，他顺利地向西进军，很快就进入罗马的势力范围。然而时机却十分糟糕，弗拉米尼努斯刚刚宣布希腊人完全自由。弗拉米尼努斯在公元前196年的地峡运动会（这是一种小型的奥运会）上大声朗诵一篇激动人心的宣告强调了这一点。波里比阿描绘了大众喜迎这一宣告的场景：

当时爆发出的掌声这般热烈，以至于很难以文字将当时的场面传达给我的读者们。掌声终于停歇时，没有人注意运动员们，所有的人都在自言自语或者互相交谈，大家似乎都像失去了理智一样。难以想象，运动会结束后，在他们的奢侈狂欢中，弗拉米尼努斯差点溺毙在他们展现出的感激之情中。

这种反应绝对给罗马留下了深刻印象，而罗马显然不愿让这种"自由"受到外国势力的损害。

我把"自由"这个词加了引号，是因为罗马用高压手段"解放"了希腊人。安提柯王朝曾用三处被称为"希腊的枷锁"的堡垒控制了希腊：哈尔基斯（Chalcis）、科林斯和德米特里阿斯（Demetrias），弗拉米尼努斯现在要求把它们移交给罗马。

曾对罗马人在库诺斯克法莱的胜利起了至关重要作用的埃托利亚人对此感到愤怒，同时也对他们没有得到他们所希望的丰厚回报感到恼火。波里比阿再次说道："因此很显然罗马人从腓力手中接收了'希腊的枷锁'，而希腊人得到的不是自由，而是另一个主人。"

认识到新老板和旧老板一样。埃托利亚人觉得自己被戏弄了，虽然他们对腓力没有好感，但罗马驻军不断地提醒着他们受到的不公正对待。

随着无论是罗马还是安条克都试图将希腊绑上他们的马车，一场某种意义上的"冷战"爆发了。的确，腓力现在成了罗马的"盟友"，但人们对第二次马其顿战争仍记忆犹新，与此同时安条克已经在公元前195年与托勒密议和，缔结了他女儿克娄巴特拉一世（Cleopatra I）同托勒密的婚约，他朝希腊的调兵遣将将使得一些诸如罗德岛城邦这样的罗马盟友们大为恐慌。

当安条克欢迎的不是别人而是汉尼拔·巴卡,这位来自第二次布匿战争的著名迦太基将军,作为他的亲信顾问来到他的宫廷时,安条克和罗马之间的紧张关系变得更加糟糕。

要知道,汉尼拔在罗马人大众的想象中绝对是一个恶魔;李维和公元前1世纪罗马演说家马库斯·图利乌斯·西塞罗(Marcus Tullius Cicero)都告诉我们,"汉尼拔在门口"(Hannibal ad portas)这个短语是用来吓唬顽皮的罗马孩子的。汉尼拔给罗马人造成了他们历史上最大的失败,也可以说是自公元前390年布伦努斯率领塞内诺斯人洗劫罗马以来,他们最接近生死关头的一次危机。把汉尼拔接纳到他的宫廷,某种程度上相当于现代俄罗斯窝藏着美国著名机密信息泄密者爱德华·斯诺登(Edward Snowden),至少在侮辱罗马人民方面是这样,并在某种程度上还要糟糕得多。斯诺登只是泄露了机密,而汉尼拔要为成千上万罗马人的死亡负责,可以说,他在罗马的大部分领土上称霸了近20年。这显然无助于两个大国之间建立起信任。

第二次马其顿战争期间,腓力把阿尔戈斯城的控制权交给了斯巴达国王纳比斯(Nabis),作为交换,纳比斯抛弃了罗马,加入了安提柯一方。现在腓力战败并被逐出了希腊,而纳比斯仍占据着这座城邦。

元老院下令发动战争解放阿尔戈斯,弗拉米尼努斯组织了一个由亚该亚同盟、帕加马、罗德岛,甚至还有腓力和安提柯王朝这个罗马现今不怎么情愿的"盟友"组成的联盟。李维详细描述了为组建这个联盟而进行的紧张谈判,特别是埃托利亚人的抱怨,这为将要发生的事情埋下了伏笔。埃托利亚人要求弗拉米尼努斯把他的军队撤回意大利,让他们去对付斯巴达,但几乎都被亚该亚同盟的代表阿瑞斯塔涅斯(Aristaenus)的大吼声所压倒。

战争以弗拉米尼努斯的胜利告终。斯巴达投降了,加入了亚该亚同盟,并从本质上结束了它作为希腊一个独立政治势力的地位。然而,罗马和埃托利亚人之间的裂痕不断扩大。回想一下库诺斯克法莱战役后,在罗马人到达之前,埃托利亚人洗劫了腓力的营地。罗马人拒绝接受埃托利亚人提出的处理斯巴达问题的建议,是罗马和埃托利亚人关系恶化的另一个体现。

到公元前192年,第二次马其顿战争的直接危机已经成为过去,大部分罗马军队从希腊撤出。埃托利亚人终于觉得足够安全到可以表达他们的愤恨了，他们向安条克派出了使节，邀请他把希腊从罗马占领下解放出来。

与罗马交战并不是一个轻易的决定，安条克有计划地做好了准备，直到埃托利亚人攻取德米特里阿斯，显示了罗马虚弱的契机，并使他确信时机已经成熟。同年，安条克率领一支"解放"军渡过了赫勒斯滂（Hellespont）海峡。罗马宣战，并开始整合部队同他交锋。

不息的亡者与温泉关再现

在穿越色萨利的途中，安条克经过了库诺斯克法莱战场的旧址，时隔5年，那里仍然留有安提柯人的尸骨。安条克将这些骸骨风光大葬，指责腓力忽视了他的同胞。无论是对于希腊本土的希腊人，还是在巴尔干半岛和中东偏远地区的希腊化同辈人来说，给予体面的葬礼都是非常重要的。

阿皮安告诉我们，安条克的目的是通过捍卫马其顿人的葬礼仪式来讨好他们，但这却产生了严重的反效果。说得好听点，腓力是罗马人不太情愿的盟友，他一直在考虑加入安条克对罗马的战斗。毕竟，安条克和腓力一样是希腊化国王，是亚历山大麾下将军的后代，并且他们已经有过共同对抗托勒密的经历。但这种侮辱使腓力倍加坚定了他对罗马的承诺。

腓力同罗马的马库斯·贝比尤斯·塔姆菲鲁斯（Marcus Baebius Tamphilus）接触，后者立即开始同他一道抵制安条克。首先来到的是罗马的阿皮乌斯·克劳狄·美丽（Appius Claudius Pulcher）率领的2000人前锋卫队，并且通过精明的手段——他点燃了大量营火以掩饰他实际上拥有的部队规模有多小——吓得安条克偏离了他的行进路线。

最终，一支有着2000名骑兵、20000名步兵以及一些大象的正规罗马军队在马尼乌斯·阿奇留斯·格拉布里奥（Manius Acilius Glabrio）的指挥下抵达了。

安条克的回应是封锁了温泉关的关隘。公元前480年，著名的列奥尼达斯和他的300名斯巴达士兵防守的就是这条紧窄的隘口。敌人数量至少是安条克部队人数的两倍，但山口是该地区防御能力最强的地方之一，他一直坚持等待着来自亚洲的增援。

这场"第五次温泉关战役"（著名的"斯巴达300勇士"是第一次）并不是本章的主题马格尼西亚战役，但这场战斗的结果对马格尼西亚战役产生了强烈的影响，所以我们需要花一点时间来仔细研究下它。我最喜欢阿皮安的记述。他对于温泉关何以成为如此易守难攻之地列出了极佳的论断。此地如此适合防御，以至于它最终成为八场战斗的地点，跨度从公元前480年的第一次温泉关战役一直到1941年，当时德国入侵希腊，盟军在该隘口负险固守："温泉关的通路既狭且长，一侧是汹涌荒凉的海洋，另一侧是无法通行的深沉沼泽。其被两座山峰掩映，一座叫做底修斯（Tichius），另一座叫卡利德罗米（Callidromus）。这地方还有一些温泉，因而得名'温泉关'。"

这是整个希腊最具防御能力的阵地之一，更重要的是，这是古代军队由南向北穿过色萨利下至阿提卡可用的唯一陆上路线。

安条克在这里挖壕驻守，横穿山口筑了一堵双层墙，上面布满了弩砲。他肯定知道公元前480年斯巴达人由于埃菲阿尔特斯的叛变而被击败的故事，并命令他的埃托利亚盟友进入高地，1000人前往底修斯，另外1000人前往卡利德罗米，防止罗马人重复同样的侧翼包抄。

这一策略是合理的，但是安条克没有派遣足够多的部队，而且他也过于信任他的埃托利亚盟友，而不是派遣自己的塞琉古士兵去执行这项至关重要的任务，这很可能是因为破碎地形和山间隘道的狭窄空间不利于组成方阵和超长矛发挥。马尼乌斯肯定也知道埃菲阿尔特斯的故事，他的做法正如安条克的预计，派遣精锐部队（李维告诉我们每队2000人）分别由卢修斯·瓦列里乌斯·弗拉库斯（Lucius Valerius Flaccus）和老加图（Cato the Elder）率领，前去拿下这两座高地。

卢修斯被击退了，但是加图发现埃托利亚人睡着了，这很奇怪，考虑到他们知道罗马人会来，并且他们就是被派来阻挡罗马人的。更为令人惊讶的是，这些看似懈怠的埃托利亚人进行了激烈的抵抗，加图为前进的每一寸土地都付出了代价。

与此同时，马尼乌斯带领他的主力部队进入关隘，对抗安条克的方阵，这大约有两支旅的兵力。阿皮安再次为我们生动地描述了战斗情形：

战斗打响后，轻装部队首先向马尼乌斯发起猛攻，从四面八方冲了过来。马尼乌斯勇敢地面对进攻，先是让步，然后向前推进，把他们赶了回去。方阵打开了，让轻装上阵的人通过，随后又闭合并向前推进，长矛按照战斗阵形密布，伴随着马其顿人自从亚历山大和腓力时代起就散布到敌人之中的恐怖威慑。

我到温泉关的战场上走过。虽然自那场战斗以来，海岸线已经发生了显著的迁移，但你仍然可以看到，地面是对于方阵来说完美的地形：平坦、平整、完整，两侧被高地掩盖。罗马人被迫直面这片无法穿透的矛尖密林，李维告诉我们，在这种情况下，他们受到了严重伤害。李维说罗马人"要不是有马库斯·波尔基乌斯（M. Porcius，也就是加图）出现在俯瞰营地的一座小山上，他们必将要么混乱地受挫撤退，要么遭受重大损失"。

第一个惊慌失措的埃托利亚人赶来了，身后伴随着紧追不舍的加图和他的部队，逃向塞琉古的军营。在战斗的混乱中，不可能知道加图带来的到底是两三个中队还是整支大军。我在第四章中描述了营地遭劫的担忧如何动摇了皮洛士的方阵兵。这里同样适用，安条克无法阻止他的士兵破坏阵形，向他们的营地撤退，以保护其免受劫掠。

这当然导致了灾难，因为方阵只有在完全成形时才能发挥效用。待尘埃落定，安条克好歹成功逃脱，但代价是付出了（如果你相信阿皮安的说法）他的全部兵力，而罗马人只损失了200人。

严格意义上来说，这是一场军团对方阵的战斗，因此值得一提，尤其是就事实而言，在加图的侧翼包抄之前，塞琉古王朝一度几乎取得胜利。然而，它的规模比马格尼西亚战役小得多，意义也小得多，可用的资料来源也少得多，所以我们把它看作是规模更大且更具决定性的马格尼西亚战役的前奏。马格尼西亚战役才是军团对抗方阵表现的真正实验台。

恶有恶报——锡皮勒姆山地区的马格尼西亚

在温泉关失败对安条克来说已经足够了。他离开希腊，回到以弗所（Ephesus），在吕底亚（Lydia），也就是现在土耳其的西海岸。他很可能希望罗马人会满足于此。马尼乌斯兑现了弗拉米尼努斯关于希腊人将会获得自由的诺言，至少摆脱了安条克的影响，尽管无法免于受到罗马人的统治。回到吕底亚，安条克坚定地龟缩在他自己的势力范围内，在罗马的势力范围之外。他可以重建他的军队，进行谈判，想出一条新出路。

但是李维在马尼乌斯于温泉关战役前对士兵们的演讲中给了我们一些预示。他告诉他的士兵们，如果他们赢了：

> 你们将为罗马征服亚洲、叙利亚以及一直到最东方的所有富裕王国。还有什么能够阻止我们将疆域从加的斯（Gades）一路畅通地拓展至红海（Red Sea）？环抱世界的大海将成为我们的边界线，整个人类都对罗马充满了敬畏。你们要在心里，在思想上，显示出你们配得上这般浩瀚的赏赐，好叫我们明天拿下这场战斗确保得到诸神的助力。

这篇演讲揭穿了弗拉米尼努斯所谓"解放希腊人"的谎言，并支持了埃托利亚人的宣称，即罗马人最终寻求的不是解放，而是征服。安条克入侵希腊给了他们进入亚洲所需的借口。

与此同时，罗马人在公元前191年至189年发动了埃托利亚战争（Aerolian War），这是一场惩罚埃托利亚人先前邀请了安条克的战争。埃托利亚人恳求安条克回来，不要抛弃他们，但国王只给了他们钱，把实际战斗留给了他的盟友。他们并不走运，罗马人在公元前189年使他们沦为傀儡。

安条克坚信罗马人不会追击他进入亚洲。李维以他一贯的戏剧天赋，叙述安条克听从奉承他的顾问们的糟糕建议，而只有聪明老练的汉尼拔警告他，一旦他们与埃托利亚人谈判完毕，罗马人肯定会来找他。李维还描述说，汉尼拔一开始就建议安条克不要接受埃托利亚人的邀请渡过赫勒斯滂海峡，这同样也没有被采纳。

安条克最终被汉尼拔的论断动摇了，他接受了罗马人确实要来找他的事实。他集结了一支陆军和海军，准备迎战他们。他的海军在汉尼拔和安条克杰出的副手波利齐尼达斯（Polyxenidas）的领导下，与罗马海军及其盟友罗德岛和帕加马进行了数次交锋，后者还无情地袭击了位于土耳其西海岸的塞琉古领土。最后，很大程度上被赶出了海上，并且伴随着罗马人渡过赫勒斯滂海峡进入亚洲，他向罗马人派遣了大使，请求和平，并同意让渡他在"欧洲"的全部宣称。罗马人回答说，除非把他到金牛山靠近他们一侧的全部亚洲领土都割让给他们，否则他们是不会满意的。这是安条克从阿凯耶斯手中重新夺回的领土，罗马人肯定已经知道他绝不会放弃这里。

退无可退的安条克准备在锡皮勒姆山区的马格尼西亚外作战，那里位于如今土耳其的马尼萨（Manisa）。他有充分理由对自己的前景抱有信心。自从温泉关的灾难发生以来，他设法集结了一支庞大的军队。几乎可以肯定，李维是夸大其词了，说其共计有62000名步兵和12000名骑兵！实际数字可能合计接近5万。更妙的是，他的主要对手，罗马最伟大的将军病了。

镰刃风暴——马格尼西亚

普布利乌斯·科尔内利乌斯·西庇阿，因征服迦太基而被授予了"非洲征服者"的称号，是罗马人中的传奇。他被普遍认为是罗马最杰出的将军，是唯一能够打败汉尼拔，将共和国从迦太基人的入侵中拯救出来的人，他是对抗安条克理所当然的人选。

问题是，他没有资格担任那年的执政官，这意味着他无法拥有执政官指挥军队的权力。相应的是，他的弟弟卢修斯（Lucius）当选了。罗马执政官会被分派到不同的省份进行管理和指挥战役，两位执政官都在奋力争取希腊。当非洲征服者自愿在他弟弟的军队中作为一名将军充当他弟弟的军事参谋时，参议院以压倒性的优势同意把在"希腊"（事实上是小亚细亚）的战役交给卢修斯。

这一任务分派肯定给了卢修斯充分的理由相信他会轻松获胜。安条克在温泉关已经被狠狠地打伤了，夹着尾巴被赶回了家。罗马人在爱琴海和整个吕底亚海岸都取得了胜利，现在卢修斯将有他的兄弟，这个国家最伟大的谋略家，来帮助他领导军队。

然后，在战争前夕，非洲征服者突然病倒了。

一些学者认为这场病可能是假的，因为非洲征服者想把胜利的荣耀让给他的兄弟。然而这是不太可能的。虽然时机的确似乎很合适，但我们没有任何证据证明这一点，而且非洲征服者以前也病过。我们确知的是非洲征服者并不在马格尼西亚的战场上，指挥权稳固地落到了卢修斯身上。卢修斯事实上还有另外一位将军格奈乌斯·多米丘斯·铜须（Gnaeus Domitius Ahenobarbus）。铜须是一位经验丰富的指挥官，他曾成功地战胜了住在阿尔卑斯山意大利一侧的凯尔特民族的一支——博伊人（Boii）。不清楚卢修斯率领军队的范围有多大，也不清楚他在多大程度上依赖铜须，但我们知道，这场战斗的全部功劳都归给了卢修斯。

卢修斯发现安条克在弗莱久斯河（Phrygius）附近安营扎寨，这条河就是现代土耳其的盖迪兹河（Gediz），他的位置再一次被一道双重的壁垒保护着。在来自国王的骑兵和散兵的不断小规模骚扰中，罗马人过河扎营。一连5天，双方军队都驻扎在彼此看得见的地方；根据阿皮安的说法，他们相距约2英里，双方军队在壁垒外部署成作战阵形，但谁也不愿采取行动。有一次，卢修斯甚至把他的部队开进了平原的中心，这是适合方阵的好地方，但是安条克拒绝进军同他交锋。

显而易见的问题是，"为什么卢修斯不干脆进攻？"要知道，安条克的部队就集结在他的设防营地之外。正如我们已经见到过的那样，古代军队的营地不仅仅只是一堆帐篷。它们是堡垒，有沟渠、城墙、大门、塔楼、弩砲以及其他防御设施。如果卢修斯发动了进攻，安条克能够轻松地把他的军队撤回营地里，迫使罗马人猛攻他的城墙。这样的交战对守军极为有利。诱使安条克出来进行一场野战，无疑符合罗马人的最大利益。

凛冬将至，在冬季将军队驻扎于野地几乎是不可能的。古时候，军队所到之处都会被洗劫一空，而草料一直是个问题。一支庞大的军队在一个地方驻扎的时间越长，得病、挨饿的风险就越高，并且当一群战斗人员无所事事地待在一起时，总是不免要爆发各种各样的口角摩擦。意识到安条克不愿外出作战，卢修斯最终向前移动了他整个营地，他决定，如果安条克对这一最新的挑衅无动于衷的话，他就直接强攻国王的设防要塞。

但是李维告诉我们，无所事事正在扼杀塞琉古人的士气。安条克的军队很庞大，场地也很适合，他在自己的本土上作战，而他对手那边最伟大的军事谋略家生病并且离开了战场。没有比这更好的了。如果他想保持他的军队对取得胜利的信心，他就必须带领他的士兵出去进行战斗。他就是这样做的，展开战线包抄对手。

罗马人不得不惊恐地看着塞琉古的阵线伸展开来，超出罗马人的右翼，一直延伸到远处。这一重叠部分很容易卷曲起来，一旦开战就会摧毁罗马的侧翼。

李维和阿皮安都给出了很多双方军队组成的细节。卢修斯有两个军团，各约5000人，另外还有两个拉丁和意大利盟友军团。如果把辅助部队也算进去，大约有2万名重装步兵。罗马人占据了战线的中央，盟军分布在两翼。阿塔卢斯一世的儿子——帕加马国王欧迈尼斯（King Eumenes of Pergamon）带来了一些部队，这些军队混杂在亚该亚的圆盾兵（李维的原话）中，这可能意味着他们是以方阵兵样式武装的"轻盾兵"或者是散兵，总计约3000人。欧迈尼斯还提供了800名骑兵，他们与罗马骑兵、数量更多的塔里安（Trallian，一支色雷斯部落）和克里特岛盟军的骑兵混在一起，总计再一次达到3000人，不过这个数字可能会发生变化，取决于你是相信李维还是阿皮安。这支骑兵部队组成了罗马右翼卫队。他们的左翼受到河流的保护，这条河可以阻止敌人绕过来从后方发起进攻。

卢修斯还有16头战象，但我们可以从李维那里确定这些是体型较小的阿特拉斯象，比安条克的印度象小得多。阿特拉斯象肩高约8英尺，而印度象肩高约11英尺。认识到这一体型上的悬殊，卢修斯决定将他的战象留存不用。他可能也不愿意在战斗上信赖大象，因为大象若受了重伤，它们往往会横冲直撞，而且不分敌我。

把塞琉古大军称为"令人望而生畏的"，都还算是委婉的说法。安条克很可能有大约5万步兵。这支部队的核心是方阵，有16000人。这些部队被分成了十支千人队，每队之间有2头大象。不过阿皮安告诉我们每队之间有22头大象，这意味着安条克仅在前线就有220头大象。这比我们在古代战争中看到的要多得多。公元前202年，汉尼拔在扎马战役中只有80头大象，那是在非洲，更接近大象的活动范围。鉴于此，我倾向于相信李维认为的每段间隔只有2头大象的说法。李维补充说，大象身上装着有羽冠的盔甲，背上有塔楼，里面有驭手和4名士兵。不管它们的实际价值如何，它们看起来一定很吓人。阿皮安用了华丽的辞藻来形容这一场景："方阵如墙，战象若塔。"

就我个人而言，我无法理解这种部署背后的逻辑。正如我们从以往的战斗中所看到的，战象是不可靠的，当由于巨大的噪音或创伤而受到惊吓或被逼疯时，它们倾向于在己方的队伍中横冲直撞。李维和阿皮安都没有提供方阵千人队之间的确切距离，但是用容易发生踩踏事故的不可靠动物打破一个完全依赖于凝聚力的阵形是一个明显的错误。就连阿皮安也对安条克运用方阵的方式感到惊奇："他原本应当寄予厚望的是他密集排列的方阵，因为其有着高度纪律，但现在却欠缺章法地蜂拥在狭窄空间里。"关于方阵的部署，我们有着更进一步的细节：这十支千人队各有 1600 人，部署为 50 列和 32 行。

安条克其余部分的军队堪称是古代各民族、军事角色和装备的陈列厅。阿皮安和李维给出的细节略有冲突，但李维更具体一点。总计 1500 名加拉太人（Galatian，定居在土耳其北部的凯尔特人）步兵，很可能以凯尔特战团的方式作战，与 3000 名具装骑兵（cataphract）一同布置在方阵右侧。"具装骑兵"一词源自于希腊语 "kataphraktos"，即 "完全包覆铠甲"，是马匹与骑手都完全覆盖在铁甲之下的超重型骑兵，十分类似后来的中世纪骑士。与他们在一起的还有 1000 名安条克的 "伙伴" 骑兵，他们都是效力于国王本人的精锐骑兵。李维觉得他们至少有一部分来自米底人（波斯人）。旁边还另有 16 头大象，接着是银盾兵。并没有给出银盾兵的数量，但是一些学者认为它们的数量有 10000 名，这是基于公元前 217 年安条克在拉菲亚战役中部署的银盾兵数量，并将其解释为塞琉古军队中这支部队的标准足额数量。在塞琉古人的左边，多少重现了这一部署顺序，大约 1500 名加拉太步兵，另外由国王 "虔信者"阿里阿拉特四世 ［King Ariarathes IV Eusebes，他娶了安条克的女儿安条尼丝（Antiochis）］派遣的 200 名卡帕多西亚（Cappadocia）士兵，接着是 2700 名混编士兵，另外 3000 名具装骑兵和 1000 名伙伴骑兵，由叙利亚人、吕底亚人和弗里吉亚人（Phrygian）组成。李维以骆驼骑射手和镰刀战车结束了他的描述：

在这一大群骑兵前面的是镰刀战车和他们称之为单峰驼的骆驼。坐在上面的是阿拉伯弓箭手，他们还拿着四肘（6 英尺）长的窄剑，以便从他们所处的高度上攻击到敌人。在他们之外，又是一大批与右翼相对应的部队，首先是他林敦人，接着是 2500 名加拉太骑兵、1000 名新招募的克里特人、1500 名同样装备的卡里亚人（Carian）和奇里乞亚人（Cilician），以及同样数量的特拉列斯人（Tralles）。接着是 4000 名圆盾兵，皮西迪亚人（Pisidian）、潘菲利亚人（Pamphylian）和吕底亚人，旁边是同右翼相同数量的克缇人（Cyrtian，米底人）和埃兰人（Elymaean），最后不远的地方还有 16 头大象。

这是一支可怕的大军，让人不禁想起薛西斯一世（Xerxes I）麾下对付列奥尼达斯和他的斯巴达人的"千国"军队。安条克本人亲率右翼。他的儿子塞琉古和他的外甥安提帕特（Antipater）指挥左翼。中军由三名军官统领——米尼奥（Minio）、宙克西斯（Zeuxis），以及安条克的"大象总管"腓力。

战场上笼罩着一层挥之不去的雾气，李维和阿皮安都指出这对塞琉古王朝不利，但原因不同。阿皮安指出，薄雾模糊了罗马人对安条克战线绝对令人震撼的印象，尽管我认为这更加令人恐惧，因为罗马人会看到隐藏在雾中半掩半现的险恶影像。考虑到他们是多么迷信，我可以很容易地想象出他们会被这些看不清的模糊影像吓得不轻。

另一方面，李维指出，罗马较短的正面宽度意味着所有罗马单位或多或少都能看到彼此。但是塞琉古一方漫长的战线长度（仅仅是方阵和分隔其间的大象占据的长度就超过 1/4 英里）意味着塞琉古王朝的部队无法看到彼此，因此无法利用旁边的军队作为参考点，形成一个有凝聚力的阵线。这意味着个别单位可能会前冲过头或是落后太多，不清楚他们在战线上拉开了多大的间隙。李维进一步指出，大多数罗马人是装备剑和标枪的重装步兵，不受湿气的影响。塞琉古军队中更多的是弓箭手和投石兵，他们使用亚麻、皮革、大麻或筋腱制成的弓弦和投石索，所有这些东西在潮湿环境下的表现都会变得很糟糕。

但薄雾对安条克的镰刀战车部队却没有什么影响，他们对位于罗马右翼的欧迈尼斯和他的骑兵发起冲锋，以此拉开了战斗的序幕。李维对战车的设计有很详细的描述：

在车辕的两侧，从车轭上像角一样伸出来的枪，长十肘（约 15 英尺），用于刺穿挡在它们路上的一切事物。在车轭的两头，有两把向外伸出的镰刀，一把与车轭在一条线上，一把在其下方，指向地面；前者的作用是把任何可能从侧面够得着的东西割开，而后者的作用是逮住那些倒地的或者竭力从下方躲避过去的事物。在轮轴的两端，也以同样的方式固定着两把镰刀。

这一描述无疑令人战栗，如果你设想在一队马匹后，一辆装备着这些镰刀的战车全速向你冲来，而你此时只有一把短剑、几根标枪和一面盾牌，你肯定可以感觉到它是多么令人望而生畏。它们的作用很明显——冲入密集阵形的步兵中，将对方切割开，毁掉古代步兵所需要的关键凝聚力。但我们几乎没有多少证据表明这些镰刀战车确实有效。镰刀战车产生任何实际效果的例子极少（我们有来自色诺芬和阿皮安的一些记述），我们知道它们在公元前331年的高加米拉战役中对亚历山大的部队毫无作用，当时马其顿人仅仅是用投射火力向他们射击，然后分开行伍，让他们通过，接着派出士兵了结剩余的幸存者。

它们这次的表现也不怎么样。欧迈尼斯知道具体如何对抗这种攻击，这可能来自像高加米拉这样战斗的共有经验。他派出散兵，一些骑兵部队或散步作为支援，特别命令以马为目标，因为马比人大得多，所以更容易被击中。他命令这些散兵尽可能散布开，以确保他们的投射火力能从四面八方射向目标，并避免给战车一大团蜂拥的士兵作为目标。这样一来，散兵们排布成了一个又宽又浅的新月形。如果阵形蜷缩得太紧的话，他们会被相互的交叉火力击中。

马的奔跑速度平均在每小时25到30英里左右，但要知道，这些都是共轭的马队，拖着一辆覆有金属镰刀，可能还有铠甲的战车，更不用说驭手和他们的装备了。如果有什么不同的话，那就是它们的移动速度比平均速度要慢，其速度虽足以在抵近列阵步兵时对他们造成严重的伤害，但还不足以在散兵连续几次齐射之前把距离拉近。

这些齐射有着众所周知的破坏力。套着挽绳的马匹会被射死，翻倒在尘土中，使得它们的战车被抛向空中，上面的驭手会被从车里甩飞。受伤的马匹偏离路线，撞上它们附近的队伍，使得人仰马翻。尽管欧迈尼斯下令散兵瞄准马匹，我们仍可以猜到大量的投射物会命中驭手们，标枪或投石使之从站立处掉落。最后，进攻完全停止了，步兵甚至不需要去扫荡幸存者。

如果投射武器只是简单地彻底摧毁战车的冲锋，对安条克来说甚至算是个较好的结果，但实际上发生的事要糟糕得多。有些马因伤受惊，失去了控制，在战车允许的范围内划出一道很紧的弧线，奔向它们己方的战线。

现在，回想下我在上文介绍过的作战序列。我们知道，在安条克的左翼，在战车后面，有一大批部队：辅助步兵、骑兵、具装骑兵和他的骆驼弓箭手。

现在他们全都惊恐地看着那些笨重的战车，它们向他们疾驰而来，锋利的长刃片闪闪发亮。

骆驼弓箭手是第一个逃离的。我不知道你们是否见过骆驼奔跑，我见过，它远没有马那么敏捷。它们可以移动得很快，但很笨重，比马占用的空间要大得多。阿皮安指出，由于身披厚重的盔甲，具装骑兵行动迟缓，他们要想让路就更难了。结果是一片混乱，安条克左翼的许多人惊慌失措地逃走了，剩下的人乱作一团，争先恐后地逃离受伤的马匹身后拖着的巨大切割机器。

欧迈内斯，我只能猜想，估计不敢相信他的运气这么好。如果他想到高加米拉，他就会不由自主地意识到，在这场战斗中，他实际上已经超过了亚历山大的成就，不仅打败了战车，还在这个过程中彻底瓦解了敌军的整个左翼。

帕加马国王可不是傻瓜。他立即发出冲锋的指示，率领骑兵冲了进去，尽量利用这一混乱局面。3000名骑兵纵身冲入乱局之中，他们骑马冲向逃跑的敌人骑手，插入到他们之中。古代骑兵战斗经常是反复的回合混战，相对于步兵战斗，对单位凝聚力的依赖很小，但这并不意味着凝聚力全无影响。一个单独被分割开的骑手更容易被包围并且从侧面或后方受到攻击。混乱不堪的塞琉古左翼已经失去了一切表面上的秩序，因此很容易被欧迈内斯和罗马及其盟军骑兵各个击破。

战争中的恐慌就像一种高度传染性的疾病。领导者在恐慌蔓延至全军前只有一闪即逝的机会鼓舞士兵。众所周知，一旦陷入恐慌，士兵就难以集结。历史上充斥着恐慌的士兵们向他们的指挥官们发起猛攻的故事，也许最著名的事件就是公元前48年尤里乌斯·恺撒在底拉西乌姆（Dyrrhachium）战败时，一名逃跑的罗马旗手在恺撒试图阻止他时袭击了他。据说恺撒是被他的一名德意志卫兵救下的，卫兵砍掉了这名男子的手臂。

恐慌从崩溃的左翼蔓延到中央方阵。罗马人瞅准时机，命令军团前进，投掷标枪，同群集的长矛兵交锋。方阵惊慌失措，开始退却。

在皮洛士战争中曾是罗马人致命大敌的大象，现在已不再是什么麻烦了，因为老兵们有着长期与大象合作和对抗的经验。他们现在知道离它们远点儿，用标枪向它们猛攻，用剑猛刺它们的腿。

欧迈内斯很可能是在感谢奥林匹斯山（Olympus）上每一位神灵赐予他的好运，幸运的剧烈冲击使他即使拿着长矛四处挥舞时仍狂喜不已。敌方一辆战车掉头转攻自己人，他突然间就支配了对手的整个侧翼！这很可能在战争真正开始之前就使其结束。当然，事情往往不可能这么简单，也不可能这么容易……事实也确实如此。

重装旅的冲锋——战势转折

我喜欢设想随着安条克的右翼响起了号角和喊叫声，欧迈内斯勒住他的马，往左转动他的头颅。

真的很滑稽。当欧迈内斯带着罗马右翼向安条克左翼发起冲锋时，安条克从塞琉古右翼向罗马左翼发起冲锋。带头冲锋的是安条克和他的伙伴骑兵，还有 3000 名具装骑兵。不像灾难性的左翼，这些骑兵组织得当、阵形齐整，他们像潮水一样带着人、马、武器和护甲的全部压力冲击罗马防线。

我之前提到过，罗马人把他们的左翼扎根在河上，他们认为深水会阻止安条克转至他们的侧翼。然而，他们在河岸边留下了一个弱点，那里只部署了四支骑兵中队，而且没有后备部队。安条克让他的骑兵猛烈冲击该处，装备更为轻便的罗马骑兵无力抵抗。即使是超重型的具装骑兵也比步兵机动性更佳，很快，安条克的骑兵楔入了罗马战线和河流之间，不仅在正面，同时在侧翼向罗马人施压。再一次，恐慌像传染病一样蔓延开来，罗马步兵看到骑兵逃跑，听到喊声，看到从前方到左侧都飘动着的羽状物，认为他们的阵地已经无望。勇敢地面对艰难险阻作战是一回事，毫无价值地抛弃掉自身生命，成为塞琉古具装骑兵在通往荣耀道路上的减速带就是另一回事了。最好赶快跑，找好方向，和另一支部队一起撤退，然后再回来战斗。

然后他们就逃了，罗马左翼和塞琉古左翼几乎同时崩溃。这边安条克在马背追击溃退的部队，包围并杀死了骑兵，从后背用长矛捅死步兵。逃跑的部队一路跑回罗马的设防营地，而塞琉古的骑兵可能不会追得离营垒太近，以防受到投射火力袭击或是营地警卫的攻击。罗马军营受一个名叫马库斯·埃米利乌斯（Marcus Aemilius）的护民官的指挥，他出营前去集结逃亡的士兵。

马库斯要么像钉子一样坚韧，要么赢得了他的士兵的尊重，因为他设法阻止了逃亡者的行动，并要求他们转过身来，重整阵形回归战斗。但是，他们尽管能够停下逃亡，却不愿意面对那些如此轻易就将他们冲垮的披甲骑兵。被无视警告后，马库斯最终召集了他的部下——约 2000 名奉命守卫营地的马其顿和色雷斯盟军，用部分逃亡者杀鸡儆猴。他们开始砍倒这些逃亡者，鞭打他们，并把他们赶向敌人的方向。

几具罗马人的尸体倒在地上后，逃跑的军队意识到马库斯并不是在虚张声势。他们要么选择可能死在塞琉古人手下，要么肯定死在他们自己的护民官手里。"现在更大的恐惧战胜了较弱的恐惧，"李维用一种十分恰当的措辞说道。这是一个很容易的选择，他们做到了，集结起来，转身去面对塞琉古的骑兵。马库斯和他的 2000 名士兵加入了他们的行列，他们一起同安条克的骑兵正面交锋，至少阻止了他们向营地挺进，阻止了他们骑马进入罗马的后场，从后方随意攻击任何单位。很快，欧迈内斯的兄弟阿塔卢斯也加入了他们，带着从欧迈内斯成功的冲锋中抽出的 200 名骑兵。随着塞琉古的左翼全面溃败，他看到了罗马左翼的崩溃，并认为自己可以在那里发挥更大的作用。

他是对的。安条克看到惊慌失措的罗马人重新找回了他们的骨气，组成了一条战线，此时还有了 2000 名步兵和 200 名骑兵的增援。他取得突破的希望破灭了，他还面临着同己方军队的联系被切断、被夹在罗马人与河流之间的危险。他现在只有一个短暂的机会打开一线缝隙骑行回去。

他抓住了这个时机，回转他的骑兵，骑马离开了战场。

在中央，军团和方阵之间仍在龙争虎斗。在这点上，李维和阿皮安的故事发生了分歧。李维直白地让塞琉古的方阵被轻易击败，但我更喜欢阿皮安的故事版本。在我开始之前，我想说的是，银盾兵在列举战线组成时出现过之后，两位作者都没有再提到过它们。这意味着什么？没有人知道。这也许意味着他们在战斗中几乎没起到什么作用；也许意味着它们和方阵的其他部分一同组成了方阵，在李维和亚庇安的描述中并非独立存在；也许他们是安条克侧翼袭击罗马左翼战术的一部分。我不喜欢这一解释，因为列阵的重装方阵兵无法迅速移动以支持骑兵部队，而且当马库斯召集逃亡者时，他们也肯定无法迅速出动。如果我在敌人的左翼有一支列阵的精锐方阵兵部队，他们的背后有一条河，无法轻易切断联系，我肯定不会把他们拉回来。很可能当安条克冲锋时，银盾兵并没有同他在一起，而是和方阵的其他部分一同列阵，且很可能位于荣耀的右侧。

无论银盾兵的位置在哪，阿皮安都以令人痛苦的细节描述了方阵的命运。

随着左右两侧的骑兵都被驱赶走，罗马人在战场上所向披靡，完全环绕住安条克的阵线。方阵腹背受敌，几乎必死无疑，所以他们只能做他们唯一能做的一件事：组成一个中空的巨大正方形，向四面伸出长矛，坚持作战。

千刀万剐而死

空心方形阵在拿破仑战争中大放异彩，当时步兵用其阻挡骑兵冲锋。或许这方面最知名的例子就是 1815 年滑铁卢战役（Battle of Waterloo）里米歇尔·奈伊（Michel Ney）元帅的灾难性骑兵冲锋，他的骑兵拒绝正面冲入装有刺刀的阵线，被英军的齐射打得四分五裂。

然而，尽管在古代和拿破仑时期，空心方形阵都是优秀的防御阵形，几乎不可能被冲破，但它们实际上也是静止不动的，只能勉强移动，极易受到投射火力的伤害。

你可以想象接下来可怕的僵局。塞琉古的方形阵外长矛林立，要在移动时保持这个复杂的队形是很困难的。我们知道方阵在战斗开始时是 16000 人，这很可能不包括银盾兵和其他"轻盾兵"，假设这些都是方阵兵而不是散兵。现在，让我们假设在这场战斗中伤亡人数荒谬地高达 20%。这仍然使得面朝四个方向上的人超过 10000 名。更不用说在方形阵中央的伤员，还有动物、掠夺物、旗帜和损坏的装备。现在，想象一下让所有这些人和这些装备朝着一个给定的方向移动，25% 的人向前走，25% 的人倒着走，50% 的人横着走。这会后患无穷，因为每个人的生命所依赖的凝聚力将会分崩离析。

阿皮安说了很多："……他们没有前进，因为他们是全副武装的步兵，并且看到敌人骑着马。最重要的是，他们害怕放松紧挨在一起的阵形，唯恐无法轻易地把阵形重新组织起来。"

阿皮安的陈述让我怀疑方阵是否采用了阿斯克列庇欧多图斯提到的"盾牌环扣"阵形。我在第一章中论述过它，并提到了一个事实，即历史重演者们发现它是完全防御性的，要求方阵士兵举起他们的长矛，所以无法使用它们，由于要重叠较小的方阵兵盾牌，从而距离非常紧密。

所以方阵没有前进，但罗马人也没有向他们发起冲锋。正如李维所言，方阵远没有在恐慌中崩溃，阿皮安说罗马人由衷地害怕交战。"罗马人没有同他们短兵交锋，也没有靠近他们，因为他们害怕这支老兵部队的纪律、坚忍的意志和不顾一切地拼命的精神……"使我觉得我假设银盾兵与其余方阵兵一同构筑方阵的思路是正确的。

相应的是，罗马人站在一旁，向紧密聚集在一起、无法移动的大规模塞琉古步兵射箭、投掷标枪与投石。

这一定如同地狱。四面八方都是敌人，根本无处可逃。事实上，移动本身就会造成缺口，这意味着你和你战友们的死亡。塞琉古方阵兵拥有一些适用于古代步兵的最好保护。现在有必要重新叙述一下这一点，因为它从来没有像在马格尼西亚战役中这样重要：一顶铜制头盔、亚麻或铜制胸甲、胫甲，以及一面盾牌。除此之外，还有由成千上万支长矛构筑起的浓密林冠，这可以很好地偏转来袭的投射火力。

在很短的一段时间内，这样做可以达到目的，让方阵兵维持足够长的防守时间，以便能够与敌人搏斗，并面对面地决定胜负。但在马格尼西亚，方阵无法移动，罗马人有足够的时间来安排他们的射击，从战场上收集箭支、投石和标枪并反复使用，还从他们自己的营地获得新的弹药。

方阵士兵会时不时地大叫一声，然后倒下，因为一枚标枪穿透了他的盾牌，穿透他的手臂，插入他的一侧肋骨中，或者无声地倒下，因为一枚投石恰从他的面颊上飞过，打碎了他的脸。我听过一些作家把古代战争中的飞弹声比作暴雨的啪嗒声，但我们要描述的是石头和金属尖刺与铜制碰撞的声音。这声音听起来更像是一场冰雹击中一堆锅碗瓢盆，同时发生了一千起车祸，声音之大，可能让人耳鸣。每时每刻，方阵兵的行伍都越来越稀薄，方形阵也随之不断收缩。

尽管如此，他们还是坚持了下来。谁知道他们在想什么？罗马人会用光他们的弹药吗？安条克会集结人手，骑马回来拯救他们吗？他们的敌人最终会厌倦这种不体面的缓慢死亡，并给予他们一场光明正大的交锋吗？这些最后的方阵战士的勇敢和坚韧令人震惊。

最后，阿皮安说他们退了回去，一步一个脚印地向他们的营地挪动。方形阵是唯一能让他们活下来的东西，所以他们在维持方形阵的过程中，前进的速度一定慢得令人发指，苦痛的每一寸都会伴随着伤亡。

要不是他们的防御有着致命的缺陷，他们也许已经到达了营地的安全地带。请注意安条克在方阵各单位之间驻扎的大象。它们被赶入了那个空心方形的中央。但要注意，这些是较大的印度象，这意味着它比方阵高。

又大又慢。简单的活靶子。

不可能以长矛倾斜等方式来给予它们任何真正的保护，因为这会牺牲方阵兵本身所依赖的防护。我相信他们让大象呆着，相信这些动物的盔甲和厚厚的兽皮能让它们挺过去。

这是一场糟糕的赌博，罗马人最终发现，他们把目标锁定在这些巨兽身上要比锁定体型相对小得多的人类好得多。动物们像他们的主人一样，坚持了一段时间，但最终，持续不断的钢铁和石头雨为罗马人带来了回报。一头大象被伤口的疼痛逼疯了，横冲直撞，象群跟了上去。资料来源没有说清楚到底是大象横冲直撞冲入方阵兵中并通过践踏己方士兵在物理上破坏了阵形，还是说仅仅是一头在附近横冲直撞的大象的混乱与噪声引起了恐慌反应，毕竟恐慌已经使这场战斗来回摇摆了不止一次。

可以确定的是，方形阵垮了，秩序崩溃，方阵兵四散奔逃，跑向他们安全的营地。当然，这是他们所能做的最糟糕的事情，他们为此付出了沉重的代价。阵形尚且能勉强遮蔽他们使其免受敌人投射物与刃锋的攻击，然而当他们分散开来，特别是独自背对敌人时，他们完全没有防御能力。甚至更糟的是，他们周边到处都是轻骑兵——古代世界中最迅速、机动性最强的部队。古代战争中，骑兵的很大一部分作用就是追赶溃退的敌军士兵，并确保他们无法重新集结再次投入战斗。

他们就是这样做的，用矛刺穿和践踏着奔跑的方阵兵。即使扔掉了头盔和盾牌，方阵兵仍然被他们的亚麻胸甲和胫甲所拖累。

战斗结束了。军团又一次取得了胜利。

余波

马格尼西亚战役是一场军团对方阵的战斗，战斗过程比较简单。但它确实提供了许多其他关于这些阵形如何战斗以及它们如何交战的至关重要的见解。

首先是"联合作战"（combined arms）。这是一个现代军事术语，用来描述不同的部队类型和角色在战斗中的相互作用。在现代环境中，有关联合作战的一个很好的例子是武装直升机为步兵的进攻提供近距离空中支援。讨论古代世界的联合作战时，我们通常谈论的是步兵、散兵、轻重骑兵、弩砲、战象、战车，以及其他，比如骆驼骑手，甚至是罗马人在公元 2 世纪开始使用的战獒这种异国情调的变种部队之间的相互支援作用。马格尼西亚战役是一个很好的例子，罗马一方有效地联合了己方的武装力量。卢修斯（或者事实上是铜须）似乎已经明白他的军队实际上只需要三个组成部分：骑兵掩护他的侧翼，散兵软化敌人，以及最重要的是他的军团冲锋并击溃塞琉古人。有些人可能会把对塞琉古左翼的胜利归功于欧迈内斯的帕加马骑兵，这些希腊化骑兵的作战方式有别于罗马人——但你必须注意，这些骑兵部队很大一部分是骑在马背上的罗马人——所以我们甚至无法归功于罗马人拥有一支特别多样化的骑兵部队。

与此同时，安条克似乎犯了一个错误，试图尽可能利用一切事物击败敌人，这造成了灾难性的后果。在这种情况下，他的部队多样性过头了，镰刀战车的意外影响是一个突出的例子，证明了在战场上引入这样一个不可预测因素的风险。大象也是如此，它们的恐慌是导致塞琉古方阵溃败的决定性因素。

事实上，塞琉古方阵首次达成有效战斗，还是它不再尝试与所有不同的部队类型进行交互时。它最强大的时候，是它独自构筑成方形阵、竖立起坚不可摧的长矛密林、面对其余塞琉古军队山倒般的败退仍能坚持不懈之时。实际上，尽管方阵被包围并被完全切断了支援，罗马人还是不得不通过煽动大象来破坏方阵，直到它们完成这一任务，他们才能够击败方阵。让我再重复一遍阿皮安的名言："罗马人没有同他们短兵交锋，也没有靠近他们，因为他们害怕这支老兵部队的纪律、坚韧的意志和不顾一切地拼命的精神……"想象下当时的场面。即使取得了明显的胜利，罗马军团也害怕与塞琉古方阵短兵相接。到马格尼西亚战役时，罗马人已经与希腊化方阵战斗了近一个世纪，并且已经在贝尼温敦和库诺斯克法莱取得了显著的胜利。我们甚至看到军团步兵在安条克体型较大的印度象面前表现出无畏的精神。他们的勇气来自经验，他们对方阵的谨慎来自类似的经验。他们已经学到了轻视大象、尊重方阵。也许正是在马格尼西亚战役这样军团和方阵并未直接对战的情况中，我们对双方了解得最多。

另一个提示是，伤亡人数与军队规模一样，在古代的记载中经常被夸大，但无论如何，这绝对都是一场大屠杀。李维向我们展示了 5 万名塞琉古步兵和 3000 名骑兵被杀、1400 人和 15 头大象被俘获的惊人数字。这也是李维估算的在坎尼会战中死者的数量，无疑太高了，但阿皮安佐证了这一数字。他还同样确证了李维评估的仅有 300 名罗马步兵被杀。阿皮安还确认了李维关于骑兵的损失数量：24 名罗马骑兵以及 15 名欧迈内斯的帕加马骑兵。这使我相信这二人在写作时采用了相同的资料来源，而不是说这些数字就是准确的。

　　无论具体伤亡情况如何，这对安条克来说都是一场灾难，并从事实上摧毁了塞琉古王朝的势力。这位塞琉古国王逃往阿帕梅亚 [Apamea，今土耳其迪纳尔（Dinar）]，从那里他向卢修斯派遣使者请求和平谈判。这时，非洲征服者已经康复并重新同他的兄弟会合，阿皮安说他亲自设定了相当残酷的条件。

　　安条克要放弃他在欧洲的所有土地，归还他通过与阿塔卢斯一世达成协议获得的任何帕加马领土，并放弃金牛山脉以西的所有亚洲地区。他要放弃所有剩余的战象，同意不再征募战象。除了罗马人授权的 12 艘船（如果遭到攻击，他可以建造更多的船），他还不得不解散自己的海军。他不能从罗马领土上雇用佣兵，也不能窝藏来自罗马的逃亡者。最后，他必须立即支付 500 "埃维亚塔兰特"（Euboic talent）白银的赔款，当元老院批准该条约时另付 2500 塔兰特，然后在接下来的 12 年里每年支付 1000 塔兰特。

　　要以现代的眼光来衡量这笔赔款究竟价值几何，简直一场噩梦，就像我们理解古代史上的所有东西一样，仍然是以猜测为主。阿皮安告诉我们埃维亚塔兰特等于 7000 德拉克马，这与阿提卡塔兰特的币值相符，根据希罗多德和公元 2 世纪希腊学者尤里乌斯·波留克斯（Julius Pollux）的文章我们可以同等兑换这两种单位。但这与公元 2 世纪初罗马教师兼作家克劳迪亚斯·埃利亚努斯（Claudius Aelianus）的测量结果相矛盾，他给出的比例约为 72 : 70，埃维亚塔兰特的更重一些。1 阿提卡塔兰特大约是 26 公斤的银，比 57 磅重一点。截至今日（2017 年 4 月 8 日），白银价格为每公斤 581.29 美元，这意味着首付款是 7556770 美元。元老院批准后要另付 37783850 美元，以及在接下来的 12 年里每年 15113540 美元。如果我们用埃利亚努斯认为的埃维亚塔兰特银的重量更重的观点来计算的话，这个数字会更高。以现代的标准来看，F-35 战机的价格似乎很低，一架 F–35 战机的费用不到 1 亿美元，但这没有考虑到古代等同于现代 1 美元的购买力，而这是另一个复杂且充满争议的研究课题。我只想说，安条克每年 1000 塔兰特的赔款，按照现代标准，更像是 6 亿美元。

安条克和他的后代试图通过压榨生活在帝国疆域内的犹太人来应对这种赔偿所带来的财政压力。据《旧约·但以理书》11 章 20 节记载，安条克的儿子塞琉古四世曾说："接着有一个人代替了他的位置，使欺压人的人经过他国中的宝地；然而再过几日，他必被打碎，却不在怒气中，也不在争战中。"这一段很可能指的是塞琉古派他的大臣赫利奥多罗斯（Heliodorus）去夺取犹太圣殿的宝库，在《马加比书》（Maccabees）3 章 21 节到 28 章 21 节中两次重提。波里比阿也支持财政压力迫使这一举措的说法。

安条克还交出了罗马人挑选出来避免他不服从条约的 20 名人质，其中包括他的儿子安条克四世"神显者"。这一条约于公元前 188 年正式生效，实际上终结了塞琉古王朝在古代世界的实权地位。第二年，安条克死了，接着轮到安提柯王朝再次反抗罗马，这也是最后一个这样做的继业者王国，结果可想而知。

第九章

公元前 168 年的皮德纳战役：
安提柯王朝的末日

> 卢修斯·埃米利乌斯·保卢斯在战斗前夜对麾下的队长纳西卡（Nasica）说道："当我像你这么大的时候，我可能就这么做了。但许多胜利教会了我如何去赢。它们还教会我，永远不要让长途跋涉后筋疲力尽的士兵与处于如此有利位置的方阵作战。"
>
> ——普鲁塔克，《埃米利乌斯传》（*The Life of Aemilius*）

皮德纳战役标志着安提柯王朝的终结，彻底摧毁了马其顿的力量。在所有的继业者王国中，安提柯王朝最接近希腊文化的发源地，占据了马其顿的原始领土，也就是亚历山大本人的出生地。伴随着在皮德纳的战败，亚历山大大帝通过十来年疯狂征战锻造出的广阔帝国的核心，破灭了。

皮德纳战役是典型的军团与方阵之间的战斗。这场战斗缺乏我们在前几章中考察过的其他战斗中让人从轻考虑结果的因素：贝尼温敦的黑暗和防御工事，马格尼西亚横冲直撞的大象，库诺斯克法莱的雨和雾。这很称军团对方阵之争的最后终极一战：直白的激烈白刃搏斗。

更棒的是，皮德纳战役是一个伟大的故事，充满了丰富多姿的人物形象和戏剧性的情节魅力，在很多方面，它比我以最疯狂的想象力创作出的小说中的任何情节都更加离奇。

安提柯王朝与第三次马其顿战争的前奏

马其顿国王腓力五世漫长的反罗马战役生涯终于在公元前197年的库诺斯克法莱战役中以决定性的失败告终，我们已经看到了这一点。尽管这场战斗实际上结束了对于罗马在希腊影响力的任何重大挑战，但它丝毫没有挫伤马其顿人对这场争夺的热情。

当我们说到"古希腊"，我们通常想到的是公元前5世纪"黄金时代"的希腊。我们说的是阿提卡、维奥蒂亚、伯罗奔尼撒（Peloponnese）的诸城邦——斯巴达、雅典、科林斯、底比斯。即使在如今，马其顿仍然是一个独立的国家，远在这些地方的北部。古希腊人把马其顿人看作是内陆的乡巴佬、不谙世故的土包子，他们的文明程度仅仅略高于野蛮的色雷斯人或伊利里亚人。而马其顿人认为阿提卡和伯罗奔尼撒的希腊人是娘炮、颓废、娇生惯养的懦夫，他们的城市生活方式使他们变得软弱。

但腓力二世和亚历山大大帝的征服从根本上把希腊和马其顿联系了起来，他们的文化相互交融，以至于许多马其顿人认为自己是希腊土地的合法统治者，是希腊语言和文化的守护者。公元前5世纪，这种联系被广泛接受，马其顿人得以参加奥运会，因为他们被认为足够"希腊"到有资格参赛。亚历山大大帝是阿吉德王朝的后裔，这一系的国王血脉可以追溯至希腊城市阿尔戈斯，他们对自己与阿尔戈斯的联系感到非常自豪。对腓力二世和他的后继者们来说，野蛮人统治希腊母国的想法让人难以接受，而腓力五世无力将他们赶走，这一定引起了极大的痛苦。

讽刺的是，罗马人可能也有同样的感受。弗拉米尼努斯并不是罗马贵族中唯一的希腊迷。许多罗马人认为马其顿人是一个独立的北方民族，他们在亚历山大时代入侵并占领了希腊。现在，亚历山大死后多年，他们仍在干预不属于他们的事情，而正是罗马站出来代表了他们的希腊盟友和邻国。与此同时，希腊城邦们将此作为它们的优势，随它们认为最符合自身利益也与马其顿或罗马结盟。

在这里，这个故事转入了真人秀领域，尽管有点致命。腓力五世与他的阿尔戈斯人妻子波利克瑞莎（Polycratia）生了四个孩子。据说，腓力五世在她访问他的宫廷时引诱了她，然后毒死了她的丈夫和公公。腓力五世的女儿阿帕米（Apame）嫁给了比提尼亚（Bithynia）国王，这个王国位于如今的土耳其。他的三个儿子是珀尔修斯、德米特里乌斯和菲利普斯（Philippus），他们中的前两个在围绕皮德纳的故事中扮演了重要的角色。

德米特里乌斯还是个孩子的时候，罗马执政官提图斯·昆克提乌斯·弗拉米尼努斯在库诺斯克法莱战役中打败了腓力五世。在弗拉米尼努斯强加给腓力的众多屈辱性胜利条件中，有一条是德米特里乌斯必须被送到罗马，作为他父亲信守条约的人质。

德米特里乌斯是一个有趣的人质选择，因为他不是腓力的长子。腓力的儿子珀尔修斯——珀尔修斯是以传说中斩首美杜莎（Medusa）并从海怪克托斯（Cetus）手中拯救了安德洛墨达（Andromeda）的希腊英雄珀尔修斯的名字命名的——他既是他父亲的长子，也是王国的继承人。资料来源并没说清楚为什么德米特里乌斯会被选为人质。这可能是因为弗拉米尼努斯认为他可以更好地影响一个更年轻、更容易受影响的王子，但李维和普鲁塔克都声称珀尔修斯不是腓力的亲生儿子，这可能也是事实。李维告诉我们，珀尔修斯是一个"出卖肉体"的"娼妇"的儿子，但没有提供其他细节。普鲁塔克提及了"一份声明"，说珀尔修斯是一位名叫纳塞妮昂（Gnathaenion）的阿尔戈斯女裁缝的儿子，他在出生时被波利克瑞莎带走，并充作她自己的儿子。为什么波利克瑞莎会这样做还不清楚。也许纳塞妮昂曾是腓力的情妇，或者是李维提到的那个"娼妇"。有趣的是，纳塞妮昂在公元2世纪初的希腊作家瑙克拉提斯的阿忒那奥斯（Athenaeus of Naucratis）的宴会演讲集中被列为最伟大的交际花之一，而且与希腊化国王联系在了一起。然而，阿忒那奥斯把她当作雅典人，而不是阿尔戈斯人。

无论如何，德米特里乌斯去了罗马。这和我们在亚历山大大帝的父亲腓力二世身上看到的情况是一样的，腓力二世在底比斯将军伊巴密浓达的宫廷里被扣为人质。就像腓力和伊巴密浓达一样，德米特里乌斯深受他在罗马所处时光的影响，离开那里返回马其顿时至少已经算是半个罗马人了。为了让你了解人质与监管者之间的关系有多近，我们来看看公元前338年喀罗尼亚(Chaeronea)战役中腓力二世击溃底比斯人后的反应。他一看到圣队堆积如山的尸体就哭了起来，泪流满面地哽咽着说道："任何怀疑这些人做了或遭受了任何不体面事情的人都要灭亡。"底比斯人是他的死敌，他屠杀了他们，但在他作为人质的岁月里他们也是他童年时代的朋友和伙伴，这使他胜利的苦涩不亚于其所带来的甜蜜。

德米特里乌斯也可能对罗马人产生了同样的同情，他在罗马人中很受欢迎，并受到元老院的尊敬。5年后，腓力在帮助罗马战胜了安条克大帝后，重新赢得了罗马的欢心。安条克最终在马格尼西亚战役中被击败，德米特里乌斯被遣送回国。

但是从囚禁中回来的德米特里乌斯已不再是当初那个离开的男孩了。岁月改变了他，他不再像他父亲那样认为罗马是希腊人的压迫者，而马其顿的职责是解放半岛。更糟糕的是，马其顿宫廷里的谄媚者们簇拥在德米特里乌斯周围，因为他显然是这个极为强大且颇具影响力的罗马共和国的宠儿。结果，围绕着德米特里乌斯出现了一个非正式的小宫廷。

随同德米特里乌斯一同到来的还有罗马的使节，这些使节对腓力有进一步的要求，特别是要他把他的驻军撤出色雷斯，这片亚历山大在他的父亲遇刺身死后，一登基即最早征服的地方。这对腓力来说是一种莫大的耻辱，但他别无选择，只好顺从。

更糟的是，谣言开始在腓力的宫廷里传播开来，说德米特里乌斯虽然不是他的长子，却是他的嫡长子，这意味着他父亲死后他肯定会继承王位。

或许你可以想象到，这使得腓力的长子珀尔修斯坐立难安，他是腓力既定的继承人并且继承了他父亲对罗马的憎恨、对库诺斯克法莱战败感到的屈辱，以及认为安提柯王朝是古希腊文化传承的正当守护者这一信念。

珀尔修斯证明了他和他的父亲一样，在实现自己的目标上冷酷、乖僻并且心甘情愿地永不放弃。他的目标和他父亲的差不多——让希腊归属安提柯王朝统治。珀尔修斯将在皮德纳指挥马其顿军队，率领着亚历山大曾经用来征服波斯并在历史上第一次统一了已知世界的方阵。珀尔修斯将会带着他父亲战败的包袱以及他对美好未来的梦想前往战场。

"不老长青的荣耀"：埃米利乌斯·保卢斯

罗马执政官"马其顿征服者"卢修斯·埃米利乌斯·保卢斯在将近60岁时，由于广受大众欢迎，被迫领导了一支执政官部队，在皮德纳与珀尔修斯的方阵展开交锋。在此之前，他有着功勋卓著的军事履历，被广泛认为是一位正直的罗马人，一名优秀的领导者。就像西庇阿的"非洲征服者"一样，绰号"马其顿征服者"也是在皮德纳战役后加上的。在取得重大胜利后授予统帅这样的头衔是惯例。

和珀尔修斯的父亲一样，埃米利乌斯的父亲也在战争中遭遇了逆转。然而与珀尔修斯的父亲不同，这次逆转是致命的。埃米利乌斯的父亲，令人困惑地也叫卢修斯·埃米利乌斯·保卢斯，是在公元前216年坎尼会战中对抗迦太基的军事天才汉尼拔·巴卡的执政官。我们不知道埃米利乌斯父亲的具体死因，只知道他在战斗中被杀。

古代资料没有提到这对年轻的埃米利乌斯有何影响，但我们知道：罗马贵族家庭是紧密联系在一起的。家主（pater familias，家庭的男性首领）的地位几乎拥有神一般的权力，包括对其他家庭成员的生死大权。埃米利乌斯想到他的父亲在坎尼会战这样著名的灾难中丧生，很可能是受到了激励，想要清洗他家族荣誉上的污点，为埃米利氏族复仇，尽管不是同一个敌人，但至少是罗马的敌人。

事实证明，不管是不是因为他父亲出名的去世，埃米利乌斯都是一位有进取心的年轻人。他以压倒性的优势赢得了民政官（aedile）这一官职的选举，民政官负责神庙的维护、举行娱乐活动和公共秩序，属于荣耀之路的较低梯级之一。后来，他被罗马占兆师学会正式吸纳，后者是通过观察鸟类的飞行轨迹来占卜征兆的罗马祭祀。

像罗马其他方面的仪式一样，占卜征兆也是一丝不苟的。每一个仪式都必须按照正确的顺序正确地进行，直到最细微的细节都是如此。我们将会看到，这种一丝不苟后来开始发挥作用，但它的直接结果是，埃米利乌斯成了一个照章办事的军事指挥官，一个严格的纪律主义者，对他的士兵非常严厉。保卢斯的管理很严格，虽然这使他在皮德纳取得了胜利，但他愤怒的军队使他难以庆祝胜利，还反过来成为伤害他的诱因。

他第一次指挥部队是在西班牙，作为裁判官，一个可以用作高级执法官也可以指军队指挥官的综合头衔。他在那里同卢西塔尼人（Lusitanian）作战，这是一个"凯尔特－伊比利亚"（Celtiberian）民族，他赢得了众多胜利，为罗马人在公元前155年到公元前139年反抗卢斯塔尼亚人的"白热战争"的胜利奠定了基础。他自己的儿子费比乌斯·马克西姆斯（Fabius Maximus）也参加了这场战争，打败了著名的卢斯塔尼亚人领袖维里亚图斯（Viriathus）。普鲁塔克指出，埃米利乌斯很好地掌握了如何利用地形，这是对付方阵时用得着的东西，并且归功于他在两场重大战斗中取得共造成3万名敌军伤亡的胜利，导致250座城市自愿向罗马人的统治敞开大门。普鲁塔克还指出，埃米利乌斯放弃了掠夺被征服领土的权利，主动拒绝了在当时军人中普遍存在的一种非常有利可图的收入来源。在古代，战利品是激励人们参军的主要因素之一。我们不得不在此对普鲁塔克表示怀疑。埃米利乌斯来自罗马最富有最有权势的家族之一。当钱不是问题的时候，慈善是很容易的。

到目前为止，埃米利乌斯看起来很有干劲，有能力，也很廉洁，但我们却在他同第一任妻子离婚的事件中难得地瞥见了这个男人面具的背后。帕皮瑞娅（Papiria）是一位前罗马执政官的女儿，大家都说她很漂亮，很有风度，所有认识她的人都很喜欢她。她并非不孕不育，这是古代世界离婚的常见理由。她给埃米利乌斯生了两个女儿和两个儿子，包括我已经提到过的著名的费比乌斯·马克西姆斯，甚至还有更著名的西庇阿·埃米利亚努斯（Scipio Aemilianus），他在公元前146年造成了迦太基最终的灭亡。当埃米利乌斯把她撇开时，他的朋友们都很生气，问他为什么要和她离婚。据说埃米利乌斯脱下了他的鞋子，给他们看了看，问他们鞋子看起来是否合脚舒服。也许吧，他说，但事实是，如果他感到痛苦或烦恼，只有他自己知道，并且独自承受着这种不适。埃米利乌斯解释说，正是这些小事把他们拆散了，这些年来，成千上万的小过失越积越多。这是一次难得的机会，让我们得以一窥古代婚姻的内在运作方式，它与当今许多已婚夫妇的经历何其相似，既可爱又悲伤。埃米利乌斯结了第二次婚，又生了两个儿子，但是这个新妻子和他们的孩子未在历史上留下名字，两个男孩还是孩子的时候就都夭折了。

他被选为执政官，并被派去指挥一支远征队，以对抗另一个居住在阿尔卑斯山阴影下、意大利西北海岸的印欧语系民族——英高尼人（Ingauni）。这个部落是强大的利古里亚人（Ligures）的附属部落，该地区因其而得名，如今这里仍然叫利古里亚（Liguria）。第二次布匿战争中，英高尼人与罗马的敌人迦太基结盟，为此付出了沉重的代价。埃米利乌斯打败了他们，尽管他们的军队规模是他的五倍。埃米利乌斯明智地运用了他的权威，他刚征服了英高尼人，夷平了他们的防御工事，解放了他们自己这边的俘虏，他就把他们的城镇完好无损地归还给他们——没有取代他们，没有屠杀他们，也没有把他们卖作奴隶，这在古代战争中经常是失败者的命运。埃米利乌斯在这方面表现出了一些战略天赋，因为英高尼人现在已经受到了惩罚并且对罗马很"友好"，他们为对抗不断迁移、从北方威胁意大利的高卢人提供了缓冲。

再次获胜的埃米利乌斯二次竞选执政官，但以失败告终。他以此为契机，退出了公众目光的焦点，致力于履行自己作为一名占兆官和父亲的职责。普鲁塔克指出，埃米利乌斯热爱希腊文化，他不惜一切代价确保自己的孩子接受希腊学者的教育。这是他和珀尔修斯的另一个共同点。这两个人都会因为他们的父辈所遭受的失败而感到痛苦，而且他们可能都认为自己是希腊精神的真正信徒，渴望把自己崇拜的对象从战场另一边的暴君手中解放出来。

珀尔修斯上位——第三次马其顿战争的爆发

皮德纳战役是军团与方阵的终极对决，也是一个分水岭事件，永久地改变了希腊及其周边国家的权力平衡。为了充分了解这场战斗是如何展开的，以及起初为什么要进行这场战斗，我们必须首先了解主要指挥官之一——马其顿的珀尔修斯的动机。通过了解珀尔修斯，我们将看到第三次马其顿战争是如何开始的，以及导致这场具有非凡历史意义战斗的一系列事件。

腓力五世对结束第二次马其顿战争的侮辱性条款感到恼火。他拿出了成千上万塔兰特的银子。他被迫解散了大部分海军和大部分陆军。他能否控制他的王国全凭罗马喜好。现在他的儿子德米特里乌斯带着对罗马人明显的同情回到了他身边。

腓力开始在马其顿高地秘密地重建军队，远离人多眼杂的主要干道。他设法积累了一个相当大的军械库，武器和盔甲可供给3万名士兵，并有足够的钱雇佣1万名雇佣兵，让他们服役10年。他卧薪尝胆，做好准备，寻找着回到希腊的时机，让罗马人为他们曾经对他所做的一切付出代价。

德米特里乌斯的人望，再加上他在罗马人心目中的美名，使珀尔修斯对自己作为马其顿王位继承人的地位深感忧虑。他决定必须采取行动，于是在父亲的核心圈子里，以及同腓力本人，发起了一场耳语活动。德米特里乌斯很容易成为目标。他是罗马人最喜欢的人，可以依靠他来推进罗马人利益的"好"马其顿人。"罗马人掌控了他的心和灵魂，"李维引用了珀尔修斯谈论他同父异母兄弟的话，"虽然他们把他的身体还给了我们。"德米特里乌斯不断地在他父亲的朝臣中为罗马辩护，加剧了这个认知，这正中珀尔修斯下怀，因为背后正是他鼓动这些朝臣针对自己的弟弟。他们日夜不停地对德米特里乌斯言语纠缠，将马其顿同罗马作对比，或是批评罗马，而德米特里乌斯每次都会上钩。当然，这些全都会被腓力目睹或听说，于是腓力开始把德米特里乌斯排除在自己的所有顾问之外，越来越倚重于珀尔修斯。

我们没理由怀疑，珀尔修斯想要的是最有利于他的国家，他打压德米特里乌斯同时也十分方便地减轻了其自身最大的恐惧——他并非腓力的"嫡出"儿子，即使他最年长，也依然可能错失王位，而王冠将落到德米特里乌斯头上。

当德米特里乌斯和珀尔修斯在一次军事净化仪式上举行的模拟战斗中指挥对立的单位时，事态达到了高潮。李维说，这场假的战斗根本就不是假的，双方都把它看作是争夺王位的象征性比赛，尽管双方使用了钝化的武器，但依然有很多人受伤。德米特里乌斯赢了，珀尔修斯一意孤行地拒绝参加他的胜利宴会，还另外举行了自己的宴会。

然而事实上，珀尔修斯派了一名间谍去参加德米特里乌斯的宴会。这名间谍被德米特里乌斯的支持者们发现，并在德米特里乌斯不知情的情况下遭到毒打。德米特里乌斯接着建议他们去参加他哥哥的宴会，试图弥补在模拟战斗中对他造成的难堪。德米特里乌斯的支持者们心知他们刚刚袭击了珀尔修斯的一个手下，他们把剑藏在了上衣里。

消息传到珀尔修斯那里，说他们来了，带着武器，于是珀尔修斯关上门，公开拒绝他们进入。德米特里乌斯还不知道发生了什么事，他站在外面叫喊让他们进去未果，然后返回自己的家里。

第二天早上，珀尔修斯去找他的父亲，声称德米特里乌斯是带着一支武装的队伍，故意到他家来谋杀他的，才不只是一场误会。德米特里乌斯为自己慷慨陈词，但失误已经铸下。腓力没有惩罚德米特里乌斯，但是德米特里乌斯和他的父亲渐渐疏远了，虽然他开始特别注意避免在言谈中提及罗马，但为时已晚。珀尔修斯总是站在他父亲身边，在他耳边嘀咕着德米特里乌斯如何背信弃义。

最后，迪达斯（Didas）——腓力的一位将军和派欧尼亚（Paeonia，如今的马其顿和保加利亚）的总督——逐渐巧妙地取得了德米特里乌斯的信任，转头又把他所说的一切全都汇报给珀尔修斯。德米特里乌斯错误地相信了迪达斯，并抱怨他在父亲的宫廷里是多么遭人憎恨，甚至萌生了逃到罗马去的想法。他的行程将穿过迪达斯统治的领土，迪达斯答应帮助他。而后，迪达斯把一切都告诉了珀尔修斯。珀尔修斯立即告诉了腓力，甚至拿出了一封伪造的提图斯·昆克提乌斯·弗拉米尼努斯为德米特里乌斯辩护的信。

这招似乎奏效了。最后，腓力终于认定德米特里乌斯是王国的敌人，将他处死。腓力知道德米特里乌斯在罗马是多么受人爱戴，他想在军事准备就绪之前避免与他们作对，于是秘密用毒药下手。德米特里乌斯躺在床上遭受毒药痛苦的折磨时，迪达斯带着两名打手进入房间，为确保不出意外，还用德米特里乌斯的毯子闷住了他的口鼻。

如果李维和普鲁塔克的话是可信的，那么这场悲剧现在已经达到了史诗般的程度。腓力按照他所承担的王冠重担履行了职责，但他身为父亲的心却在隐隐作痛。儿子的去世使他悲痛欲绝，他逐渐地退出了权力核心。而珀尔修斯，现在无可争议的继承人，被视为了事实上的国王。腓力发现自己越来越孤立。

当腓力的朋友安提柯为他厘清了珀尔修斯的阴谋，揭露了提图斯·昆克提乌斯·弗拉米尼努斯的那封信是伪造的时候，他受到了致命的一击。腓力下令逮捕阴谋的一些主要参与者，并宣布安提柯为他的继任者。然后他开始了他的王国之旅，介绍安提柯，并把他引荐给国内的显要人士。在这次旅行中，对杀死德米特里乌斯所产生的悔恨和沮丧压垮了他。公元前179年，他在安菲波利斯（Amphipolis）郁郁而终。

安提柯当时正外出执行任务，腓力的医生把他去世的消息偷偷地告诉了珀尔修斯。珀尔修斯继承了他父亲的王位，又将安提柯处死。这个故事读起来，就像埃斯库罗斯（Aeschylus）或索福克勒斯（Sophocles）创作的一出传统希腊悲剧。

珀尔修斯立刻向罗马示好，请他们承认他是马其顿的新国王。这一友好姿态儿乎刚一表示完，他就立即着手推进他父亲对抗罗马、巩固联盟和加强军队的计划。他与邻近的伊庇鲁斯王国，以及色雷斯和伊利里亚的几个山地部落签订了条约。他娶了塞琉古王朝国王塞琉古四世的女儿洛黛（Loadike），塞琉古四世即前文所述的在马格尼西亚战败的安条克大帝的儿子。

波里比阿讲述了珀尔修斯如何开始实现他父亲统治希腊的野心，并由此重新引发了与罗马的冲突。珀尔修斯率领他的军队向希腊北部的多洛匹亚人（Dolopians）进军，那是一支拒绝服从他意愿的北希腊民族。然后他转向，率领军队穿过希腊，走了100多英里，去德尔斐（Delphi）请教著名的神谕。这次访问在希腊引起了普遍的恐慌，并没有逃过罗马的注意。

公元前172年左右，德尔斐事件成为第三次马其顿战争的主要开战借口之一。在马格尼西亚战役中表现英勇的欧迈内斯二世在元老院发表了热情洋溢的讲话，赞同与珀尔修斯开战。珀尔修斯怒不可遏，雇用了克里特岛的伊万德以及其他三名马其顿刺客，企图刺杀他，但搞砸了。杀手们用滚石砸在欧迈内斯身上，打伤了他。欧迈内斯的同伴们纷纷逃跑，只有欧迈内斯随从中的埃托利亚人成员潘塔莱翁（Pantaleon）留下来保护他。如果刺客们从藏身的高处冲下来，一切就都结束了。

但是他们没有。他们没有发动致命的一击，反而匆忙离开现场逃跑了。欧迈内斯受了伤，失去了知觉，但还活着。后来，一个名叫普拉索（Praxo）的女人被带回罗马，因为刺杀者曾在她的家中会面，据推测是她在元老院前袒露了计划的细节以及事件的主谋。

压垮骆驼的最后一根稻草是珀尔修斯对来自色雷斯国王阿布卢波利斯（Abrupolis）劫掠的反应，后者袭击了马其顿领土腹地，一直远至安菲波利斯，亚历山大大帝当年曾在此准备他的亚洲远征,并且同样在此地,他的妻子与儿子在他死后被流放。阿布卢波利斯还夺取了位于潘盖昂山(Mount Pangeus)的重要金矿,对这些损失珀尔修斯不可能视而不见。珀尔修斯向阿布卢波利斯进军,首先将其驱赶出了马其顿境内,最终将他赶出了他自己的王国。

不过,有个小问题:阿布卢波利斯是罗马的盟友。这一行动为罗马提供了战争所需要的借口。在执政官普布利乌斯·李锡尼·克拉苏(Publius Lucinius Crassus)的指挥下,罗马军团最终向马其顿方阵进军。公元前171年,他们在色萨利城市卡利尼库斯相遇。在如今的拉里萨(Larissa)附近,珀尔修斯彻底打败了克拉苏。

多亏了李维,有关卡利尼库斯这场战斗有着相当丰富的文献记录,但它更像是一场小规模冲突,而不是我们即将考察的皮德纳战役那种决定性的交锋。此外,战斗主要在骑兵和两军的轻装部队之间进行。李维告诉我们,当方阵走上前来,准备把战斗变成决定性的交战时,珀尔修斯因他的顾问克里特岛的伊凡德的劝说而放弃了。因此,尽管珀尔修斯赢得了这场让罗马人头破血流的特别战斗,但该役并不能被认为是真正的军团对方阵之战。根据李维的说法,罗马人损失了2000名步兵和200名骑兵,另有600人被俘。相比之下,珀尔修斯的损失就显得微不足道了,只有40名步兵和20名骑兵阵亡。

珀尔修斯不是个傻瓜。他知道与罗马旷日持久的战争对马其顿不利。他在卡利尼库斯很幸运。如果他现在能确保和平,就能体面地结束与罗马的战争,也会夺回自己的金矿。珀尔修斯要求与罗马签订和平条约,条件与他父亲在库诺斯克法莱战役后所同意的条件相同。罗马人拒绝了,要求无条件投降。倘若珀尔修斯肯听凭元老院摆布,那么,也只有到那时,他才会有和平。珀尔修斯当然拒绝了,于是这场斗争又持续了3年。虽然有很多戏剧性的场面,但没有哪场战斗可以称得上是真正具有决定性的。

直到最终一战到来。

公元前168年6月22日,埃米利乌斯率领罗马军队在欧洛克鲁斯山(Mount Olocrus)的山麓迎战珀尔修斯,地点靠近卡泰里尼(Katerini)村,就在皮德纳城外。

希腊“解放者们”的碰撞——战前机动与第一滴血

埃米利乌斯并不想当执政官，如果你相信普鲁塔克的话。他努力争取第二个任期，但失败了，仅此而已。不过他对卢西塔尼人和英高尼人的胜利并没有被人遗忘，罗马人认为他是给希腊带来秩序所需要的指挥官。由于多次被要求而勉强担任这一职位的候选人，他当选了，并立即受命于马其顿战争。很难相信，这位勇敢且正直的指挥官，只是在公众的欢腾中才勉强被说服，去承担这个国家的最高使命。如果这是波里比阿写的，我肯定会说他胡扯，因为波里比阿是埃米利家族的一名食客。但是普鲁塔克，尽管他是在几个世纪之后才写的，却是我们最可靠的资料来源之一。

普鲁塔克还有另一个故事，比埃米利乌斯不情愿地竞选执政官的故事更让人难以接受。当选后，埃米利乌斯被兴高采烈的人群护送回家，却发现他的女儿特尔缇雅（Tertia）在流泪。当他问她怎么了，她伸出双臂搂住他的脖子，吻了他，告诉他他们的小狗死了。

这只狗的名字，十分巧合的是，叫珀尔修斯。

请注意，埃米利乌斯是一位占兆官，他是一位专门解释预兆的祭祀。他的解释是，这对他即将到来的战斗意味着好运，我们将会看到，他的确拥有好运。他将再次利用他作为预兆解释者的地位，而且效果很好。重要的是要记住，迷信的罗马人做出重大决定的依据是神谕，或鸟类的飞行模式，或他们在牺牲动物的肝脏上看到的斑点。恶兆可能会打击军队的士气，而一个吉兆则可以让士兵们有决心在任何情况下顺利渡过难关。有一位在预兆解释上受信任的人作为罗马军队的首领，如同我们在现代军事圈子里普遍知晓的，是一项“火力加乘”（force multiplier）。

埃米利乌斯得到了一支相当大的部队：两个兵力超编的军团，也就是大约 22000 名重装步兵。请记住，当我们谈到公元前 2 世纪的罗马军团时，我们也在谈论由广泛的人种 - 语言群体组成的联盟军团，从拉丁人、伊特鲁里亚人到萨莫奈人、坎帕尼人、阿普利亚、意大利希腊人、卢卡尼人和布鲁提人（Bruttii）。如果你认出其中一些人在过去的冲突中是罗马的死敌，那是因为他们的确曾经是。同盟者们会以类似罗马人一样的方式配备武器装备，进行组织。在此基础上，我们可以增加大约 4000 名骑兵，尽管李维（我们唯一的具体数字来源）并没有给出罗马骑士和盟军骑兵之间的区别。这还没有算上成千上万的轻装部队、来自罗马贫困阶层的轻步兵（装备标枪的散兵）、努米底亚人、帕加马人，以及想要摆脱马其顿枷锁的希腊盟军。在卡利尼库斯战败后，第二次布匿战争中的重要人物努米底亚国王马西尼萨（Masinissa），他的儿子米萨盖涅斯（Misagenes）来到罗马与罗马人交好。他带来了1000名珍贵的努米底亚轻骑兵和22头战象。马西尼萨承诺再增加12头大象和1200名骑兵，不过李维并没有告诉我们他们是否真的被送到了。

李维对大象的描述也不够细致，我们不知道它们是什么种类，但请记住我之前提到过的阿特拉斯象体型较小。

无论埃米利乌斯拥有什么种类的大象，它们都是一支庞大军队的一部分，具有多样性和灵活性，可以广泛选择不同的部队类型来扮演不同的角色。

但这支军队的规模仍然小于珀尔修斯的大军。马其顿国王在战场上投入了大约44000名步兵和与罗马人同等数量的骑兵。珀尔修斯的军队也是多样化的，以马其顿重装步兵为主，来自伊利里亚和色雷斯山区部落的轻骑兵与辅助部队以及来自希腊的雇佣兵与盟友部队为辅。这些步兵中，总共有21000人组成了一个庞大的方阵，这是一道将近1英里长的坚固金属长城。在平地上，他们将是移动的赌命场，如果罗马军队希望获胜，就必须孤注一掷。方阵的侧翼很脆弱，但珀尔修斯有骑兵和辅助部队掩护，只要他能妥善地选择自己的阵地，胜利几乎是唾手可及。他在卡利尼库斯打败了罗马人，他还能再次打败他们。

埃米利乌斯接手的军队因卡利尼库斯和随之而来的僵局导致士气低落。在公元前2世纪，军事指挥官的个人魅力和赞助是确保部队忠诚以及提高士气的最重要因素之一。忠诚转向将军个人而非国家的趋势这时已经开始显现，随着时间的推移，它只会变得更糟，直到公元前1世纪马略和苏拉之间的内战昭示着共和国的死亡——尽管大多数历史学家将其正式死亡的时间定在盖乌斯·屋大维·奥古斯都（Gaius Octavian Augustus）在公元前27年开始统治时。正因为如此，军事指挥官们习惯于试图通过出手大方、放松纪律和奉承来讨好他们的部队。

然而埃米利乌斯不是这样的人。他所表现出来的从严治军，丝毫不亚于他作为裁判官第一次领兵对付卢西塔尼人的时候。普鲁塔克告诉我们，他接受命令的条件是让他可以便宜行事。如果其他罗马人认为他们能比他更好地指挥军队，他就会主动退位让贤，但如果他们想让他来掌舵，他们就应该"毋庸置喙，向［埃米利乌斯］提供必要的手段和支持，以进行战争"。

换句话说，埃米利乌斯想让他们提供完士兵、给养和钱后，闭上他们的嘴，让他们别对他的作为说三道四。

他们做到了。

埃米利乌斯带领他的军队向南挺进，结果发现马其顿国王和他的军队处于非常有利的防御位置。他在奥林匹斯山脚下扎营，那是希腊最高的山峰，海拔近10000英尺。这座山只能通过狭窄的隘道翻越，珀尔修斯有足够的时间将其关闭，驻扎上部队。更妙的是，珀尔修斯有充足的时间来巩固自己的阵地，并确保他的方阵最容易受到攻击的两翼和后方都得到保全。经过广阔的机动，安提柯人万事俱备，并在位于奥利匹斯山东面的埃尔佩斯河（Elpeus）西岸挖壕驻守。珀尔修斯有用壕沟围绕的坚固防御工事，很容易就能到达附近的迪欧姆（Dium）镇，还有大量可供给安提柯部队马匹的优质牧草。

与此同时，罗马人背对着塞尔迈湾（Thermaic Gulf），行动空间有限，不可能通过正面强攻拿下安提柯的阵地。

这并没有使罗马士兵感到不安。他们渴望在卡利尼库斯战役后重新取回荣誉，向他们的新工头证明他们是值得认可的。珀尔修斯牢固的防守阵地并没有给他们留下深刻的印象，他们不断向埃米利乌斯施压，要求立即进攻。埃米利乌斯告诉他的士兵们，要注意自己的位置，准备好随时随地、按照他要求的方式作战。为了强调这一点，也许是因为他认为他们对马其顿人太掉以轻心了，他命令夜间值班的哨兵不带标枪站岗。对于懒惰的士兵来说，用标枪来支撑盾牌是一种常规做法，可以在打瞌睡时以此支撑他们的身体。他们没有标枪，就不可能这么做了。这就是埃米利乌斯的典型做法。铁面无情的纪律自始至终。

两支军队就这样坐观了好几天，扎营的地方挨得那么近，随时都可能爆发冲突。

埃米利乌斯身边有两个著名的随从，至少足够让普鲁塔克和李维都不惜笔墨描述他们，把他们写成故事中的主要人物。第一个是他知名的儿子费比乌斯·马克西姆斯，后来在西班牙的战斗中声名鹊起；另一个是著名的科妮莉亚氏族（gens Cornelia）的后裔，普布利乌斯·科尔内利乌斯·西庇阿·纳西卡·科库勒姆（Publius Cornelius Scipio Nasica Corculum，其中"纳西卡"的意思是尖鼻子）。

情报显示，从佩特拉（Petra）越过群山的通路无人驻守，并且从那里可以让埃米利乌斯从后方逼近珀尔修斯，于是埃米利乌斯委派给纳西卡一小股军队，包含3000名意大利盟军步兵、5000名罗马军团步兵和120名骑兵，以及另外200名混编的盟军轻装部队、色雷斯人和克里特人，很可能分别是标枪兵和弓箭手。纳西卡接到命令，要向大海进军，佯装从那里起航，然后暗度陈仓，绕到珀尔修斯的后方登陆。接着，在夜色的掩护下，这支军队要强行通过这个无人把守的关口，出其不意地袭击珀尔修斯。

如果不是罗马军队里的一名克里特弓箭手逃到马其顿的营地，泄露了该计划，这一招可能会奏效。

珀尔修斯立即派他的指挥官之一，一个名叫米洛（Milo）的人，带领2000名马其顿士兵和另外10000名雇佣兵（他们的国籍不详，但很可能是色雷斯人）去封锁山口。接下来发生的是两军之间的第一次流血冲突，尽管这场战斗并不被认为是皮德纳战役的一部分。

关于这场战斗的记录相当混乱，波里比阿告诉我们，米洛的部队守住了山口，然后在守夜时睡着了，被纳西卡和他的部队轻松拿下。但纳西卡自己的记录讲述了一个不同的故事，一个更加戏剧化的故事，因此，在缺乏额外信息的情况下，我更喜欢这个故事。

请注意奥林匹斯山十分巨大。它崎岖且古老。你可以构想出这幅景象，黑暗且危险的隘道上，罗马人紧紧地挤在一起，蹑手蹑脚地穿过，试图避免武器和盔甲碰撞发出响声，但没能成功。试想罗马人小心翼翼但又自信满满地向前移动，他们确信自己即将通过一个没有守卫的关口，结果黑暗碎裂化作数千名全副武装的人形，挡住了前进的道路。

相较于逃走，纳西卡发起了冲锋。

他声称自己与一名色雷斯雇佣兵正面交锋，并用标枪将其击毙。目前还不清楚他是将其投了出去，还是像矛一样捅刺杀死了敌人。这两种方式标枪都可以做到。这是一个不小的壮举。色雷斯人有一种可怕的武士强盗文化。公元1世纪罗马诗人瓦列里乌斯·弗拉库斯（Valerius Flaccus）讲述了一个故事，一个色雷斯部落在屠杀了大量无辜的埃及人之后，把无心恋战的埃及法老辛努塞尔特（Sesostris）赶回了底比斯。珀尔修斯的军队中已经有3000名色雷斯人，另外2000名在奥德塞伊（Odyrsai）国王科蒂斯（Kotys）的率领下加入进来。李维形容他们作战就像"被关在笼子里太久的野兽一样"。纳西卡杀死的色雷斯人可能有一把长柄逆刃刀（rhomphaia），一种类似镰刀、一半是剑、一半是长柄的武器。他可能也带着自己的标枪。

这场发生在山口狭窄范围内的战斗是残酷的，但是罗马人，不管他们是否感到意外，最终还是赢了，马其顿人和他们的雇佣兵四散奔逃。米洛脱下盔甲以减轻自己的负重，好让自己跑得更快——众所周知，这在古代世界是种懦弱和耻辱的行为。

罗马人占据了山口，但是脱险逃出的马其顿人把消息告诉了珀尔修斯。珀尔修斯意识到，如果罗马人有办法翻越这座山，进入他的后方，他的阵地将难以继续防守。他立即下令拔营，并将他的军队撤离了这座山。

对珀尔修斯来说，这是一个关键的决策点。他本可以拒绝战斗，疏散他的军队，在他选择的地方卷土重来，但是他留下来继续战斗。他做出这一选择的原因已遗失在历史长河中。普鲁塔克告诉我们，他的顾问建议他抗争到底。他有着本土优势，他的许多士兵都奋不顾身地为保卫自己的家园和家庭、抵御外国侵略者而战。他还拥有人数上的优势，这将使他的战线拥有比包围罗马人并向内攻击他们的侧翼所需的正面宽度更佳的幅面。此外，拒绝抗争最终会削弱他士兵们的士气，尤其是当他们在自己的土地上战斗时。

虽然不可能确定，但我相信珀尔修斯选择奋起战斗的根本原因是地形。皮德纳外的平原肥沃，但也沿海。偶尔从塞尔迈湾涌入的洪水使地面保持了平整。它只被两条小河分开，对方阵来说，这是理想的地形，它为方阵提供了一个完美的水平面，可以在上面行进、机动和作战，而不会有任何丧失所有人生命赖以维系的关键严密阵形的实际危险。有了左边的皮德纳和远处的海洋，很容易就能维持他庞大的军队。

我参观过皮德纳的战场，走了一圈，包括安提柯战线的原始位置，地形与我的理论相符。与库诺斯克法莱不同，它并不陡峭。它也不是完全平坦的，而是由低矮起伏的山丘组成，使得视线模糊不清，但又不会对试图保持凝聚力的方阵构成太大挑战。

埃米利乌斯穿过山口，来到欧洛克鲁斯山周围的山麓小丘，珀尔修斯在下面的平原上与珀尔修斯相遇，他在一条河后面的一个低矮山脊顶上占据了一点高地优势。埃米利乌斯不是个傻瓜。他知道前面的地形有利于方阵，而山麓丘陵的破碎地形有利于他自己的军团。埃米利乌斯想让珀尔修斯到山麓小丘上去，而珀尔修斯想让埃米利乌斯下到平原上同他交战。结果双方陷入僵局，双方指挥官都拒绝移动，并试图引诱对方进入有利于己方阵形的地方。

埃米利乌斯的军官们自从他们回到山上后就一直急不可耐。在奥林匹斯山顶击败米洛的部队后，纳西卡尤其迫不及待。他和其他的军官们一起叫嚣，无论地形对珀尔修斯方阵有利与否，都要立即进攻。

埃米利乌斯笑了。"当我像你这么大的时候，我可能就这么做了。但许多胜利教会了我如何去赢。它们还教会我，永远不要让长途跋涉后筋疲力尽的士兵与处于如此有利位置的方阵作战。"（我在这里意译了普鲁塔克的话）。这是一个典型的"老牛对小牛"式的场景，纳西卡不情愿地接受了他的指挥官的决定。罗马军队驻扎下来等待时机。

他们很好地利用了这段时间，建起了曾经确保贝尼温敦战役胜利的那种坚固营地。在皮德纳的战场上，罗马防线的位置很可能坐落在几座房屋的所在地，那里有农业发展的痕迹。罗马营地的遗迹很可能早已被摧毁，为地基和田野腾出了空间。纳西卡在山上的胜利确保了罗马人士气高昂，尽管埃米利乌斯抑制住了他们进攻的冲动。

再想想古人是多么迷信，特别是罗马人。如果征兆和异常被解释为对一方不利，那么它们可能会在瞬间改变战斗的走向。到了晚上，又圆又高的月亮突然变暗了，苍白的月亮变成了暗红色，好像被血洗过似的。你可以想象，当这种现象发生的夜晚，两个阵营的人都惊恐地指指点点，窃窃私语，从矛首（primus pilus，古罗马军团的高级百夫长）到最底层的步兵，每个人都在不切实际的空谈中解释这一现象意味着神的赞成或反对。

现代读者自然会认出我在描述什么：月食。这是相当常见的事情，每年发生 2 次到 5 次。与日食不同的是，它们从世界上任何地方都可以看到，在从欧洛克鲁斯山的山脚下仰望天空的罗马人眼中也是一样。

但罗马人有一个关键的优势。李维对此有着最好的描绘：

盖乌斯·苏尔比基乌斯·加卢斯（C. Sulpicius Gallus）是隶属第二军团的军事护民官，一年前曾任裁判官，他得到执政官的许可，召集检阅士兵。他向士兵说，第二天晚上，月亮从第二小时到第四小时都将失去光亮，谁也不能把这看作是一种征兆，因为这是按照事物的自然规律在定期间隔内发生的，是可以事先知道和预测的。就像他们不把太阳和月亮日常的升起，或是月亮的盈亏圆缺作为奇迹一样，他们不应该把月亮被遮蔽在地球的影子中的景象视作一个超自然的预兆。第二天晚上，月食在预定的时间发生了，罗马士兵认为加卢斯几乎拥有神的智慧。但这次月食却使马其顿人感到震惊，以为这预示着他们的王国将要灭亡，他们的国家将要毁灭，他们的预言者也无法给出任何其他解释。马其顿军营里不断传来嚷嚷和嚎叫，直到月亮重新出现，散发光辉照亮大地。

加卢斯懂天文学，更重要的是，他明白迷信的力量对军队士气的影响。我喜欢李维的描述，也很高兴在这里把功劳归于加卢斯，但我要指出，除李维外，其他资料来源把决定检阅并通知部队的功劳归于保卢斯本人。毕竟作为一名护民官，加卢斯确实没有权力检阅整支军队。不管怎样，罗马人对月蚀的处理显然使他们的军队在道义上胜过了完全措手不及的安提柯人。

在这里，埃米利乌斯作为一个占兆官的经历也有帮助。他知道他的部下会把这次月蚀看作是一个预兆。他知道，如果他不能控制局势，就有可能失去军队的士气和斗志。他占卜的技巧和他作为预言者的名声使他受益匪浅。日食一结束，他就迅速做出反应，把11头小母牛献给了月亮女神卢娜（Luna）。第二天早上，他又向大力神赫拉克勒斯［Herakles，赫拉克勒斯在罗马语中被称为海格力斯（Hercules）］献祭了20头。然后他发誓提供百牲祭（一次献祭100头牛），并举办运动会来纪念赫拉克勒斯。他选择以希腊传统向一个希腊神明献祭牺牲，可能是为了坚定他的希腊盟友和辅助军的勇气，迎合希腊神可能在希腊土地上青睐他这一想法。无论如何，这一举措奏效了，我们再也没有听说士气因当晚事件而有任何动摇的消息。等待又开始了，两军都不愿意放弃最适合己方部队的地形。

行为不端的骡子——皮德纳战役开始了

在佩特拉山口激烈的战斗之后，在紧张的位置争夺之后，在对月食的恐惧之后，两支军队仍然驻扎在彼此的对面，谁也不愿意迈出第一步。干燥的火绒已经铺陈了下去，所需要的只是一个火花来点燃它。

结果擦出这个火花的是一头骡子。

这头骡子的名字已不为人知，但它是隶属于埃米利乌斯一支取水队的驮畜。六月，酷热难耐，两军在厚重的盔甲下汗流浃背。一队罗马士兵牵着一小列骡子来到山脚下的一条小溪边，填装后方营地里口渴的士兵们的水壶。这是一种日常活动，很难引起敌人的注意。

但这次例外。

当取水的队伍接近小溪时，骡子闻到了水的味道。骡子是出了名的倔强，而任何牲畜只要口渴并闻到水的味道，就会变得不听话。有关这一点，你可以随便问一位曾经尝试过赶着牛群冲向附近小溪的现代牛仔。其中一头骡子，特别干渴，闻到了水的味道，挣脱了它的管理者，跑开了，罗马人一边追赶，一边冲它大喊大叫。

四条腿比两条腿快，而且骡子抢先起步。你可以想象，它跑出了罗马人的视野，但他们知道它是奔着小溪去的。他们加快速度，嘟囔着，最后蹒跚地爬上一处高地，看见他们的骡子跪倒在水中。但它并没有在饮水。

罗马人倒吸了一口凉气。

站在河中间的是一群色雷斯人，珀尔修斯的士兵，他们的手紧紧地缠绕着骡子的缰绳，试图把骡子拉向他们那一岸。

我们可以事后诸葛亮地分析：一头像样的骡子并不便宜，但也不至于贵到在没有得到命令授权的情况下，冒上全面开战的风险。明智的做法是暂且先让色雷斯人拥有这匹骡子，向军队回报这一情况，看看埃米利乌斯打算怎么处理这件事情（很可能什么也不会做）。

但是罗马人在荣誉问题上是很敏感的，尽管纳西卡在山口遭遇到了色雷斯人，他们并不认为希腊人及其盟友有多大战斗力。而且，天气很热，他们很可能因为不得不干又苦又闷的打水活而脾气暴躁，许多天来，他们一直烦躁不安地渴望着战斗。

他们不会让出这头骡子。

随后发生了一场斗殴，双方竞相寻求援助。我们永远也不知道那头骡子结局如何。我想它跑掉了。

罗马人派遣了一支由700名利古里亚人组成的部队前去支援。利古里亚人是意大利的同族盟友，埃米利乌斯在他第一次执政官任期内领兵时曾与之作战。这看起来更像是一场帮派火并，但事实上著名的皮德纳战役已经打响。因为珀尔修斯并不傻，他看到了他一直在等待的机会：把罗马人从欧洛克鲁斯岩石嶙峋的山麓丘陵上引下来，进入到他的方阵占优势的平坦平原。

他立即命令他的整个军队以尽可能快的速度向前推进，甚至不给他们排成行列的机会。

埃米利乌斯站在岩石嶙峋的高地上，可以清楚地看到整个战场，当他看到珀尔修斯兵营的大门大开，马其顿全军都跑了出来时，一定很震惊。同样，利古里亚人也一定是被吓到了。他们是前来给一场由于一头骡子引发的不均衡斗殴助拳的，结果发现自己面对的是马其顿军队的全部力量。

这时，纳西卡已经骑马来到小溪边，他看到珀尔修斯军队的前锋几乎就要逼近他时，赶紧勒住了缰绳。更多的色雷斯人——他在山口上战斗后已经学会了敬畏他们——还有一些轻装雇佣兵，其中一些是皮奥尼亚人（Paeonians）。当色雷斯人和雇佣军轻装部队散开时，纳西卡可以看到他们身后的马其顿方阵，士兵套在上衣外面的铜制铠甲闪闪发光。他们很可能持握着21英尺的长矛，矛尖笔直向上，在所有人看来像是一片有着钢铁林冠的移动森林。在他们后面出场的是珀尔修斯的铜盾兵部队。

下方平原上的情况很快传遍了罗马人的营地。罗马人也已经渴望战斗不只一天两天了，他们再一次发出了满足荣誉和击败敌人的呼吁声。此时，珀尔修斯的轻装部队与罗马的散兵和支援他们的利古里亚人交战，罗马人渐被击退，摇摆不定。如果没有援助，他们很快就会被击溃，让马其顿人收获战场（大概还有那头引发这一切的骡子）。罗马士兵们非常愤怒，要求允许他们向敌人进军并同其交锋。

埃米利乌斯意识到，他对手下的抑制已经到了极限，如果他试图阻止军队援助他们的同伴，他就有可能在行伍间引发真正的异议。他很清楚，离开山麓丘陵，面对平原上的方阵，对珀尔修斯有利，但他别无选择。

埃米利乌斯下令整队并带领军团出营作战。

埃米利乌斯骑上马，故意把头盔和胸甲抛在身后，在部队中来回骑行，大声呼喊着鼓励的话语，让所有人都看到，他们的指挥官对敌人的软弱如此深信不疑，以至于连盔甲都懒得穿。

接下来的几分钟一定把埃米利乌斯的耐心折磨到了极限。珀尔修斯已经跑出了他的营地，让他的士兵以最快的速度前冲，希望能首先就位，并包围住在小溪战斗的罗马轻装部队。埃米利乌斯愿意满足他的士兵们的愿望出营作战，并不代表他愿意在他的军队没有正常列队好之前就这样做。他无能为力，只能眼睁睁地看着在平原上展开的战斗，而与此同时他的士兵们则争先恐后地系上他们的装备，抓起他们的武器，集结出他们的阵形。他竭尽可能地等待着，但最后方阵已经逼近了他在河边的部队，埃米利乌斯不能再等了。他下令开拔，尽管他的一些士兵仍在争先恐后地寻找着他们所属的单位。

从山麓丘陵出发的阵形并不理想。我们不可能知道确切的阵容，但我们可以猜测他的罗马军团在中间，并且我们从李维那里得知，他在之前讨论过的努米底亚大象的掩护下，利用意大利盟军士兵和骑兵构筑了右翼。骑兵的马会因大象的气味而变得焦躁和紧张，他们的骑手一定是下了很大功夫才控制住了它们。埃米利乌斯亲自指挥一支军团，这个军团位于铜盾兵方阵的对面。他左边的第二军团面对的是另一支方阵——白盾兵。埃米利乌斯亲自指挥面朝铜盾兵的军团，并让部下指挥面朝白盾的军团，这进一步证明了白盾是一支较次等的军团。

在下方河边的罗马轻装部队可能没有注意到整个罗马全军都来支援他们。他们还有别的事要担心。构筑起珀尔修斯左侧战线的是他的先锋——3000名来自国王步兵卫队的精锐战士。如果他们能扭转战局，就能使珀尔修斯的左翼暴露开来，让罗马人有更好的机会打败珀尔修斯。

但罗马轻装部队几乎没有盔甲，大部分士兵都戴着头盔，只有一面又小又薄的圆盾。他们的主要任务是在远处游斗，用标枪、投石和弓箭攻击他们的敌人。现在，他们发现自己正与武装到牙齿的敌人对峙，敌人的长矛刺穿了他们脆弱的盾牌和盔甲，像镰刀割麦子一样将他们杀死。

就在这时，马其顿的行伍间响起了一声呼喊，方阵整齐划一地放低了他们的长矛，前面5行放低90度，后面的队伍放低45度。死亡之林现在变成了树篱，长矛闪亮的尖端对准了罗马人的防线。与此同时，他们把盾牌从肩膀甩下来套到胳膊上，使得战线既无法穿透，又致命无比。

如果不是一个不计后果的英勇行为的话，当时的罗马轻装部队一定会溃逃。在河边作战的意大利盟友部落，其中两个是马鲁奇尼人（Marrucinian）和帕里格尼人（Pelignian）。这两个部落关系十分亲密，他们在第二次萨莫奈战争中与罗马交战时就是盟友。战争失败后，他们成为罗马征服者的盟友，但直到将近1个世纪后的同盟者战争后才享有完全的罗马公民权。普鲁塔克告诉我们，帕里格尼人的指挥官，一个名叫萨尔维乌斯（Salvius）的人，看到一切都完了，他的部队无法抵挡马其顿人的进攻。他的士兵们摇摆不定，如果想要他们坚持战斗，就需要一些猛烈的东西来刺激他们。

萨尔维乌斯转向他的旗手，从他手中夺过战旗，将其扔进方阵。

对于一个现代士兵来说，旗帜可能是骄傲的象征，是尊严的象征，但每个人都知道现代战士的格言：你要为之牺牲生命的不是旗帜，而是在你身旁战斗的人。

但对古罗马人来说，军旗是这支部队荣誉的载体。军队所能遭受的最大侮辱就是军旗被玷污，为了重新取回它，他们会不惜付出任何代价，甚至是死亡。后来的传说突出了这一点。公元前55年，尤里乌斯·恺撒试图在杜布里斯（Dubris）登陆时，他的士兵据说不愿意下船冒着聚集起来抵抗他的不列颠人的密集火力进入水中。第十军团的鹰旗手（aquilifer，扛着军团鹰旗的旗手）为他们的懦弱感到羞愧，他头一个纵身跃入水中，冲在前面喊道："小伙子们，跳下去！除非你们想让我把这面鹰旗交给敌人。我，就算只有一个人，也要尽到我的职责。"士兵们因为这一英勇行为感到羞愧，不顾一切地保护自己的军团旗帜，离开了船只，投身战斗。

在著名的军事改革家盖乌斯·马略第二次担任执政官之前，这个故事中描述的那种军团鹰旗并没有被罗马军团广泛采用，这是在皮德纳战役后将近65年的事情了，但围绕着军旗的热忱在那时也是差不多一样的。

罗马人看到自己的旗帜落在敌人手中，便不顾安危地向方阵猛扑过去，拼命想夺回自己的荣誉。他们用剑砍向长矛，他们跳起来，想跃过长矛。他们中的一些人让矛尖穿过他们，试图顺着矛杆，扼死持枪者。另一些人试图绕过矛尖，抓住矛杆，把它们从马其顿人手中夺过来。他们又咬又抓，又打又踢，用剑、匕首和标枪刺来刺去。河水被鲜血染红了，罗马人的尸体开始堆积。前排队伍深入越来越艰难，后面的人意识到，不管荣誉如何危如累卵，进攻都是徒劳的。他们阵形散乱，没有任何可以破坏这一完美秩序的装备，也没有可以用来对付他们的重武器和盔甲。

最后，愤怒被冲散，恐惧取而代之，他们屈服了，四散奔逃，让马其顿人占据了战场。

在任何理性的人看来，罗马盟军部队的逃跑无疑都是情有可原的。他们寡不敌众，武器不行，也没有铠甲。与重装部队近距离战斗的其中一些人甚至是散兵。他们根本没有机会。

所以以我们的标准来说，埃米利乌斯并不理性。在他看来，他已经放弃了至关重要的高地，那片岩石嶙峋的地带相对于珀尔修斯的方阵更有利于他的部队。为了拯救这些人，他牺牲了己方的优势，而现在他们却正在逃跑。他气坏了，沮丧地扯破了自己的衣服。

与此同时，珀尔修斯的方阵正向他逼近。这是一个可怕的景象。他们的铜制头盔和胫甲在烈日下闪闪发光。方阵士兵穿着亚麻胸甲，他们的军官可能穿着铜制胸甲，大多浮雕成肌肉躯干的形状。埃米利乌斯能看到战线上到处都是覆盖有银或锡的铜制盾牌和胫甲反射的明亮白光。整个部队移动起来整齐划一，亮出一道牢固的矛尖阵线，排列得如此紧密，以至于你几乎看不到它们后面的战士。

轻步兵和盟军的散兵以松散阵形跑到拥挤的军团步兵前面，在军团和方阵之间迅速缩小的空间里，像是一大团嗡嗡作响的大黄蜂。他们投掷标枪，射箭，投掷石块。其中一些命中了目标，刺穿了铜甲或是碰上了裸露在外的皮肤，但是马其顿方阵兵一倒下，军官们就喊出了命令，让列队立即补上，留下完整无缺的紧密阵形。大多数的投射物都响亮地撞上了紧密如林的矛杆，或者从厚厚的铜制头盔、盾牌和胫甲上弹落。方阵继续前进，甚至没有减速。

埃米利乌斯意识到了危险。方阵仍然在平坦的平原上，使它能够保持紧密的队形。尽管百夫长们大声呼喊，他自己的军团却在放慢前进的步伐，对方阵的庞大规模望而却步。他们刚刚目睹了他们的轻装部队遭受屠杀，并为求活命四下奔逃，士气受到了动摇。马其顿长矛的长度是罗马剑的十倍多。如果军团与方阵近距离接触，这些人在进入剑的挥舞范围之前就会被长矛刺穿。埃米利乌斯必须做点什么，而且要快。

倒着走似乎没什么大不了的，对一个人甚至十个人来说它都不算什么。但是试着让成千上万全处于惊惧中的、聚集在一起的、原本下定决心要向前走的人，突然停下来，然后后退，还要再加上战斗的混乱和嘈杂。许多罗马士兵戴着的头盔是露耳式的，但有些罗马士兵和辅助士兵可能戴着遮住耳朵的兜帽或兽皮。即使移除这一使复杂局面加剧的因素，那也是在扬声器或扩音器出现之前的年代。罗马军队将不得不通过号角声来发出信号，与百夫长们的口头命令和时不时来自他们藤杖的敲打相互呼应。所有这些都必须在保持单位凝聚力的同时完成。普通士兵必须保持阵线的凝聚力，部队必须团结一致。对古代战士来说，战线上出现缝隙就是死亡，因为这些漏洞可能会被敌人利用，从没有保护的一侧发起进攻，或者散布混乱和恐慌。当他要求军团撤退时，埃米利乌斯一定意识到了他所冒的风险，他命令他们退回到山上，把平地让给方阵。他希望方阵能跟上，这样军团就能把他们吸引到欧洛克鲁斯山的破碎地带。结局可能会很糟糕。如果军团在执行这一战术时失去了凝聚力，方阵就会抓住机会向前冲锋，一切就都完了。

事实证明了罗马人的积极性和纪律，他们成功地完成了这一机动，有条不紊地撤退，不顾恐惧、炎热和方阵向他们逼近的景象，团结在一起。

在给自己争取了一些喘息的空间后，埃米利乌斯示意他的右翼前进。正在向后退的军团听到一道雷鸣般的声响从他们的右边响起，仿佛大地本身也在震动。而位于部队中心的那些人根本不用看。他们只能看到他们旁边的人的头盔。但当战象部队前冲经过时，最右边的骑兵们欢呼起来。

即使这些只是体型较小的阿特拉斯象，它们也会给人留下深刻的印象，每头超过2吨，肩高8英尺，可能全副武装，并且背上很可能背着塔楼，或者是拿着弓箭、长矛或标枪的士兵。它们在奔跑的同时会大声咆哮嘶吼，被它们的驭手鼓动着，向敌人猛扑过去。紧随其后的是罗马和盟军骑兵，一旦大象把敌军冲散，他们就冲上去追击逃跑的敌人。

他们做到了。最初为那头骡子打起来的色雷斯人和雇佣兵部队承受了全部冲击。在古代，对付大象的一种常见攻击手段是用标枪、投石和弓箭，希望能让这些巨兽因疼痛而发狂，并向己方拥挤的士兵横冲直撞。

但色雷斯人和雇佣兵在与罗马轻装部队的战斗中疲惫不堪，阵形散乱，没有及时放出足够的投射打击。大象冲撞进他们的队伍中，把他们踩到泥里，把他们抛到空中，用它们的象牙抵撞他们。这里最多只有34头大象，没有覆盖太大的正面宽度，给罗马和盟军的骑兵留下了足够的空间，使得他们可以在大象周围飞奔，追赶逃跑的色雷斯人和雇佣兵。先锋的3000人被暴露在严重危机中，他们的军官不得不匆忙地弄清楚该做什么。他们不能离开方阵，让珀尔修斯左翼空门大开，但他们也不能径直向前走，无视他们自己敞开的左侧空门。

马其顿人的左翼已经是空门大开。更糟糕的是，一支由大象和骑兵组成的罗马部队现在被部署在方阵左侧。到目前为止，罗马人正在猛烈地追击着逃跑的色雷斯人和雇佣兵，倘若军官们能控制住他们的人，他们就会把注意力转向主力方阵的侧翼，这对珀尔修斯来说将完全是一场灾难。

当军团撤退到欧洛克鲁斯的山麓丘陵时，地面变得越来越高低不平。方阵现在咬紧牙关，眼看着敌人这般近在咫尺，几乎就在密集长矛的致命触及范围之内。他们进入了崎岖的地形，向山上行进以同敌人交锋。这是一个具有决定性的举措，他们为此付出了代价。

这时发生了两件事。

首先，随着色雷斯人和雇佣兵的撤离，罗马人的战线现在与珀尔修斯左边的方阵部分交叠。军团最右边的部分灵活且精准地向内包卷，不断打入方阵的左翼。

其次，崎岖不平的地面、疲惫不堪的身体、受到的投射火力，以及让2.1万名士兵保持步调一致本身的难度……各因素开始产生影响。士兵们跌跌撞撞，渐渐疏远，停下来喘息。

整个方阵上开始出现缝隙。

埃米利乌斯看到了机会。他发狂似的骑着马在战线上跑来跑去，叫喊着要他的人进攻。十有八九，他们听不见他的话，这也无关紧要。没有哪个士兵能像老练的罗马百夫长那样如此致命，对战术的理解如此合拍。这些身经百战的战士即使没听到命令，也知道该怎么做。他们带领士兵向前冲入方阵的缝隙。

马其顿人左右挥舞他们的长矛，试图掩护。他们会取得一些成功，洞穿盾牌、铜制头盔、骨头和血肉。许多罗马人将会永远也无法抵近到足够使用他们致命短剑达成战果的地步。

但也有少数人做到了。他们低下头，冲了过去。他们经过那些致命的矛尖，而在它们后面，长矛只是一根毫无威胁的木杆。罗马人现在已经进入方阵，处于他们的最佳位置，几乎接近到可以闻到敌人气息的地步。在近处，罗马士兵可以用他的剑捅刺，轻易地切开亚麻胸甲，熟练地在腋窝处找到没有被铜甲防护住的部分。方阵士兵开始一个接一个地倒下。

孤注一掷，面对近在咫尺的致命敌人，方阵兵采取了对他们来说唯一可行的举措。

他们丢掉了他们的长矛。

注意，每一名马其顿方阵兵都配备了备用武器，通常是反曲砍刀，一种一面开刃、向前弯曲的单手重剑，很像现代骑兵佩刀。有些人可能已经装备了直刃叶状的希腊直短剑。这些便携佩戴的武器是打算作为最后手段，只有在方阵失去挥舞致命长矛的能力时才会使用。

毫无疑问，方阵是长矛阵形。方阵士兵知道如何使用剑，但这不是他们的强项。古老的重装步兵大圆盾巨大到几乎能覆盖住整个身体。但这些方阵使用的是更小、更轻的盾牌，设计成挂在肩膀上，好让双手能自由握枪。它们的直径约为 2 英尺，大约和现代下水道井盖的尺寸差不多。以成形的阵线聚集到一起时，它们能够可靠地抵御大多数打击。但在单打独斗时，说得婉转些，一旦失手就是致命的。

与此形成鲜明对比的是，罗马士兵携带的巨大的长形盾，这是一面 2.5 英尺 ×4 英尺、椭圆形、重 20 磅的庞然大物，装备有一个金属中心盾凸，既保护手，又把盾牌变成了一个金属拳击手套。罗马人受过使用剑的训练，剑是他们最主要的武器，他们训练得如此精熟，以至于挥舞剑如臂使指。

随着方阵四分五裂，方阵士兵放下长矛，拔出剑来，中央部分的战斗变成了一场白刃战，这是罗马人最擅长的。罗马人用剑挥砍切削，用盾猛击。马其顿人尽其所能地奋战，但没过多久，部队分崩离析，他们陆陆续续地被杀死。

在更高的山上，看到这些情形的埃米利乌斯那发软的双腿一定如释重负。

安提柯方阵的后部正在拉长、伸展，士兵们的点连成了长长的线，源源不断地流回珀尔修斯的营地。

第一批逃跑者知道他们输了，决心在溃败中领先一步。不久，随着安提柯的军官要么被杀死，要么失去了对他们手下的控制，逃跑的势头由原先的溪流变成了洪水。恐慌笼罩了方阵，越来越多的安提柯人扔下盾牌逃命。

大象和骑兵发起了最终一击，他们在击退了色雷斯人和雇佣兵轻装部队之后，终于勉强凝聚起了一些形式上的秩序。他们调转方向再次冲锋，这次冲进了主力方阵的后方。

一切都结束了。方阵受到来自四面八方的近距离攻击，惊慌失措，乱成一团。现在每个人都各自为战，在更适合罗马军队发挥的地形上，对抗正以最青睐的方式作战的敌人。不一会儿，整个马其顿军队，包括珀尔修斯本人，都逃离了。国王由他的王家骑兵环绕着策马疾驰而去，留下他的军队自生自灭。

只有先锋在离战斗开始的小溪不远的地方坚守不退。在所有的安提柯人当中，只有他们拒绝逃跑，战死在原地，直到最后一人。

作为有史以来集聚起的最庞大方阵之一，这支强大的军队被击败了。军团取得胜利，亚历山大大帝的遗产被永远地粉碎。

余波

皮德纳战役是安提柯人的彻底溃败，也是罗马人的辉煌胜利。待尘埃落定，2万名安提柯人，将近一半的军队，被杀了，大多数是在逃离罗马人的时候从后方被刺死的。另外11000人被俘，包括珀尔修斯本人。

普鲁塔克告诉我们，国王完全就是个懦夫。他们逃跑时被安提柯预备队拦截住了，他们诅咒国王的骑兵是懦夫，珀尔修斯脱下他的紫色长袍（王室的颜色），藏起他的王冠，下了马，像一个普通的骑兵一样牵着他的马。他的卫兵一个接一个地借故离开他，要么假装停下来系鞋带，要么骑马去侦察就再也没有回来。比起被罗马人俘虏，他们更害怕珀尔修斯的残暴和推卸责任。

他们害怕是对的。珀尔修斯到达马其顿首都佩拉（Pella）时，他杀害了胆敢对他的失败提出批评和建议的司库犹图斯（Euctus）和犹戴洛斯（Eudaeus）。

这使他的其他宫廷成员四散奔逃，直到他只剩下三个同伴：克里特人伊万德、一个名叫阿基德米（Archedemus）的埃托利亚人，还有一个名叫涅翁（Neon）的皮奥夏人。只有他的克里特雇佣兵仍然向他献上忠诚，但也只是因为他继续付给他们薪水。不久之后，他的钱花光了，他们也离他而去。

珀尔修斯最终在爱琴海北部的希腊岛屿萨莫色雷斯（Samothrace）上，一座供奉卡斯特（Castor）与波留克斯（Pollux）的神庙中避难。一支罗马舰队封锁了该岛，困住了国王。国王试图借助一个叫奥罗安第斯（Oroandes）的克里特海盗的安排逃跑。奥罗安第斯带着国王的财宝上了船，然后告诉国王，天黑后他将带着他的家人在码头上同他会面。接下来的发展没人会感到意外，奥罗安第斯卷走宝藏扬帆远航。日落后，珀尔修斯如约登上码头，却发现自己已被遗弃、身无分文。而后他被敌人包围了。

被罗马人俘获后，珀尔修斯的反应是不体面的。在一个武士国王们宁愿死也不愿受辱的时代，他哭哭啼啼，乞求怜悯。埃米利乌斯对此感到恶心和尴尬，说道："你为什么哭？你并不是随便被绑在这里的。这是你自找的。停止你的哭哭啼啼。你像个小女孩一样哭泣，是在贬低我胜利的荣耀。打败像你这样的懦夫，对于罗马人来说有失身份。"

这一遭遇深深地影响了埃米利乌斯，当珀尔修斯从他的视线中消失后，他非常沮丧。当他的下属问他为什么这么烦恼时，他沉思着命运的本质，一个如此荣耀和崇高的人怎会落得如此低下。这里我直接引用普鲁塔克的文字，他描述了埃米利乌斯对他的军官们所说的话：

> 我说，当这样的事情摆在眼前时，你能相信我们现在所拥有的一切是确定无疑的吗？年轻人啊，不要骄傲自满，不要吹嘘胜利；带着谦卑的心坐下来，永远警惕未来可能发生的事情，以及未来可能发生的逆转，天意不测可能最终会终结我们目前的幸福。

这是一个故事的完美结局，是我们所期待的最好结局。埃米利乌斯，在他荣耀的鼎盛时期，显露了他的人性，以及意识到人类在世界上地位的渺小。他改变了，变得更好。

他被定名为"马其顿征服者"，元老院投票决定为他举行凯旋式，并在崇拜者的欢呼声中，庄重地穿过罗马。马其顿的财宝和获胜的士兵跟在他身后，最后是珀尔修斯，戴着镣铐，仍在哭泣。

第十章

军团与方阵

> 国家的军事体系不是社会体系的一个独立部分，而是其整体性的一方面。
>
> ——托尼·朱特（Tony Judt），《重估价值》（*Reappraisals*）

皮德纳当然并不是终结。在未来的几个世纪里，罗马军团将继续与更多种类的方阵作战，同其他受希腊化方阵影响的军队较量，并在不同程度上采用类似的方法。还有第四次马其顿战争，接着是分别对亚该亚人，以及北非的努米底亚王国，以及土耳其北部的本都（Pontus）王国的战争。但这已经是明日黄花了。方阵曾多次与军团交锋，涉及各式各样的统帅、地形、天气、部队纪律和补给状况，以及神的启示和预兆等各种影响士气的因素。军团无疑是赢家，并将在未来数百年间继续在战场上处于支配地位。

但我们已经知道了这一点。令人不禁再一次想问的有趣问题是："为什么会这样？"我希望前面的章节有助于你通过自身的思考回答这个问题，这会儿让我们花些时间重温下这些证据，更重要的是，回到波里比阿最初对于为什么军团胜过方阵的阐释上，也就是我在本书第一章一开始就提到的：灵活、富有弹性和适应能力强。所以，波里比阿是对的吗？

波里比阿是对的吗?

根据我们刚才考察的六场战役的证据,答案是"对的,但只是部分正确。"

让我们仔细分析一番。波里比阿当然是正确的,虽然军团和方阵都需要紧密的部队凝聚力,并且受到战线基本要素的限制,但军团对凝聚力的要求肯定要低一些。短剑就其本质而言,是一种既适合部队整体作战又适合个人单兵作战的武器。军团步兵以更大的间隔部署,给了他们更多的空间进行个体机动,能够承受冲锋带来的冲击,躲避来袭的投射物,如果需要的话,还能与敌人周旋。更重要的是,他们在做这些事上受过训练。剑是他们的武器,他们无论是作为构筑中队的一分子,还是作为单独的剑手,都可以熟练地使用它。

与之形成对比的是方阵士兵,他们的主要武器是巨大的长矛,只有在列阵时才能发挥作用。单打独斗时,方阵士兵别无选择,只能放下这巨大的武器,拔出自己的剑,而他的剑术远没有他的罗马敌人那般训练有素。

狄奥多罗斯给出了一个很好的例子,证明方阵兵的长矛在个人决斗中用处不大。他讲述了在亚历山大大帝位于亚历山大的军营里爆发的一场斗殴——不是在埃及的亚历山大,而是在另一座同样以他命名的城市,位于现代巴基斯坦的乌杰(Uch)。

科拉古斯(Coragus)是亚历山大马其顿方阵的一员,他喝了太多的酒,和亚历山大军队里的雅典盟军士兵狄俄西布斯(Dioxippus)起了摩擦。

大家都说,这两个人都像钉子般强硬。科拉古斯是一位身经百战的老兵,并以作为斗士著称。狄俄西布斯则在公元前336年的奥运会上赢得过拳击冠军。目前还不清楚狄俄西布斯赢得的是十分类似现代体育运动的古代拳击比赛,还是无限制搏击(pankration)。后者是一种禁止咬人和挖眼,综合投掷、抱持、拳击、踢腿以及其他任何你所能想到动作的无限制格斗。无论如何,狄俄西布斯不是让人轻视的无名小卒。这并没有吓倒科拉古斯,他向狄俄西布斯提出决斗。整个事件发酵成马其顿人和希腊人之间的某种竞赛,双方都为各自的冠军欢呼。

大家腾出一片空间供他们打斗。科拉古斯穿上盔甲,狄俄西布斯则赤膊上阵,浑身涂满了油。科拉古斯似乎带来了他的长矛和标枪,而狄俄西布斯只带了一根棍棒。我们现在不知道这根棍子有多长,但对我来说,如果它是一种较短的单手武器，和罗马的剑差别不大的话，那就更有意义了。你应该记得，棍棒是神话英雄赫拉克勒斯最喜欢的武器，这赋予了狄俄西布斯的选择一种象征性的魅力。

战斗开始了，狄俄西布斯轻松地躲开了科拉古斯的标枪。狄奥多罗斯在记叙中交替地称科拉古斯武器为"矛"或"长矛"，这可能意味着他提到的是长矛。不管武器是什么，狄奥多罗斯很清楚地知道，狄俄西布斯进入了该武器的有效范围，用棍棒猛击矛杆，然后咔的一声折断了它。

科拉古斯显然并没有时间调转武器使用其矛镈，所以他拔出了他的剑，但狄俄西布斯已经足够接近到抓住他的手腕并实施了摔投——这证明狄俄西布斯可能赢得的是无限制搏击而非拳击——这使得科拉古斯躺倒在地。接着，狄俄西布斯脚踏在对手脖颈上，手举起了他的棍棒，宣告了胜利。

对狄俄西布斯来说，这是一个伟大的时刻，但这却最终导致了他的惨淡收场——马其顿人对这一令人尴尬的失败感到愤怒，诬告他偷窃，可怜的雅典人最后以自杀来抗议。他的这种过度反应很大程度上遭受了嘲笑，而亚历山大对这种无谓地浪费一条健壮的性命感到愤怒。

狄俄西布斯并不是罗马军团的一员，但这个故事确实说明了一个行动迅速的人用一把短武器对抗一名没有方阵阵形保护的希腊化方阵兵的有效性。罗马军团步兵有可能在速度上拥有些许优势。普通方阵士兵身穿亚麻或铜制胸甲、头盔、盾牌和胫甲，手持长矛。罗马人的前线士兵只会穿一件轻巧得多的胸兜（pectoral），可能还有单独一只胫甲。罗马人的盾牌要重得多，但较轻的盔甲——至少在第一线列上是这样——可能给青年兵在与方阵交战时提供了速度优势。

更重要的是，罗马人采取了一项战术创新，他们将散兵的投射功能与重装步兵的突击作战功能结合在了一起。可能除了后备兵，罗马军团步兵都拥有有限的投射武器职能——它最常用来软化敌军阵线，但也可以在必要时用来向投射散兵还以颜色。投枪的特定用途在某种程度上与大多数古代标枪不同——它的设计独特，目的是让敌人丢弃盾牌，从而为战场上的军团步兵有机会在最有利的条件下进行近距离战斗铺路。

罗马军团步兵不像轻步兵那样进行游斗，但是他们作为拥有有限投射火力部队的混合角色经常被低估。可以这样说，这是因为这一点并不新鲜。薛西斯一世著名的波斯"长生军"，在温泉关曾与列奥尼达斯和他的斯巴达人交过手，在希罗多德的描述中，以及在波斯波利斯（Persepolis）的雕刻作品里，他们的形象是手持长矛和盾牌的重装步兵，此外还装备着弓。但普遍认为，长生军要么作为弓箭手要么作为长矛兵组成小队作战，而非像罗马军团步兵一样将这二者结合在一起，在马上要冲入敌阵进行近身博斗前利用他们的投射武器削弱敌军，类似的策略可以参见 17 世纪的胸甲骑兵，他们在冲向目标前会近距离发射手枪。

在公元前 107 年的马略改革时期，轻步兵被废除，此后罗马军团没有专门的散兵部分（尽管辅助部队仍可以进行散兵作战），这说明了在单一步兵种类上，散兵与冲击战斗能力的结合是多么有效。每个军团步兵都配有标枪，仅此而已。

波里比阿说得对，地形扮演了重要的角色。审视希腊化方阵的战术子单位、它们各自的深度和正面宽度，这为我们提供了一些线索。16 个人组成的希腊列队没什么用，只是 16 个人排成一条长列，即使是 64 个人组成的肆队正面宽度也只有 4 个人，或者 16 英尺宽，因此很容易被包围。在 256 人的区队水平，你的覆盖宽度略小于 50 英尺，仍然不大。直到你达到千人队 1024 人的水平，你才会有接近 200 英尺的正面宽度。所有这些都假设方阵以通常的 16 名士兵的列队部署。在许多情况下，比如在库诺斯克法莱，方阵的纵深会倍增，导致还会损失 50% 的正面宽度。

现在，和罗马军团比较一下。我们不确定中队的确切深度（资料来源显示纵深要么 3 行要么 6 行），但我们仍以每单位约 120 名士兵来审视。如果我们假设他们有 3 行纵深，并且我们相信波里比阿的说法，每个士兵占据 6 英尺，我们会看到单单一支中队的正面宽度就有至少 250 英尺。这还没有算上两支百人队能够相互独立行动的可能性（毕竟，每支百人队都有自己的百夫长），这将导致两个战术单位各自覆盖超过 100 英尺的正面宽度。这些部队的棋盘式部署将使他们能够彼此独立行动，而不必过于担心他们的侧翼。如果一支中队或百人队暴露了他们的侧翼并因此受到攻击，那么在不远的地方就会有另一支部队过来帮助他们。而任何攻击罗马人侧翼的部队都不得不将自己的侧翼暴露给其他中队。

波里比阿说得对，罗马的体系要灵活得多，很明显，这是为了最大限度地利用罗马军团步兵可以在各个方向上作战，甚至在必要时可以独自作战的能力。进一步说，规模更小的单位，间隔驻扎，使罗马人更容易应对破碎的地形，绕过巨石或落水洞，或者战场上出现的任何其他异常情况。

方阵只能在一个方向上战斗，因为它是如此依赖于它的深度（没有至少5行，你就不会有对前排防御至关重要的交错矛尖），它需要更多的部队才能发挥作用。因为它只能朝一个方向战斗，所以保护侧翼变得比通常更为关键，尽管已经是非常关键了。保护侧翼的最好办法是扩大方阵的正面宽度，结果方阵倾向于拓展为，正如我们在本书考察的所有六场战役中看到的那样，差不多一整条巨大的战线。它必然比棋盘式部署更容易受到地形的影响，并使方阵更加依赖于平坦的地面，以防止在战线上形成间隙。

将军职能

当你审视这些战斗时，你可能会注意到另一件事：将军在战斗中的角色。罗马的将军们必定且的确会直接参与战斗，在前线近身搏斗，心甘情愿地把自己暴露于危险之中。事实上，罗马将军所能获得的最高荣誉之一就是"华贵战利品"（spolia opima），指的就是单挑杀死敌军将领之后从对方身上剥夺的武器、盔甲和其他财宝。

在我们研究的最后三场战役中，罗马人在这方面有一个最近的例子——执政官马库斯·克劳迪亚斯·马塞勒斯（Marcus Claudius Marcellus），他在公元前222年遇到了高卢盖萨塔依（Gaesatae）部落的国王维利多玛鲁斯（Viridomarus），并在决斗中杀死了他。赢得这一殊荣巩固了马塞勒斯在历史上的地位，并肯定鼓励了其他罗马将军在前线奋战。这不是一次性的事件。一个半世纪后，尤里乌斯·恺撒拿起盾牌，在如今的法国北部投入对抗内尔维人（Nervii）的前线。罗马百夫长们的伤亡率是出了名的高，部分原因就是当时盛行的英勇和冒险文化。

但至少在我们所研究的战争中，这似乎更像是例外，而不是规律。弗拉米尼努斯意识到他不能挽救他左翼的形势时，他就向他的右翼移动。在皮德纳战役过程中，大家亲眼见证了保卢斯绕着主力部队团团转。给人的普遍印象是，罗马执政官在战线后方附近骑在马背上指挥大军，这不仅使他作为观察者在发号施令时拥有更好的机动性，而且也给予了他一个更高的有利视角观望战斗的走向以及引领他的部队。

希腊的将军们似乎并不如此。他们身上都印刻着亚历山大大帝的风格，后者是一位以身先士卒闻名的将军。在他的许多著名战役中，亚历山大冲在他骑兵的前头，在战斗中作为一个战术单位，亲自给予和承受打击，并差点在公元前334年的格拉尼卡斯（Granicus）战役中付出了生命代价。据信，亚历山大在开战前会将他的军队排好战线，但一旦下达了命令，他就把实际的指挥权让给他的下属，转而充当一名战斗骑兵。

请记住，本书研究过的所有希腊将军都是亚历山大继业者的后代，他们可能认为自己是亚历山大遗产的合法继承者。亚历山大个人的英勇和指挥风格的故事对他们来说，肯定比对我们来说新鲜得多。

我们在将军们的行为中看到了这一点。伊庇鲁斯的皮洛士总是在战斗最激烈的地方奋战，并且在一场战斗中被杀死，尽管不是以最英勇的方式；我们看到腓力五世亲自率领他的军队在库诺斯克法莱的山脊上冲锋；安条克率领骑兵冲锋，在马格尼西亚击溃了罗马人的左翼。按照亚历山大的传统，他们似乎乐于制订作战的总体计划，然后把它留给下级指挥官，好在他们策马奋战时将其实施。

这在方阵充当沉重缓慢的防御性角色的背景下是说得通的。这一阵形不期望进行太多移动。它应该被布置在一个特定位置，然后坚守这个位置，或者从这个位置正向前进，而让其他单位执行任何更为复杂的机动要求。事实上，方阵通常被认为，至少在亚历山大的时代，它的任务完全不是赢得战争，而仅仅是将敌人战线牵制在适当位置足够长的时间，供亚历山大和他的重骑兵实施沉重打击，造成敌方溃逃。这一阵形极深，再加上携带巨大长矛进行机动的难度，给予了它这种风格的将领职能。我们没有看到希腊化的将军们像那位无名的罗马护民官在库诺斯克法莱那样，为了应对突发事件而拆分开他们的方阵。我们也确实没看到他们像在马格尼西亚集结溃兵的马库斯那样，集结起小单位的方阵兵。

这种指挥官对个人英雄主义的注重有可能剥夺了方阵在战斗最激烈的地方所急需的领导力，但同样有可能的是，这只是希腊化军事生态系统的一部分。像方阵这样静态的防御性阵形不需要掌管全军的将军那么多的注意力，这样就能让他自由地投身于个人英雄主义之中，激发每个人的斗志，提振士气，从而防止可能导致战争终结的传染性恐慌。

其中一些可能要归结于希腊化与罗马首领的性质与地位。自从公元前509年罗马最后一位国王卢修斯·塔奎尼乌斯·苏培布斯（Lucius Tarquinius Superbus）被驱逐出罗马以来，罗马人就一直鄙视"rex"（国王）这个词，而共和国的政府是精心设计的，以防止任何个人积聚过多的个人权力。一位罗马执政官尽管拥有巨大的权力，却是罗马公民社会主体（civitas）的公仆。抽象地忠诚于一个国家，而不是一个人，是一个复杂的概念，至少在第一次内战之前，罗马人在这方面十分突出。个人荣誉绝对是罗马执政官的首要任务，罗马的历史上充斥着不必要的、特意为了满足某位罗马公职人员在战斗中赢得荣誉的需求而采取的军事行动。这种需求部分是由于官职有限的任期驱使的。罗马指挥官的统帅权只会维持很短的一段时间，一旦它失效，他们领导军队的权力也随之失效。但至少在概念上，罗马执政官是大众的公仆。

希腊化的国王则是王室君主。他的军事权威绝不会减弱。军队，就像他王国里其他的一切一样，是他的私人财产。

指挥控制：行动的独立性与主动性

当我研究这六场战役时，我还注意到了另一件事，那就是指挥控制在罗马军队中向下延伸到了最低层次。

指挥控制（也被称为 C2）是一个现代军事概念，直白地指代指挥人员和军事行动的能力。C2 显然源自于位阶最高的人，他有权做出更多和更大的决定。当 C2 被分配给军官和较低级别的士兵时，我们就说它被"下延"或"下放"至较低层次。这是一个中性看法的表述，军事理论家们可能会在是否或何时下延 C2 更合适的问题上产生分歧。海岸警卫队以将 C2 尽可能往下延伸而闻名。在我服役的时候，我们有上等列兵（senior enlisted personnel，不是军官）指挥87 英尺长的巡逻艇，价值近 1000 万美元的武装船只。

我在罗马共和国军队中看到很多分散式 C2 的证据，但在他们的希腊化对手中却没有。我们已经讨论了一些关于罗马百夫长的权力和影响，并且已经见到他们在皮德纳采取的个人主观行动——在缝隙出现时率领他们的士兵冲入方阵。我们也知道，高级百夫长可以作为顾问分享罗马军队的执政官领导权，并且这些军事行动领导者与罗马社会最高层之间会有一些交互，如同公元 1 世纪罗马执政官 C. 西利乌斯·伊塔利库斯（C. Silius Italicus）的诗篇《石榴》（Punica）所证实的那样，该诗讲述了百夫长恩乌斯的故事，功勋卓著的他极受著名的西庇阿家族青睐，死后还被葬在了他们的家族墓地里。

我已经提到罗马百夫长伤亡惨重。尤里乌斯·恺撒在公元前 1 世纪的著作中记述了公元前 48 年法萨卢斯（Pharsalus）战役的伤亡情况，当时罗马百夫长（人均）的死亡率比普通军团步兵（milites）高 700%。这是一个再明显不过展示他们在带领部队加入战斗中所表现出的个人主动性的标志，同样也可能是军事文化鼓励在这种相对较低的层次上夺取战术主动性的标志。我们还听说，轻步兵会在他们的头盔上披戴兽皮，部分原因是为了让自己与众不同，让上级能看到自己，以便上级在奖励、晋升或表扬时能区分出他们。这并不是绝对的证据，但它确实证明了普通士兵的个人主动性。

我们还有更多具体的例子，在本书研究的战争中同样也不少。库诺斯克法莱战役中，在没有咨询他的将军或总指挥官的情况下，一位护民官对他做出重大战略决策的能力信心十足，以至于他从战线后方扭转了 20 支中队的走向，执行了一次很可能导致这场战斗获胜的包抄机动。

在马格尼西亚，我们看到一位护民官不仅集结起溃兵，还用死亡来惩罚他们，重组他们，然后带领他们反攻，这一切都基于他自身的主动性，没有任何请示。

在皮德纳，我们看到一名盟军指挥官为了激励自己的部队，决定将部队军旗掷入敌人的行列。无独有偶，公元前 55 年，恺撒麾下一位旗手跳入大海，以此来激励他受惊的战友们。所有这些决定似乎都是自发的，在一瞬间做出的，都没有征求上级的意见。

相关性并不是因果关系，这只是几个数据点，但它们足以让人见识到一种军事文化，这种文化奖励个人主动性和个体智慧，其程度足以使级别相对较低的个人可以自在地做出军事行动决策。

在我们研究过的希腊化军队中，我们没有可与之相比的例子。在赫拉克里亚，麦加克勒斯穿上了皮洛士的盔甲，这一决定几乎危及战斗的结果。在库诺斯克法莱，尼卡诺尔在上级的命令下，率领他排成纵队的觅食部队匆忙翻越山脊。尼卡诺尔没能做出任何可能拯救他的士兵的战术决策，比如在出发前让他们列好队。在我们所考察的战斗中，没有听到多少关于个人出色表现的故事。部分原因可能是由于历史是由胜利者书写的，但把方阵依赖凝聚力的本质，以及将所有权力集中于国王一人的王室行政体系联系到一块考虑时，我们脑海中自然而然地就会浮现出一幅更为死板的体系限制了个人主动性的画面。

遗产

中世纪和近代早期，世界上也出现过方阵。一份关于埃里安的战术的极好译文由约翰·宾厄姆（John Bingham）以《埃里安的战术或以希腊方式组织军队的艺术的英文插图版：关于方阵一般行动篇章的注释》（*The Tactiks of Aelian or Art of Embattailing an Army After Ye Grecian Manner Englished & Illustrated Wth [sic] Figures Throughout: & Notes Vpon Ye Chapters of Ye Ordinary Motions of Ye Phalange*）为题在 1616 年出版。这本书值得注意的地方，除了它伟大的标题和同样有趣的英语，还在于其插图上的方阵士兵穿的是 17 世纪的铠甲。他们戴着你可能在议会的征服者身上看到的无面甲羽冠头盔，在软皮上衣外面套着豆荚形铁制胸甲。这些人与你所能想象出的希腊化方阵士兵的形象相距甚远，但他们留下的遗产是清晰的，而且之间的联系十分紧密。

事实是，读宾厄姆关于埃里安译作的人并不是为了怀旧。公元 17 世纪和公元前 3 世纪一样血腥，向埃里安等作家求索的指挥官们都是坚忍的战争领袖，比如瑞典国王古斯塔夫斯·阿道夫斯（Gustavus Adolphus）和神圣罗马帝国的将军阿尔布雷希特·冯·瓦伦斯坦（Albrecht von Wallenstein）。他们把目光投向古代世界，因为他们打心底里相信那个时代的军事方法论仍然具有价值，而且公平地说，它确实有价值。作为 17 世纪军队核心的"长矛与射击"阵形就是结合了希腊化长矛兵方阵和当时新兴火器的产物。

即使在这上面，我们也能看到古代世界的遗产。火绳钩枪（早期的一种火器），很像希腊化的长矛，单独使用时没什么用。它只有在可以集中倾泻出大量火力的密集阵形中才能真正发挥作用。更糟糕的是，它的再装填速度慢得令人发指，远远慢于在近代早期战场上仍得到使用的弓箭和标枪。为了有效地使用它们，你必须集结成千上万的火绳枪兵，作为一个庞大且复杂阵形的一部分，完美地协调机动、装弹和射击。

只有一种方法可以完成这种军事行动：持续不断地训练。毫无疑问，这些概念源自古代的军事经验，尤其是与军团和方阵相关的经验。这说起来如同废话：所有士兵不断操练是理所当然的事，否则，他们将如何发挥作用？事实上，在近代以前的军队中，集体操练的情况比你想象的要罕见得多。在我们已经研究过的有组织的城邦文化之外，许多文化以战团作战，甚至在他们内部，他们常常无法抗拒追求个人名誉和光荣的诱惑，代价就是牺牲掉至关重要的单位凝聚力。

事实上，即使看起来简单，即使对我们而言似乎司空见惯，可事实依然是这些在这两种阵形中达到了一定精炼程度的观念，部队凝聚力、训练、保持阵形，甚至现代职业化军队认为理所当然的那些理念（部队番号、统一标准、退役、控制幅度等）就这么延续至今。军团和方阵当然不是这些概念的起源，但它们巩固了这些概念。这些概念不受时间影响，因为它们具有普遍性和实效性。它们每天都在我们的身边延续着。

我换个说法。大多数人永远不会质疑卡通或漂亮的商业广告是否可以被视为艺术。但人们之所以对艺术的定义有如此广泛的理解，完全是因为安迪·沃霍尔（Andy Warhol）于 1964 年在纽约斯特布尔美术馆（New York's Stable art gallery）大胆地展示了一堆布里洛盒子（Brillo boxes）。它们不是真正的布里洛肥皂盒；他做了一模一样的复制品。时至今日，艺术评论家们仍在争论这场大胆展览的价值，但几乎所有人都同意，沃霍尔在这场展览中所做的最重要的事情，是迫使全世界深入思考："何为艺术？"

结果是文化上的巨大转变。半个多世纪过去了，无论我们生活在纽约还是加德满都（Kathmandu），我们对艺术的看法仍然因为沃霍尔而有所改观。军团和方阵也是如此。他们的组织、团队精神、部署、武装方法以及数以百计的其他细枝末节代表了人们如何调动起来应对战争的一种表现形式，令人感觉似乎难以置信地熟悉。我所生活的社会，以及我所服役的军队，与古罗马或马其顿截然不同，但这两种阵形的故事中有很多东西与我产生了共鸣，让我觉得之间的某种联系可以追溯到几千年前。

也许军团和方阵最吸引人的地方在于，它们最终是文化的一种表现方式——罗马正艰难地应对凯尔特人的野蛮入侵，其摧毁了正在蓬勃发展的重装步兵方阵，将这座新兴的城市洗劫一空。而不安分的希腊则因城邦的四分五裂而相互争斗不休，直到强盛的波斯帝国的威胁给予了他们一个共同的敌人，哪怕只是暂时的。这些文化相互渗透，相互影响，在某种程度上，我们可以把军团和方阵之间的冲突看作是希腊遗产的两个分支之间的斗争，它们先是分道扬镳，接着又再次合流在了一起。

但最终，一个充满了血汗和冒险的伟大故事里，最重要的，并且远胜一切的，是人本身，令人迷醉、错综复杂又雄心勃勃。

换言之——就是我们自己。

词汇表

以下词语为希腊语、拉丁语以及少数英语。请注意，在本词汇表中列出的单位兵力适用于本书所研究的时期（公元前 3 世纪—公元前 2 世纪）。它们会随时间有所变化，我请求各位读者在研究更早的希腊化王国（例如亚历山大在世时的帝国时代）或共和制灭亡后的罗马帝国时务必牢记这一点。

扈从散兵（accensi）：在轻步兵出现之前的早期罗马散兵。

亚该亚同盟（Achaean League）：涵盖伯罗奔尼撒半岛中北部希腊城邦的一个联盟。

民政官（aedile）：负责维护庙宇和公共秩序、举办运动会的低级罗马治安官。

先锋（agēma）：希腊化军队中的精英部队。虽然该词意思为"先锋"，但他们并不总是负责这一任务。

方形布局（agmen quadratrum）：可能指的是五点形阵形或是保护中央辎重的空心方形阵。

斯巴达教育（agōgē）：传奇的斯巴达军事教育体系。

竞争（agōn）：该词可以指代体育比赛、诗歌或戏剧竞赛，甚至是战斗。

翼（ala）：来自拉丁语，意思是"翅膀"，罗马盟军的标准单位。他们通常被部署在占据战线中央的公民军团步兵的两翼，因此得名。

翼（alae）：翼的复数形式。

安提柯王朝（Antigonid）：源自亚历山大大帝的将军安提柯一世"独眼"的希腊化王朝，主要位于马其顿。安提柯王朝在古代文献中被称为"马其顿人"，有时现代资料里也会这样称呼。

盾把手（antilabē）：在大圆盾边缘充当把手的环状物。

疏散（araiotaton）：希腊化方阵的疏散阵形。用于快速移动，不适用于战斗。

银盾兵（Argyraspides）：最初指亚历山大大帝军中的一支部队，由持盾步兵改名而来。后来指塞琉古方阵所用的一支银盾兵部队。

阿斯（as）：古罗马铜币。

大圆盾（aspis）：重装步兵所用的沉重圆盾。

阿提卡式头盔（Attic helmet）：一种古代铜制头盔类型，通常仅覆盖头部和后颈，留下开放的面部方便视物和呼吸。这种头盔类似于哈尔基斯式头盔，除了其缺乏甚至已经退化的护鼻，并且经常有加固的前额。

鹰旗手（aquilifer）：携带军团鹰旗的罗马旗手。

占兆官（augur）：通过研究鸟群飞行来解释预兆的罗马祭司。

后场（backfield）：战线后的战场区域。

战线（battle line）：有时被称为 line of battle。（大多数情况下）重装步兵或多或少肩并肩地排成一条线，通常是横向的，以提供尽可能大的正面宽度。

维奥塔希斯（Boeotarch）：维奥蒂亚同盟的首要官员。

维奥蒂亚式头盔（Boeotian helmet）：一种通常仅覆盖头部的古代铜制头盔样式，面部敞开以便视物和呼吸。其通常有波浪状起伏的宽边檐，像是泛起涟漪的织物。

维奥蒂亚同盟（Boeotian League）：一个由底比斯领导的希腊城邦同盟。

后备部队（boēthos）：有着防守职责的本土守御后备部队，由那些对于参加现役来说太老或是太年轻的人组成。后备部队通常在发生入侵时会被召集起来守御城镇和要塞。

盾凸（boss）：位于盾牌中央，通常为圆形的金属碗状物。盾凸里藏着盾牌的把手，并为战士的手提供防护；它还可以在进攻时充当金属拳击手套。

具装骑兵（cataphract）：来自希腊语 kataphraktos，"完全包覆"，无论是马匹还是骑手都完全包裹在金属中的超重型骑兵，类似于很久之后的中世纪骑士。

百夫长（centurion）：Centurio 的英语化。一支百人队的指挥官。要指挥将近 100 人的百夫长，其控制幅度使得他的职责和文化定位十分接近于现代的上尉 / 中尉（O-3 级）而非中士或其他士官。

百人队（century）：来自拉丁语 centum（100）。Centuria 的英语化。名义上由 100 人组成的罗马步兵中队的子单位，但实际上通常大约为 60 ~ 80 人。

哈尔基斯式头盔（Chalcidian helmet）：一种通常覆盖头部、颈部和面颊（通过附接的护颊片）的古代铜制头盔样式，但留面部敞开以便视物和呼吸。其通常拥有一个无法给鼻子提供实际防护的退化护鼻。

铜盾兵（Chalkaspides）：安提柯方阵的两种主要部队之一。

千人队（chiliarchia）：四支区队组成的共计 1024 人的单位。大约等同于现代一支大型营。

千夫长（chiliarchēs/chiliarch）：负责千人队的军官。大约等同于现代的上校。

金盾兵（Chrysaspides）：塞琉古方阵的一支部队。

城邦（city-state）：经常被称为 polis。由母城和所有附属领土组成的主权政治实体。

罗马公民社会主体（civitas）：罗马公民主体经由他们的文化和法律统一为一个公共主体的概念。

有产阶级（classis）：在塞尔维乌斯改革中，能够负担得起全套装备因而可以效力于罗马方阵的那部分民众。

绰号姓（cognomen）：罗马人的第三个名字。最初是绰号，最后变成了世代相传的姓名。

凝聚力（cohesion）：军事编队即使在移动和战斗时也能保持阵形的能力。

执政官（consul）：罗马共和国最高的军事 / 政治官职。每年选出两名执政官，每名执政官轮流掌握统帅权一个月。

科林斯式头盔（Corinthian helmet）：一种通常覆盖整个面部和颈部的古

代铜制头盔样式，有一个 Y 或 T 形的开口供视物和呼吸。

号手（cornicen）：罗马军团中的号手。他还充当着百夫长的助手。

横断盔缨（crista transversa）：罗马百夫长横向的头盔盔缨。

肘（cubit）：一种度量单位：从你的肘部到你中指尖的距离。一肘约合 18 英寸。

胸甲（cuirass）：以任意材料制成的躯体护甲。通常包覆前胸和后背。

武装人员集会（curia）：古罗马的选举大会。

荣耀之路（cursus honorum）：罗马人在成为执政官之前预期要担任的一系列公职。

降属（dediticii）：被征服从而被迫成为罗马永久性军事同盟的民族。

投降（deditio）：变成降属的行为。

献身（devotio）：罗马的一种风俗，以这种风俗，即将战败一方的指挥官会在明知这是自杀行为的情况下迎面冲向敌人。这样的行为被认为会博得神明的喜悦，神会扭转战局，赐予罗马胜利。

罗马征募体系（dilectus）：罗马征召人服兵役的征召制度。

继业者（diadochi）：见 successors。

半列长（dimoiritēs）：列队中半列的领导者。

多鲁／多里（doru/dory）：重装步兵所用的 6 ~ 8 英尺长矛。

两面包抄（double envelopment）：两翼同时进行包抄。

德拉克马（drachma）：一种古希腊钱币。

包抄（envelopment）：部队或战线拥有比敌人部队或战线更大的正面宽度，从而能够向内卷曲并从正面和侧向同时进攻敌人的状态。

后行兵（epistatēs）：列队中从前往后数位于偶数位（第二、第四、第六⋯⋯）上的士兵。

罗马骑士（equites）：罗马骑兵。

应召服役（evocatus）：罗马军队动员后备人员的体系。

特派部队（extraordinarii）：从罗马军队两翼中挑选出来有着特殊用途的精锐士兵。这些人宿营在执政官附近并且被用于执行特殊任务，诸如先锋、后卫或侦察任务。

列（file）：从前到后，以纵队垂直排列的一队士兵。

侧翼（flank）：敌军部队或战线的侧面。

穿袍者清单（formula togatorum）：罗马伙伴提供给罗马的适役男性清单。

正面宽度（frontage）：一支军事单位横向（从左到右）覆盖的距离。正面宽度越大，包抄敌军部队或战线的几率就越大，受到敌军包抄的几率就越低。

氏族（gens）：享有共同起源的罗马家族集团。

西班牙短剑（gladius Hispaniensis）：经常简短地称为 gladius，罗马短剑。

胫甲（greaves）：以任意材料制成的胫部（有时还有膝盖）的防护物。

长矛（hasta）：一种长矛。

青年兵（hastati）：部署在三重阵线第一道上的罗马军团步兵阶级。由较为年轻且经验不足的士兵组成。

重装步兵（heavy infantry）：该术语用于指士兵装备的重量（他们全副武装），有时还指他们阵形的紧密性（他们通常以紧凑排布战斗，而非松散或疏散排布）。重装步兵主要用于近战或"冲击"作战。

百牲祭（hecatomb）：牺牲 100 头牛的献祭。

首领们（hēgemones）：可能指的是希腊化方阵中的军官，也有可能是指前线上的每一位方阵兵。

希腊的（Hellenic）：与希腊有关的。

希腊化（Hellenistic）：相关文化和政策深受希腊影响，但实际上本身并非希腊人的那些人，比如马其顿人、伊庇鲁斯人，还有安提柯王朝、托勒密王朝、塞琉古王朝等继业者王朝。还指亚历山大大大帝兴起时 / 后的时期。

半胸甲（hemithorakion）：覆盖住腹部的半胸甲。

伙伴（hetairoi）：希腊化国王的亲密同伴。

希腊骑士（hippeis）：称呼希腊骑士的术语，后来逐渐用于强调其社会地位高，类似于罗马的骑士阶级。希腊骑士不一定必须是骑兵，也可能充当精英步兵。

重装步兵（hoplite）：希腊语是 hoplitēs，古希腊城邦的公民士兵。重装步兵构筑起他们军队的重装步兵主干。来源于希腊语 hopla，该词指他们的装备。

持盾步兵（hypaspist）："持盾者"。"持盾者"是腓力二世和亚历山大大帝麾下的精英部队，可能作为重装步兵作战。

统帅权（imperium）："指挥的权力"。古罗马的军权。

下层阶级（infra classem）：在塞尔维乌斯改革中，因负担不起装备而无法效力于方阵、充当轻装士兵的那部分民众。

马其顿扁平帽（kausia）：古代马其顿的毡帽。宽大且轻微呈圆锥形。看起来有点像你头上顶了块薄烤饼。

反曲砍刀（kopis）：来自希腊语 koptō，"切砍"，一种刃口有轻微弧度、单边开刃、类似切肉刀的剑。有时被希腊化方阵兵用作副武器。

锥形盔（kōnos）：十分类似（甚至有可能完全就是）毡帽盔的一种希腊化铜制头盔。

胫甲（knēmides）：胫甲。

副将（legatus）：通常指挥每位执政官麾下两支军团之一的元老院级别罗马人。

军团（legio）：来源于 legere（挑选），王政时代后罗马基本的重装步兵编队。兵力通常为 5000 人左右。

军团（legion）：Legio 的英语化。

白盾兵（Leukaspides）：安提柯方阵的两种主要部队之一。很可能次于铜盾兵。

标枪散兵（leves）：在轻步兵出现之前的罗马散兵。

轻步兵（light infantry）：该术语用于指士兵的装备重量（他们是轻装上阵），有时也指他们阵形的松散性（他们通常以开放或分散排布战斗，而非紧凑排布）。轻步兵主要用于前哨战，或是占据会破坏凝聚力的地形。

亚麻胸甲（linothorax）：希腊/希腊化的亚麻躯体护甲。

列队长（lochagos）：列队的首领，大约等同于现代的少尉。

列队（lochos）：希腊化军队中，16 名方阵兵组成的一列。大约等同于现代一个排。

锁子甲（lorica hamata）：用连锁的金属环制成的罗马躯体护甲。在本书研究的时期已经得到使用。

环片甲（lorica segmentata）：用联结在一起的钢带制成的罗马躯体护甲。在本书研究的时期还没有得到使用。

大希腊（Magna Graecia）：希腊人殖民的南意大利地区。

战神之子（Mamertines）：一队从他们的故乡坎帕尼亚被带至西西里的意大利雇佣兵。

中队（maniple）：来源于拉丁语 manipulus（把）。罗马军团中包含两支百人队的子单位。

中等阵形（meson）：希腊化方阵的中等阵形。方阵兵两两之间留出大约 3 英尺的距离。

普通军团步兵（miles）：普通军团步兵。

蒙特福尔蒂诺式头盔（Montefortino helmet）：一种通常只覆盖头部的古代铜制头盔样式。很受罗马人和凯尔特人战士青睐。

士气（morale）：士兵面对伤亡或战场上其他不利情况，仍能继续实现作战目标（进攻或防守阵地）的能力。当士气低落时，士兵们会溃逃。

佩带（ochanē）：缠在脖子和肩膀上，方阵兵用来悬挂他们盾牌的布制或皮革带子。

胫甲（ocrae）：胫甲。

户（oikos）：在不同的资料中用法不一，令人费解的术语。通常指家庭、住宅以及延伸的私产。

俾官（optio）：百夫长的副手。大约等同于现代的中尉。

作战序列（order of battle）：一个用于描述一支军事武装结构的术语。包括指挥架构、兵力和人员部署。

推挤（othismos）：形容两支重装步兵方阵之间互相推搡、试图打破对方阵线的行为。

列尾长（ouragos）：列队中的列尾（位于末尾位置的士兵）。

侧翼包围（outflank）：部队能够从其侧翼攻击敌人的一种策略。有时被称为"侧翼迂回"。

无限制搏击（pankration）：一种除了禁止咬人和挖眼，综合投掷、抱持、拳击、踢腿以及任何其他你所能想到动作的无限制格斗。

帕斯尼埃（partheniae）："处女之子"。未婚斯巴达妇女的私生子。

家长（paterfamilias）：罗马家庭的男性首领。

伯罗奔尼撒同盟（Peloponnesian League）：一个由斯巴达领导的希腊城邦同盟。

轻盾（peltē）：方阵兵以及其他希腊化军队士兵通常所用的盾牌。小于大圆盾并且不呈凹面形。有意设计使左手能从盾牌的边缘伸出，使得方阵兵能用双手使用长矛。

轻盾兵（peltastai）：携带轻盾的士兵。有时该词的英语化"peltasts"用于指使用轻盾的方阵兵，还可用于指装备标枪的散兵，来自色雷斯的最为常见。

伙伴步兵（pezhetairoi）：一种方阵兵。关于该术语到底是用于称呼希腊化方阵中的一支精英单位，还是仅用来指代方阵中的所有人仍存疑。

方阵兵（phalangite）：效力于希腊化（并非古典重装步兵）方阵中的士兵。

方阵（phalanx）：由盾牌毗邻或交叠、使用长矛的士兵组成的矩形重装步兵阵形。希腊和希腊化世界的基本重装步兵阵形。

勋章（phalarae）：在罗马军团中用于显示荣誉的大金属勋章。

弗里吉亚式头盔（Phrygian helmet）：见"色雷斯式头盔"。

投枪（pilum）：罗马军团步兵所用的标枪。铁制的锥形尖端位于一根连接着木柄的细长金属杆的末端。大多数军团步兵携带两支，一重一轻。

投枪（pila）：pilum 的复数形式。

毡帽（pilos）：古希腊人所用的圆锥形无缘毡帽。

毡帽式头盔（pilos helmet）：一种仿照毡帽外形的古代铜制头盔。这种头盔仅为头部提供防护，留面部和脖颈裸露在外。

城邦（polis）：古希腊的城邦。

城邦（poleis）：polis 的复数形式。

盾套环（porpax）：大圆盾和轻盾上都有的一个供左前臂使用的金属套环。

后百夫长（posterior）：一支中队里两位百夫长中地位较低的那位。

盟军长（praefectus sociorum）：权力/控制幅度大约接近于现代上校（陆军或空军）或上尉（海军），负责罗马军队一翼的罗马军官。

裁判官（praetor）：罗马野战部队的指挥官，同时也是罗马的高级法官。

矛首（**primus pilus**）：又名 primipilus，字面义"第一支标枪"。军团中的高级百夫长。

壮年兵（**principes**）：部署在三重阵线第二道的罗马军团步兵阶级。由身处当打之年、具有一定战争经验的人组成。

先百夫长（**prior**）：一支中队里两位百夫长中地位较高的那位。

前行兵（**protostatēs**）：列队从前往后数位于奇数位（第一、第三、第五……）上的士兵。

仿科林斯式头盔（**pseudo-Corinthian helmet**）：一种类似科林斯式头盔的古代铜制头盔样式，但护鼻和眼洞全都被削减为装饰，高高翘起位于前额。这种头盔经常有护颊片、外翻边檐以及至少一处羽毛托架。

散兵（**psiloi**）：来源自意思是"赤裸"或"裸露"的 psilos。希腊语中指代散兵的术语。

下垂甲裙（**pteryges**）：织物或皮革条带制成的裙子，用于保护腹部、腹股沟或腿部。

托勒密王朝（**Ptolemies**）：源自于亚历山大大帝的将军托勒密一世"救星"的希腊化王朝。主要位于如今的埃及地区。

罗马匕首（**pugio**）：罗马士兵携带的匕首。一些人认为它是一种副武器，其他人则认为这是一种宿营工具，可能二者兼而有之。

紧凑阵形（**pyknosis**）：见"中等阵形"。

烧火（**pyrokausis**）：可能用来指列队成员一起吃饭时围坐的营火的术语。

五点阵形（**quincunx**）：现代用于描绘罗马三重阵线部署的术语。其参考了六面骰子表示五的那面上的圆点跳棋棋盘状图案。

行（**rank**）：士兵成横向水平线布置成一排。

后卫（**rearguard**）：军事阵形的后部。

预备队（**reserve**）：不参与战斗并由将军决定在何时何地需要他们加入战斗的部队。

撤退（**retreat**）：从战斗中有序地边打边撤。

长柄逆刃刀（**rhomphaia**）：色雷斯人喜欢使用的一种半是剑、半是长柄、有着和柄一样长的刃口、类似长柄大镰刀的武器。

溃败（rout）：无意于保持秩序或保护自己地从战斗中逃离。

圣队（Sacred Band）：底比斯的一支精英部队，由150对志同道合之人组成。希腊史学家还曾描述过迦太基军队中一支被称为"圣队"的精英部队。

"萨里沙"长矛（sarissa）：长度从15英尺到26英尺不等的希腊化长矛。

总督（satrap）：波斯帝国治下的行省主管。

蜥蜴杀手（sauroter）：长矛的铜制矛镈。

长形盾（scutum）：罗马军团步兵所用的有着中央盾凸的巨大椭圆形盾牌。

塞琉古王朝(Seleucid)：源自于亚历山大大帝的将军塞琉古一世"征服者"的希腊化王朝。主要位于如今的土耳其和黎凡特地区。

塞尔维乌斯改革（Servian reforms）：由罗马国王塞尔维乌斯·图利乌斯推行的军事改革。

散兵（skirmishers）：主要任务是使用投射武器杀伤敌军士兵，并且在进行近战接触之前就后撤的士兵。

掌旗官（signifer）：罗马军团里的旗手。还担任自己部队的银行管理人。

伙伴（socii）：同罗马有着永久性（并且是不平等的）军事同盟关系的意大利部落和城邦。

拉丁伙伴（socii Latini）："拉丁人地位"的伙伴。

斯巴达勇士（Spartiate）："斯巴达人"，但真正含义是"平等"。城邦中那些经过严格细致的战士训练使得斯巴达闻名于世的公民。

区队（speira）：四支肆队组成的单位，大约共计有256名士兵。规模大概位于现代连与营之间。

区队长（speirarchēs/speirarch）：负责一支区队的军官。大约等同于现代的中校。

华贵战利品(spolia opima)：单挑杀死敌军将领后从对方身上剥夺的武器、盔甲和其他财宝。罗马人可以赢得的最高军事荣誉之一。

军（stratēgia）：四支千人队组成的部队，总计有4096名士兵。大约等同于现代一个旅。

军长（stratēgos）：负责一军的军官。大约等同于现代的准将。

继业者（successors）：也被称为 diadochi，为争夺亚历山大大帝的帝国互相敌对的将军们，凭他们自身的实力建立起了各自的希腊化王朝。存在时间最长同时也是最为出名的三个分别是托勒密王朝、安提柯王朝和塞琉古王朝。

盾牌环扣（synaspismos）：希腊化方阵的"盾牌环扣"阵形。需要将长矛抬升至不适合战斗的水平，因而完全是防御性的。

警卫官（tesserarius）：罗马军团中的警哨指挥官。这一名称源于 tessera，意思是写有暗号的小瓷片或木块。

肆队长（tetrarchēs/tetrarch）："四者之首"。负责一支肆队的军官。大约等同于现代陆军上尉。

肆队长们（tetrarchai）：tetrarchēs/tetrarch 的复数形式。

肆队（tetrarchia）：由四支列队组成的部队，总计 64 名士兵。大约等同于现代一个连。

肆队（tetrarchiai）：tetrarchia 的复数形式。

胸甲（thorax）：胸甲。

色雷斯式头盔（Tracian helmet）：有时也被称为弗里吉亚式头盔。一种通常覆盖住整个面部和脖颈的古代铜制头盔样式。上脸通常是开放的，以供视物和呼吸，下脸由大块护颊保护，有时浮雕成看起来像长胡子的样子。头盔最独特的元素是它的高盔檐，像卷曲的波浪一样向前倾斜。

椭盾兵（thureophoroi）：使用椭圆盾的士兵。

椭圆盾（thureos）：一种有着长轴加固脊以及条状盾凸（而非碗形）的椭圆形大盾牌。

后备兵（triarii）：部署于三重阵线第三道的罗马军团步兵阶级。由坚定的老兵组成。

护民官（tribune）：拉丁语 tribunus，位阶低于副将但高于百夫长的罗马军官。大约等同于现代的上校。

军事护民官（tribunus militum）：王政时代罗马部落的首领。

三重阵线（triplex acies）：罗马军团的三线列作战序列，由三条排布成五点形的交错步兵中队阵线组成。第一道是青年兵，第二道是壮年兵，接着第三道是后备兵。

凯旋式（triumph）：获胜的军事指挥官的公开庆祝仪式，包括列队穿行过罗马的街道。只有获得最重大的胜利时才会准许该仪式，这是罗马军事精英最梦寐以求的荣誉之一。

盾凸（umbo）：见"boss"。

前锋（vanguard）：军事阵形打头的部分。

轻步兵（velites）：罗马军队中最年轻也是最贫穷的士兵，充当着散兵的角色。

维吉纳太阳（Vergina sun）：一种古希腊和希腊化纹章图案，特征是放射出 16 道光线的太阳。

勇德（virtus）：罗马男性的美德。包括无畏、军事技艺、勇猛和道义。

拉丁藤杖（vitis Latina）：拉丁人的葡萄藤权杖。

战团（warband）：最常见于该时期凯尔特人当中的步兵阵形。通常只有一定程度上的组织，并且对个人英勇的崇尚要高过纪律和保持队列。

希腊直短剑（xiphos）：一种大约 1 ~ 2 英尺长，有时为叶形刃，可以挥砍也可捅刺的直剑。希腊化方阵兵的标准副武器。

绪斯同骑枪（xyston）：一种大约 12 英尺长、双手使用的长矛。

参考文献

史料来源有很多种翻译版本。围绕哪种翻译最好存在许多争论，但底线其实是：对你最有用的往往是你亲自翻译的。网上有很多图书馆免费提供原始语言和翻译过的史料。我最喜欢的是塔夫茨大学（Tufts University）的珀尔修斯数字图书馆（Perseus Digital Library），网址是 http://www.perseus.tufts.edu。珀尔修斯接受捐款，如果你着实喜欢本书，我请求你能慷慨解囊。

我用我那公认蹩脚的拉丁语和希腊语做了尽可能多的翻译，并依靠各种各样的译文来核对我的作品。所以，我向各位提供我的资料来源列表，由你自主决定最喜欢哪一种翻译，或者你更愿意亲自阅读拉丁语或希腊语原本。

古代资料

Aelianus Tacticus, On the Tactical Arrays of the Greeks

Appian of Alexandria, Roman History, Syrian Wars

Arrian of Nicomedia, Anabasis of Alexander

Asclepiodotus Tacticus, Tactics

Athenaeus of Naucratis, Dinner-Table Philosophers

Aulus Gellius, Attic Nights

Aurelius Victor, The Illustrious Men of Rome

Cassius Dio, Roman History

Claudius Aelianus, Various History

Cornelius Nepos, Life of Iphicrates

Diodorus Siculus, Historical Library

Dionysius of Halicarnassus, Roman Antiquities

Eusebius of Caesarea, Chronicle

Flavius Eutropius, Abridgement of Roman History

Gaius Julius Caesar, Commentaries on the Civil War

Gaius Plinius Secundus (Pliny the Elder), Natural History

Gaius Valerius Flaccus, Argonautica

Gratius Faliscus, Cynegeticon

Herodotus, The Histories

John Zonaras, Epitome of Histories

Julius Pollux, Thesaurus

Lucius Annaeus Florus, Epitome

Lucius Mestrius Plutarchus (Plutarch), Parallel Lives—— Moralia

Marcus Junius Justinus Frontinus, Epitome of Trogus' Philippic Histories

Marcus Terentius Varro, On the Latin Language

Marcus Tullius Cicero, Cato the Elder on Old Age

Marcus Velleius Paterculus, Roman History

Menander, The Girl Who Has Her Hair Cropped

Paullus Orosius, Seven Books of History against the Pagans

Pausanias, Description of Greece

Phlegon of Tralles, Marvels

Polybius, Histories

Publius Flavius Vegetius Renatus, Concerning Military Matters

Publius Ovidius Naso (Ovid), The Book of Days

Publius Papinius Statius, The Thebaid

Quintus Ennius, Annales

Sextus Julius Africanus, Embroidered

Sextus Julius Frontinus, Stratagems

Strabo, Geography

Theophrastus, Enquiry into Plants

Thucydides, History of the Peloponnesian War

Tiberius Catius Asconius Silius Italicus, Punica

Titus Livius (Livy), Books from the Foundation of the City

Valerius Maximus, Memorable Deeds and Sayings

Xenophon of Athens, Cyropaedia

重演者和实验考古学家

在这一领域有许多令人难以置信的工作现在正在进行中，从对古代战场装备和战术的实验中可以收集到海量的信息。我想在此承认，这些团体是我的资料来源之一。利用谷歌快速搜索一下就能发现其中好些项目，有可能离你并不是那么远，但我想特别提醒你其中一个项目：威斯康星大学绿湾分校的格雷戈里·阿尔德雷特教授的亚麻胸甲项目。阿尔德雷特教授利用科学的方法重现了希腊亚麻胸甲所用的原始材料和加工过程，然后在现实战场条件下测试它们，在我看来，这是重演和实验考古学以传统考古学和文献史料检索无法实现的方式阐述和拓展学识最好的例子之一。你可以在 https://www.uwgb.edu/aldreteg/Linothorax.html 查看该项目（并浏览大量图片、视频和文章）。我鼓励你们把重演者看作是从一个不同角度来研究历史的、摆脱了困扰该领域如此之久的疑难的、书呆子形象的历史学家。重演和实验是我们所拥有的学习过去最有效的工具之一，不要让偏见阻碍你利用它。

战争游戏

就像重演一样，战争游戏是理解古代战争的重要部分，我再一次想要确证，我认为这是任何古代军事史学生学习该学科的一种正当甚至是相当重要的手段。桌面游戏模拟古代战争的军事策略和战术，使得学生可以掌握武器装备和部队角色、地形和领导力、天气、机动、视线、士气，以及除了个人经验（这一点最好留给重演者）之外几乎所有因素之间的相互作用。试着给微缩模型着色，还会让你意识到制服和装备上最微小的细节（任何微缩模型战争玩家都会告诉你，鱼鹰系列书籍可能是让这些东西变得准确最好的资料）！

战争游戏的质量参差不齐，但我想在这里提几个。GMT Games（gmtgames.com）的产品始终保持着高质量，结合了真正对于历史准确性的考究，以及能够让玩家忘记规则、转而沉浸于规划部署战斗体验的简单且高效的构思。如果你是战争游戏新手，我强烈建议你从《指挥与军旗：古代篇》（Commands & Colors: Ancients）开始，因为这一款很简单，容易上手。我也推荐像《恺撒万岁》（Hail, Caesar）和《战锤：古代篇》（Warhammer Ancients，不再生产了，但你仍然可以找到）这样的规则系统，尽管这些相对要更为复杂。《古代幻想》（De Bellis Antiquitatis）是另一个让你涉猎其中的好方法，只要你能啃得动规则书上那令人费解的英文。鱼鹰的战争游戏系列是一套极好的规则书，跨度涵盖了几乎每一个历史时期的陆地和海洋，往往由那些使他们的其他系列如此权威的历史学家们（或与之协作）编写。

现代资料

请注意，我在这儿的首要目标是：让你爱上历史。为了达到这个目的，我不仅要推荐对我的研究有用的二手资料，还要推荐那些我认为很有吸引力的读物，它们可能会吸引住你，有望培养你对这门学科的热爱。尽管我并没有在本书中引用它们，但我想将历史小说涵盖在内。我们完全有可能以学术知识为基础来撰写历史小说，从而可以教育、阐明这些学识，最重要的是，能够吸引你，使你为之着迷。请一定要看看史蒂文·普雷斯菲尔德（我已经提到过他的《阿富汗战役》）、玛丽·雷诺［Mary Renault，《残酒》（The Last of the Wine）是我的最爱］，当然还有科琳·麦卡洛［Colleen McCullough，她最著名的是《罗马第一人》（The First Man in Rome）］的作品。

我的首选是鱼鹰系列丛书的完整系列（不，他们并没有付钱让我这么说）。"军队"（Men-at-Arms）和"精兵"（Elite）系列涵盖军事组织和军用装备的诸多细节。"战役"（Campaign）系列涵盖对军事战役的深入剖析。"战士"（Warrior）系列则对个人层面上的战士个体在战斗中的装备、部署和直接经验做了深入挖掘。所有这些书写作得通俗易懂，并大量使用插图促使文本描述的世界活灵活现。鱼鹰出版社激发了我对历史终生的兴趣。我希望他们也能对你起到相同的作用。以下是我写作本书时参考的一些书籍的选集（我只列出年份和系列标题，因为你已经知道它们是牛津的鱼鹰出版社的图书了）：

Allen, Stephen, Celtic Warrior 300 BC – AD 100 (Warrior, 2001).

Bahmanyar, Mir, Zama 202 BC (Campaign, 2016).

Bishop, Mike, The Gladius(Weapon, 2016).

Bishop, Mike, The Pilum (Weapon, 2017).

D'Amato, Raffaele, Roman Centurions 753–31 BC (Men-at-Arms, 2011).

Fields, Nic, Tarentine Horseman of Magna Graecia 430–190 BC(Warrior, 2008).

Fields, Nic, Early Roman Warrior 753–321 BC(Warrior, 2011).

Fields, Nic, Lake Trasimene 217 BC(Campaign, 2017).

Heckel, Waldemar and Jones, Ryan, Macedonian Warrior (Warrior,2006).

Rocca, Samuel, The Army of Herod the Great(Men-at-Arms, 2009).

Salimbeti, Andrea and D'Amato, Raffaele, The Carthaginians 6th–2nd Century BC(Elite, 2014).

Sekunda, Nicholas, The Army of Alexander the Great(Men-at-Arms,1984).

Sekunda, Nicholas, Macedonian Armies after Alexander 323–168 BC(Men-at-Arms, 2012).

Shepherd, William, Plataea 479 BC (Campaign, 2012).

Shepherd, William, Pylos and Sphacteria 425 BC(Campaign, 2013).

Thompson, Michael, Granicus 334 BC(Campaign, 2007).

Warry, John, Alexander 334–323 BC(Campaign, 1991).

Webber, Christopher, The Thracians 700BC–AD46(Men-at-Arms, 2001).

Wilcox, Peter, Rome's Enemies (2) Gallic & British Celts(Men-at-Arms,1985).

Wise, Terrance, Armies of the Carthaginian Wars 265–146 BC(Men-at-Arms, 1982).

　　我将剩下这部分的现代资料分类为书籍和期刊（杂志和期刊文章）。我这样做是因为你查找图书的地方（图书馆、书店）通常与查找学术文章的地方（在线存储库，如 Journal Storage，也就是 JSTOR，可在 jstor.org 上找到）不同。

书籍

Aldrete, Gregory S.,Aldrete,Alicia,and Bartell, Scott, Reconstructing Ancient Linen Body Armor, Johns Hopkins University Press, Baltimore (2013).

Anson, Edward M.,Alexander's Heirs: The Age of the Successors, Wiley-Blackwell, Malden, MA (2014).

Anson, Edward M., Eumenes of Cardia, A Greek Among the Macedonians, Brill, Boston (2015).

Anson, Edward M. and Troncoso, Victor A., After Alexander: The Time of the Diadoch, Oxbow, Oxford (2016).

Bath, Tony, Hannibal's Campaigns, Barnes & Noble, New York (1981).

Beard, Mary, SPQR,Liveright, W W Norton, New York (2015).

Brouwers, Josho,Henchmen of Ares,Karwansaray, Zutphen (2013).

Brunt, Peter A., Italian Manpower,Clarendon Press, Oxford (1987).

Campbell, Brian, and Trittle, Lawrence A., eds, The Oxford Handbook of Warfare in the Classical World,OUP, Oxford (2013).

Carey, Brian T., Warfare in the Ancient World, Pen & Sword Military, Barnsley (2013).

Champion, Jeff, Antigonus the One-Eyed,Pen & Sword Military, Barnsley (2014).

Champion, Jeff, Pyrrhus of Epirus,Pen & Sword Military, Barnsley (2017).

Chaniotis, Angelos, War in the Hellenistic World, OUP, Oxford (2005).

Connolly, Peter, Greece and Rome at War,Greenhill, London (2006).

Dintsis, Petros, Hellenistische Helme,Bretschneider, Rome (1986).

Dodge, Theodore A., Hannibal,Da Capo, Boston (2004).

Eckstein, Arthur M., Mediterranean Anarchy, Interstate War, and the Rise of Rome, University of California, Berkeley (2009).

Engels, Donald W., Alexander the Great and the Logistics of the Macedonian Army, University of California Press, Oakland (1978).

Everitt, Anthony, The Rise of Rome,Random House, New York (2013).

Goldsworthy, Adrian, In the Name of Rome,Phoenix, London (2004).

Goldsworthy, Adrian, Roman Warfare,Harper (2005).

Goldsworthy, Adrian, The Complete Roman Army, Tames & Hudson, London (2011).

Goldsworthy, Adrian, Pax Romana,Yale University Press, New Haven (2016).

Grainger, John D., The Roman War of Antiochus the Great,Brill, Boston (2002).

Green, Peter, From Alexander to Actium: The Historical Evolution of the Hellenistic Age, University of California Press, Oakland (1993).

Green, Peter, The Hellenistic Age,Modern Library, New York (2007).

Hatzopolous, Miltiades B., L'organisation de l'armée macédonienne sous les Antigonides, Boccard, Paris (2001).

Hoyos, Dexter, Hannibal's War,OUP, Oxford (2009).

Kleu, Michael, Die Seepolitik Philipps V. von Makedonien,Dr Dieter Winkler, Bochum (2015).

Kromayer, Johannes, Antike Schlactfelder in Griechenland: Bausteine zu einer antiken Kriegsgeschichte. Zweiter Band. Die Hellenistisch-Römische Periode: von Kynoskephalae bis Pharsalos, Weidmann, Berlin (1907).

Lacey, James, The First Clash,Bantam, New York (2011).

Lane Fox, Robin, The Classical World,Basic, New York (2006).

Lendon, Jon E., Soldiers & Ghosts: A History of Battle in Classical Antiquity, Yale University Press, New Haven (2005).

Matthew, Christopher, An Invincible Beast: Understanding the Hellenistic Pike Phalanx in Action,Pen & Sword, Barnsley (2016).

McNab, Chris, ed., The Roman Army(Osprey, 2010).

Montagu, John D.,Greek and Roman Warfare,Greenhill, London (2006).

O'Connell, Robert L., The Ghosts of Cannae,Random House, New York (2011).

Pietrykowski, Joseph, Great Battles of the Hellenistic World,Pen & Sword Military, Barnsley (2009).

Pollitt, Jerome J.,Art in the Hellenistic Age, CUP, Cambridge (2012).

Roisman,Joseph,Alexander's Veterans and the Early Wars of the Successors, Austin, Monroe Township (2012).

Romm,James,Ghost on the Throne,Vintage, London (2011).

Sabin, Philip,Lost Battles,Bloomsbury Academic, London (2015).

Sabin, Philip and Van Wees, Hans, eds, The Cambridge History of Greek and Roman Warfare,CUP, Cambridge, (2007).

Smith, William, ed.,A Dictionary of Greek and Roman Antiquities,John Murray, London (1875).

Southern, Patricia, The Roman Army,Amberley, Stroud (2014).

Taylor, Don,Roman Republic at War, Pen & Sword, Barnsley (2017).

Taylor, Michael, Antiochus the Great,Pen & Sword, Barnsley (2013).

Warry, John, Warfare in the Classical World,Salamander, London (1998).

Waterfield, Robin, Dividing the Spoils,OUP, Oxford (2011).

期刊

Bosworth, Albert B., "A Cut Too Many? Occam's Razor and Alexander's Footguard" in Ancient History Bulletin 11 (1997), pp. 47–56.

Brown, Truesdell S., "Polybius' Account of Antiochus III" in Phoenix 18-2 (1964), pp. 124–36.

Chrysafis, Charalampos I., "Pyrokausis: Its Meaning and Function in the Organization of the Macedonian Army" in Klio 96-2 (2014), pp. 455–68.

Connolly, Peter, "The Reconstruction and Use of Roman Weaponry in the Second Century BC" in Journal of Roman Military Equipment Studies 11, pp. 43–46.

Dean, Sidney E., "The Battle of Paraetacene" in Ancient Warfare IX-5, pp. 28–34.

DeSantis, Marc G., "The Silver Shields After Alexander" in Ancient Warfare IX-5, pp. 35–39.

Eckstein, Arthur M. "T. Quinctius Flamininus and the Campaign against Philip in 198 B.C." in Phoenix 30-2 (1964), pp. 119–42.

Eckstein, Arthur M. "Polybius, the Achaeans, and the 'Freedom of the Greeks'" in Greek, Roman, and Byzantine Studies 31 (1990), pp. 45-71.

Hammond, Nicholas G. L., "The Opening Campaigns and the Battle of the Aoi Stena in the Second Macedonian War" in The Journal of Roman Studies 56 (1966), pp. 39–54.

Hammond, Nicholas G. L., "The Battle of Pydna" in Journal of Hellenic Studies 104 (1984), pp. 31–47.

Hammond, Nicholas G. L., "The Campaign and Battle of Cynoscephalae in 197 BC" in Journal of Hellenic Studies 108 (1988), pp. 60–82.

Hammond, Nicholas G. L., "Arrian's Mentions of Infantry Guards" in Ancient History Bulletin 11 (1997), pp. 20–24.

Hillen, Andrew, "Citizen Soldiers in the Hellenistic Age" in Ancient Warfare IX-5, pp. 18–19.

Holmes, Robert, "Defection and the Hellenistic Soldier" in Ancient Warfare IX-5, pp. 40–41.

Johnstone, Paul, "At the Point of the Sarissa" in Ancient Warfare IX-5, pp. 6–8.

Juhel, Pierre and Sekunda, Nicholas, "The Agema and 'the Other Peltasts'" in the late Antigonid Army" in Zeitschrift fur Papyrologie und Epigraphik 170 (2009), pp. 104 – 08.

Kambouris, Manousos E., "The Hypaspist Corps" in Ancient Warfare IX-5, pp. 13–17.

Krentz, Peter, "Fighting by the Rules: The Invention of the Hoplite Agôn" in Hesperia 71-1 (2002), pp. 23–39.

Lumpkin, Henry, "The Weapons and Armour of the Macedonian Phalanx" in Journal of the Arms and Armour Society VIII-3 (1975), p. 196.

Matthew, Christopher, "The Length of the Sarissa" in Antichthon 46 (2012), pp. 79–100.

McCartney, Eugene S., "The Genesis of Rome's Military Equipment" in The Classical Quarterly 6–10 (1912), pp. 74–79.

Schrauder, Kurt, "A Late Hellenistic Macedonian Officer" in Ancient Warfare IX-5, pp. 26–27.

Sekunda, Nicholas V., "The Sarissa" in Folia Archaeologica 23 (2001), pp. 13–41.

Strootman, Rolf, "The Procession of Antiochos Epiphanes at Daphne" in The Hellenistic Royal Courts: Court Culture, Ceremonial and Ideology in Greece, Egypt and the Near East, 336–30 BCE(Ph.D. Dissertation; University of Utrecht 2007), pp. 309–13.

Taylor, Michael J., "The Macedonian Conscription Diagramma: Boys and Old Men" in Ancient Warfare IX-5, pp. 9–11.

Taylor, Michael J., "The Battle Scene on Aemilius Paullus's Monument: A Reevaluation" in Hesperia 85-3 (2016), pp. 559–76.

Ueda-Sarson, Luke, "The Evolution of Hellenistic Infantry, part 1: The Reforms of Iphikrates" in Slingshot 222 (2002), pp. 33–36.

Ueda-Sarson, Luke, "The Evolution of Hellenistic Infantry, part 2: Infantry of the Successors" in Slingshot 223 (2002), pp. 23–28.

THE WAR OF THE SPANISH SUCCESSION

介绍和评价了参战各方的帝王、将相等重要人物在战争历程中的方方面面，引用了大量一手文件和信函，展示了交战各国的民风、文化、地理和民族意识

堪称研究西班牙王位继承战争的百科全书

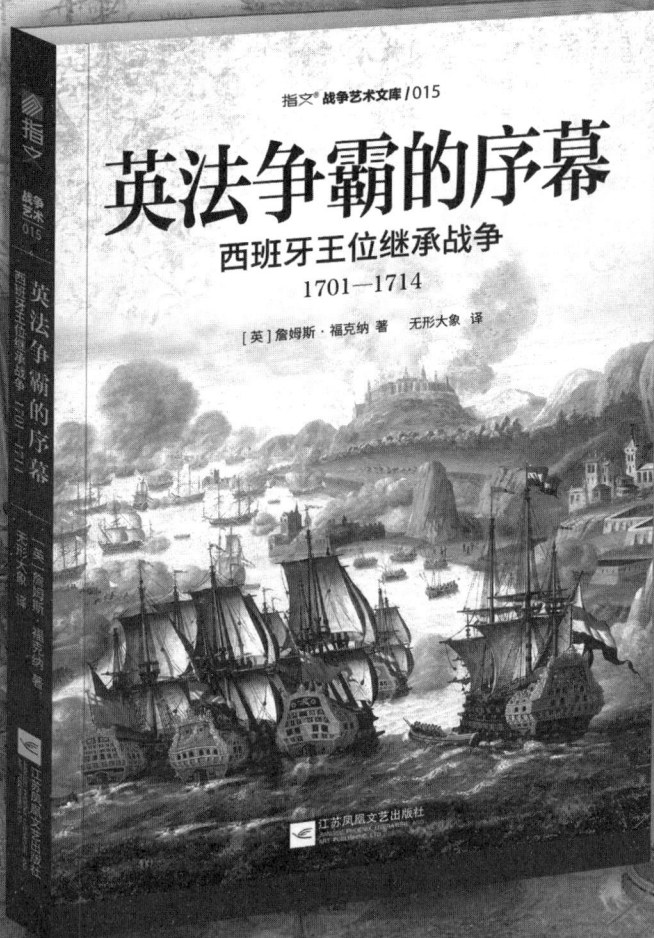

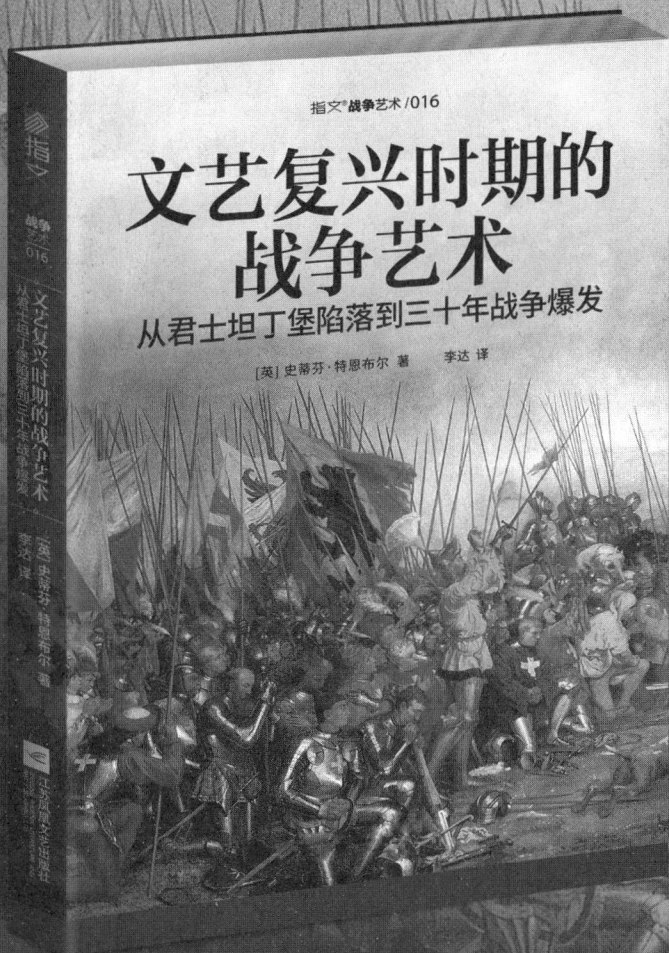

IMPERIAL BAYONETS

Tactics of the Napoleonic Battery, Battalion and Brigade as Found in Contemporary Regulations

[美] 乔治·纳夫齐格（George Nafziger）著

研究拿破仑战术的必读之作

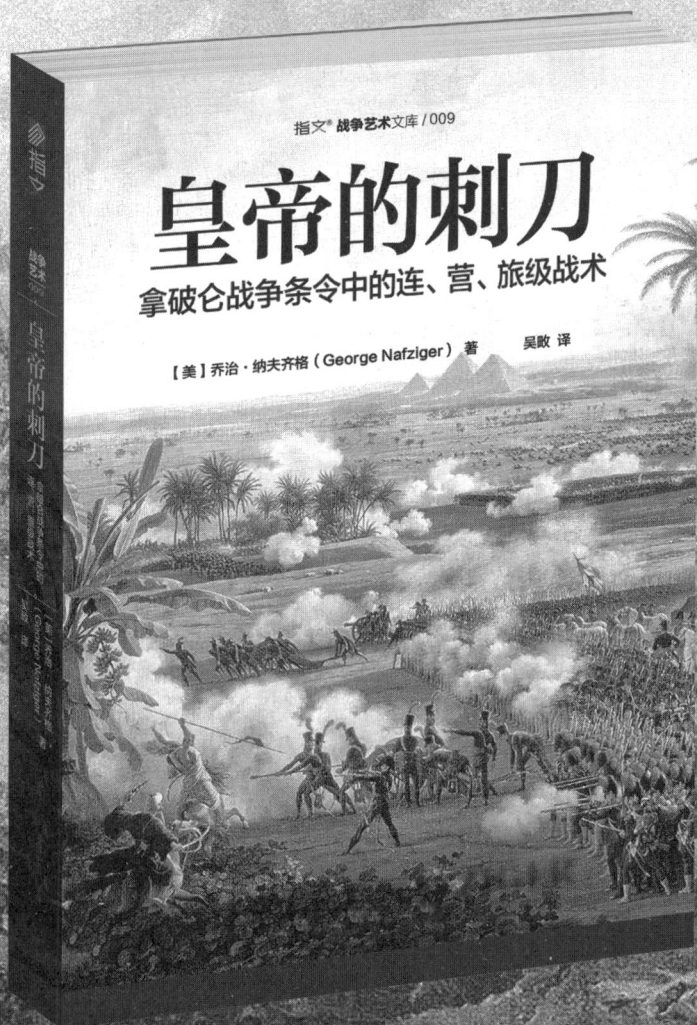

指文® **战争艺术文库** / 009

皇帝的刺刀

拿破仑战争条令中的连、营、旅级战术

[美] 乔治·纳夫齐格（George Nafziger）著　　吴畋 译